KB054335

현대 해사용어의 어원

Original Japanese edition
"Kaiji Yogo Kongen"
By Senpei SAWA
by Yamagata Maritime Institute, Tokyo, Japan
© 1992 by Senpei SAWA

海洋文化政策研究센터
해양학술연구총서 6

현대 해사용어의 어원

사와 센페이(佐波宣平) 지음
김성준·남택근 옮김

문현
MUN HYUN

이 책은 교토대학 교수였던 고(故) 사와 센페이(佐波宣平) 선생님의 해사용어에 관한 연구의 유고(遺稿)다. 원서명인 『해사용어근원(海事用語根源)』은 이치조 가네요시(一条兼良)의 『공사근원(公私根源)』에 착안하여 생전에 선생님이 직접 붙인 것이다. 선생님은 전공인 해운론, 보험론, 교통론, 나아가 수리경제 저서를 많이 출판하셨지만, 수십년 동안 해운연구자의 입장에서 영어로 된 해사용어의 어원고증을 연구하셨다. 1955년경부터 해사용어의 어원과 의미의 변천에 대한 연구의 일부 내용을 일본해운집회소의 잡지 『가이운(海運)』 등에 발표하였다. 이러한 연구는 이후에도 계속되었고, 이미 발표되었던 용어에 대해서도 면밀한 검토를 추가하였으며 다수의 새로운 해사용어에 대해서도 어원 연구가 진척되었다. 해사용어의 용례로서는 셰익스피어에 대한 언급이 많으며, 일본의 용례로는 『만엽집(万葉集)』이 다수 인용되었다.

선생님은 1968년 2월, 정년퇴임 직전 세상을 떠나기까지 '역사, 어학 및 문학 세 분야가 나에게 맞는 일'(佐波宣平-研究回顧, 1967.4.15)이라 생각하고, 해사용어의 연구와 원고의 완성에 열중하셨다. 선생님이 돌아가시기 2~3년 전 요양 중이던 어느 일요일, 선생님 집을 방문

해서 원고정리를 도와드렸다. 하지만 말 뿐인 원고정리보다는 선생님의 해사용어의 용례 등에 대한 강의를 듣는 것이 대부분이었고, 그것은 큰 기쁨이었다.

『해사용어근원』의 공식적인 간행은 선생님의 유지(遺志)였지만, 해사용어 연구의 대부분은 선생님이 돌아가신 후 故 이와사키 타미헤이(岩崎民平) 선생(도쿄외국어대학 명예교수), 故 오오츠카 다카노부(大塚高信) 선생(코난(甲南)대학 명예교수)의 지원으로 겐큐샤(研究社)에서 『海の英語』(1971)를 출판할 수 있었다. 원고의 편집과 정서는 사고로모회(狹衣會, 사와 선생님의 세미나 모임)의 고바야시 세이코(小林淸晃) 씨(코난대학 교수)와 나 그리고 다른 분들이 유지를 받들어 분담했다.

그 때 책의 분량 때문에 해운보험과 경제 관련 전문적 용어에 관한 해사용어의 일부를 생략하였다. 마침 야마가타(山縣)기념재단의 도움으로 출판되지 못했던 유고를 『해사용어근원』으로 출판하게 되었다. 재단의 지원에 마음으로부터 감사를 드리고 싶다.

선생님이 더 추가하실 예정이었던 원고도 있었지만 『海の英語』 때와 마찬가지로 모든 것을 있는 그대로 수록하였다. 이 책의 편집 작업은 사고로모회(狹衣會)의 시모조 데츠지(下條哲司, 코난대학 교수) 씨와 유지를 받든 회원들이 함께 수고하였다.

1991년 9월 2일
마에다 요시노부(前田義信)

　내가 이 책을 처음 접하게 된 것은 고베대학 해사시스템학부의
요시다 시게루(吉田茂) 교수의 서가에서였다. 요시다 선생과는 한국
해운물류학회와 일본해운경제학회간의 학술교류시 자주 보아왔던
터라 막역하게 지내왔었다. 그는 영어를 능숙하게 하지 못했고, 나
는 일본어가 능숙하지 못했지만, 항해학 전공자로서 해운경제를 공
부한다는 공통분모가 있었기 때문이었다. 게다가 요시다 선생이 비
공식적인 자리에서 자기의 조상이 한국계라는 말을 했던 것도 한몫
했을 것이다. 그런 그가 2012년 12월 고베대학에서 개최되는 세미
나에 나를 초청해주었다. 그 때 잠시 들른 그의 연구실 서가의 책들
이 거의 정리된 것을 보고, 그가 곧 퇴임을 준비한다는 것을 알게
되었다. 내가 "남은 책들을 어떻게 할 것이냐?"고 묻자, 요시다 선생
은 "필요하면 가져가라"고 대답했다. 그렇게 해서 이듬해인 2013년
1월말 요시다 선생으로부터 두 상자분의 책을 받았고, 그 속에 이
책의 원서인 『해사용어근원』이 포함되어 있었다. 요시다 선생이 보
내준 책 중 해운전문서적 50여 권은 도서관에 요시다 선생의 명의

로 기증하고, 내가 참조할만한 10여 권은 내 서가에 꽂아두었다. 그리고 나는 이 책이 내 서가에 있다는 사실을 까맣게 잊어버리고 말았다.

2015년 한국해사재단의 연구비를 지원받아 오랫동안 마음먹었던 『해사영어의 어원』(문현)을 펴냈는데, 이때도 역시 사와 센페이 교수의 『海の英語』가 큰 도움이 되었다. 사실을 말한다면, 당초에는 사와 센페이 교수의 책을 완역하려고 시도했으나, 내용에 포함된 일본 관련 기사들에 대한 해석의 어려움과, 일부 빠진 항목들에 대한 보충 작업이 많아져 결국 내 책으로 내고 말았다. 만약 그때 내 서가에 『해사용어근원(海事用語根源)』이 꽂혀 있었다는 것을 알았다면, 여기에 실린 항목을 보충하였을 것이다.

사와 센페이 교수의 『해사용어근원(海事用語根源)』은 오늘날 해사산업계에서 널리 사용되는 해상보험과 용선계약 등과 관련한 것들을 주로 다루었다. 과거에 쓰이다가 사라진 용어가 아니라 오늘날 해운영업 현장에서 사용되는 용어인만큼 이 책의 활용도는 매우 높을 것으로 판단했다. 하지만 아쉽게도 학계에서는 번역서를 학문적 업적으로 평가해주는 데 매우 인색하다. 우리 해운업계에 꼭 필요한 책을 제공하는 것도 연구자의 의무라고 판단해 후원자를 찾아나섰고, 장금상선의 정태순 회장님께서 기꺼이 연구비를 지원해 주셨다. 해운불황 속에서 연구비를 지원해주신 정태순 회장님께 감사의 말씀을 전한다.

또한 이 책을 번역하고 싶다는 나의 의사를 듣고 야마가타기념재단(山縣記念財団)의 고코 나츠야(郷古 達也) 씨를 소개해 준 큐슈대학의 호시노 히로시(星野 裕志) 교수에게도 감사드린다. 특히 고코 나츠야 씨는 사와 센페이 교수의 상속인들과 연락을 취해 저작권자에게 어떠한 문제도 일으키지 않는다면, '아무 조건 없이 한국어 번역서를 출판해도 좋다'는 허락을 받아주었다. 사와 센페이 교수의 상속인들과 고코 나츠야 씨에게도 감사드린다. 이 책이 우리 해운업계에 널리 읽혀 해운산업 발전에 자그마한 보탬이 된다면 더 바랄 것이 없겠다.

2017년 여름
옮긴이를 대표하여
해죽헌에서 김성준

차 례

𝕿

ⓐbandonment　위부(委付)

　당사자의 일방적인 의지 표시로 권리를 당사자가 아닌 타인에게
이전하고 책임을 면하는 것. 이것을 '면책위부'라고 한다. 해상보험
에 '보험위부'가 있다.[1]

　선박소유자(선주)가 선장과 다른 해원들의 행위(예를 들어 선박조종
과실)로 인해 제3자(예를 들어 다른 선박 소유자)에게 채무(예를 들어 충돌
에 의한 손해배상책임)가 발생했을 경우, 해산(海産, 독어=Schiffsvermgen,

---

1 옮긴이 주 : '권리 포기'라고 하는 것이 훨씬 이해하기 쉽지만, 보험 관련 법과
　업계에서 일본어인 '위부'를 널리 사용하고 있는 것은 안타까운 현실이다. "[면책]
　위부는 보험위부에 대립되는 개념이다." 한국해사문제연구소, 『해운물류큰사전』,
　2002, p.393.

불어=fortune de mer, 선박, 운송비용 및 기타)을 제3자에게 이전(위부)하여 배상책임으로부터 벗어난다.

해운업이 발달함에 따라 선주의 책임이 매우 광범위하고 거액이되어 만약 그 책임을 다해야 할 의무를 이행해야 한다면, 그 누구도 해운업체를 하나의 기업으로 이끌어가지 못하게 된다. 따라서 선주 책임에 한도를 설정하는 하나의 방안으로 이와 같은 '면책위부'(또는 '해산위부')가 제안되었다. 유한책임의 한 형태인 면책위부는 원래 노예가 타인에게 나쁜 행위를 했을 경우, 그 노예로 피해를 배상하는, 즉 노예를 피해자에게 주는 방법(게르만법의 "Hand wahrt Hand 원칙[2]")에 기원을 두었다고 한다.

'보험위부'는 위의 '면책위부'와는 근본적으로 사상을 달리하여 소위 처리절차상의 제도이다. 보험에 부보된 피보험이익을 받을 수 있는 전손(total loss)에는 현실 전손(actual total loss)과 추정 전손(constructive total loss)이 있다. 현실 전손을 절대 전손, 추정 전손을 상대 전손 또는 해석 전손이라고도 부른다. '보험위부'는 추정 전손 또는 해석 전손의 처리절차의 하나이고, 보험계약자는 전손과, 추정 또는 해석되는 피보험이익(예를 들어 행방불명의 선박, 바다에 침몰한 선박, 좌초된 선박)을 보험자에게 이전하여 정해진 보험금액을 청구한다. 이것이 보험위부이고 다음 기사는 실례이다.

---

2 옮긴이 주 : '손이 손을 지킨다'는 의미로 '눈에는 눈, 이에는 이처럼 '가해자의 손에 의해 피해를 입었을 경우 피해자가 상대방의 손에 당한 피해만큼의 피해를 입혀 갚는다'는 원칙이다.

"사와야마 기선(澤山汽船)은 작년 12월 5일 뉴기니 북부 헬렌 섬(Helen Island) 앞바다에서 좌초한 나가사키(長崎, 8434 중량톤) 호를 주보험사인 스미토모(住友)해상화재에 위부하였다. 해당 선박 은 이초작업에 어려움을 겪고 있고, 작업비가 막대하여 위부한 것 으로, 스미토모해상화재는 각 보험사와 논의하여 선박의 처리를 결정할 것이라고 한다. 또한 선박의 보험액은 8억 5천만엔으로 실 제 가격보다 훨씬 높아 스미토모해상화재에서도 전손 처리하는 것 에는 난색을 표명했다."(日本海事新聞, 1960. 2. 24)

abandon은 원래 프랑스어에서 'a bandon'이란 의미였지만, 어원 을 라틴어에서 찾으면 'ad'(프랑스어의 a, 영어의 to, for, at) + 'bannum' (신하에 대해 주군이 갖는 권리)이다. 영어로 나타내면 under control, at one's direction, by permission, at will 등과 같으며, '상대방의 지 배하에 두고 자신은 (권리를) 포기한다'는 것이 원뜻이다. 현재 일상 프랑스어에서는 'a l'abandon'(포기해서, 상관없이)이라 한다. 전치사 'a'를 2개 겹쳐 놓은 것이라 할 수 있다.

아키요시 쇼고(秋吉省吾) 역, Parsons(巴孫私)의 『해상보험법』(海上 保險法)은 1878년 발행되어 일본에서 해상보험 관계 번역서로는 가 장 오래된 것이지만, 그곳에서는 'abandonment'는 '양도'라고 해석 되어 있다. 다만 abandon은 '싫어하여 물리치다'의 뜻이기도 하지 만, 보험법에서는 양여, 양도라고 번역해야하는 것을 좀 더 쉽게 표 현한 것이라고 주석이 되어 있다.

더불어 아키요시 번역의 일례를 살펴보면 다음과 같다.

The abandonment, we say, transfers all that remains of the property to the insurers. If nothing remains, of if that which remains has no value, there need be no abandonment, and this is a actual total loss.[3]

"abandonment(위부)는 잔여자산 일체를 보험업자에게 이양하는 것이라고 말할 수 있다. 만약 남아 있는 것이 없거나 남아 있는 것이 가치가 없다면, abandonment(위부)할 필요가 없기 때문에 이는 현실 전손에 해당한다."

address commission   어드레스 커미션

"이것은 원래 양륙항에서 수화인 또는 용선자의 대리점이 화물을 중개하는 경우 선주가 지불하는 수수료로, 그 비율은 보통 운임의 2%에서 5%정도이다."[4]

이 인용문은 address commission의 본래 특성을 대체로 정확하게 전달하고 있다고 생각한다. 다만, 현실적으로 'address commission'이라고 하는 것은 다양하여 때와 장소에 따라서는 '회송운임', '명의대여료'(名貸し料), '용선료 징수 수수료' 등의 의미를 나타내기도 한다.

---

3 Parsons, T., *Laws of Business for Business Men*, Boston, 1869, p.354.
4 高橋正彦, 『海運事典』, 海事研究會, 1955, p.1.

1) 중개인이 중개료(brokerage) 이외에 'address commission' 명목
으로 선주 또는 화주에게 수수료를 청구하는 경우가 있다. 따
라서 실질적으로는 수수료에 불과하다고 할 수 있을 것이다.

2) 실질적으로는 운임의 리베이트(rebate, 환불금)지만, '리베이트'라
고 하면 운임동맹과 관련되어 모양새가 나쁘기 때문에 'add-
ress commission' 명목으로 선주가 화주에게 운임가격을 낮추
어 주는 경우가 있다.

3) 실질적으로 화주가 갑이지만 어떤 사정으로 인해 갑의 명의를
표면에 나타내는 것이 염려되는 경우, 표면에는 다른 화주 또
는 을의 명의를 사용한다. 이러한 경우 'address commission'
이란 명목으로 명의를 빌려준 을에게 수수료가 지불된다.

Some charters provide for address commission - a certain per-
centage for the freight - to be paid by the owner to the charterer.
It is, in substance, a discount from the stated freight rate or charge.[5]
"어떤 용선계약에서는 운임의 일부 퍼센트에 해당하는 어드레스
커미션을 선주가 용선자에게 지불해야 하는 것을 약정하는 경우가
있다. 이것은 사실상 약정된 운임 또는 요금의 할인에 상당한다."

"14차 광석전용선의 첫해 운임교섭은 해운 5개사와 제철 7개사의
사무 담당자 간에 계속되었지만, 지금까지 아이디어를 제시하지 않

---

5 Grossman, W. L., *Ocean Freight Rates*, Cambridge, 1956, p.43.

왔던 제철 측에서 최근 들어 구체적인 움직임을 나타낸 관계로 12
월 1일 열릴 예정인 교섭에서 결론이 날 것으로 예상된다. 현재까지
는

1) 어드레스 커미션에 대해서는 제철 측과 선주 측에서 절반씩
   삭감한다.

2) 해양 사고(海難), 스트라이크 등에 의한 장기체선은 쌍방 부담
하고 간접비로부터 염출한다.

등이 결정되어 있다."(日本海事新聞, 1959.11.30.)

어드레스 커미션은 실질적으로 때와 장소에 따라서 일종의 수수
료, 운임의 할인, 대여료 등으로 해석하는 것이 무난할 것으로 생각
된다.

다만, 어떻게 'address commission'이란 명칭이 생겨났는지에 대
해 다른 문헌들을 조사했지만 어원까지 언급한 것은 현재까지는 보
이지 않는다. 참고로 아즈마 타쿠지(東 卓二) 씨(日正汽船, 영업부)의
의견을 아래에 덧붙인다.

> "어드레스 커미션은 원래 양륙항에서 화물을 받는 사람(또는 용
> 선자 대리점)이 운반할 화물을 관리해 줄 경우 선주가 지불하는
> 일종의 보수로, 이러한 경우 양륙항의 수화인(또는 용선자 대리점)
> 은 왕항(往航)화물에 대한 수신인(address)이다. 더불어 이러한 어
> 드레스에 대해 지불되는 커미션이라는 의미로부터 어드레스 커미
> 션이란 호칭이 생겼을 것이다."

단, 다음 자료에 의하면 어드레스 커미션은 선적항 또는 양륙항의 대리점이 가능한 단기간에 선적과 양륙을 시키도록 하는 장려금인 것으로 보인다.

"Address Commission : 어드레스 커미션은 선주(때로는 선장 겸임)가 대리인에게 일반적으로 2%의 수수료(commission)를 지불하던 것이 관례였던 19세기에 기원을 둔 것으로 보인다. 이러한 수수료를 지불하게 된 것은 대리인들이 선박을 빨리 출항시켜 주도록 독려하기 위한 것이 목적이었다.

위와 같은 본래의 의미로 어드레스 커미션이 처음으로 사용된 최신 자료는 1897년판 웨일즈 석탄 용선계약서(Welsh Coal Charter Party)로 알려져 있다. 이 용선계약서에는 "용선자는 어드레스를 면제하지만, 선주는 통상 2%를 지불한다(Charterers free of address but Owners to pay usual 2%)"는 문구가 포함되어 있다. 당시부터 19세기 말까지 대리인들이 대리점료를 받는 것이 관례화되었고, 이른바 어드레스 커미션이 외견상으로는 선주에게 제공하는 업무에 대한 대가로 용선자에게 지불되었던 것과 같이, 통상 2%가 용선자에게 지불되어야만 했다.

말하자면, 선주가 대리인에게 지불하는 수수료인 어드레스 커미션 관행은 석탄 무역에서 처음 시작된 것으로 생각된다. 또한 초창기에는 어드레스 커미션이 선적항의 대리인들뿐만 아니라, 빨리 화물을 양륙해 선박이 출항할 수 있도록 독려한다는 동일한 이유로 양륙항의 대리인들에게도 지불되었다.

어드레스 커미션에서 주된 낱말인 어드레스는 선박이 특정 대리인의 주소로 배정된 것으로부터 유래되었다."(미츠이선박 런던지점장 하시오(橋尾) 씨가 1962년 5월 14일 사사키 주이치(佐々木周一) 씨에게 보낸 편지)

$\mathcal{B}$altic Exchange　볼틱 익스체인지, 런던해운거래소

러일전쟁에서 익숙한 '발틱함대' 때문인지, 'Baltic'은 일본에서는
종종 '발틱'이라고 하지만, 올바른 발음은 '볼틱'[bɔ:ltɪk]이다. 역시
해운인은 국제적이어서인지 'Baltic Exchange'를 '발틱 익스체인지'
라고 부르는 사람은 거의 없다.

'Baltic Exchange'는 약칭으로 정식 명칭은 'The Baltic Exchange
Ltd.' 현재 주소는 38, St. Mary Axe, London, EC3A 8BH[1]

이곳에서는 곡물과 유류의 매매 이외에도 선박매매와 용선거래도

---

1 옮긴이 주 : 1900년부터 The Baltic Mercantile and Shipping Exchange로 불렸고,
2016년 8월 Singapore Exchange Limited(SGL)에 합병되었다.

이루어진다. 중개인이 거래소 직원이다.

왜 이곳에 'Baltic'이라는 형용사가 붙어 있는 것일까? 원래 발트해(Baltic Sea) 연안의 국가로부터 수입된 상품을 이곳에서 거래한 것이 기원이다. 하지만 이후 발전된 현재의 조직에 이 형용사가 붙는 것은 당연히 적합하지 않다.

1652년 커피가 처음으로 영국에 수입될 때 런던에 The Virginia and Maryland Coffee House란 이름의 유명한 찻집이 있어서 선주, 선장, 상인들의 거래 장소로 이용되었다. 하지만 이후 발트해 방면의 무역관계자들도 이곳에 드나들게 되어 1744년에는 Virginia and Baltic Coffee House로 이름을 바꾸었다. 그렇지만 Virginia 관련 거래는 점차 내용이 바뀌어 때로는 흑인노예의 거래가 이루어지기도 했다. 한편, 발트해 관련 거래는 유지, 아마, 대마, 씨앗 등의 거래에 집중되었고, 점차 이러한 품목들이 주된 거래를 차지하게 되었다. 따라서 1810년에는 Baltic Coffee House로 이름이 바뀌었고, 1846년에는 곡물법(Corn Laws)이 철폐됨에 따라 Baltic Coffee House에서는 레반트(Levant) 지방의 곡물 선물거래가 활발해졌다. 더욱이 수에즈 운하의 개통(1869년) 이후에는 선박, 특히 증기선 용선계약이 활발하게 이루어졌다. 거래의 규모가 커짐에 따라 건물이 좁아져 1903년 현재의 토지 St. Mary Axe에 자리를 잡아 새로운 건물로 이전하게 되었고, 이때부터 사람들은 점차 Baltic Exchange라고 줄여서 부르게 되었다.[2]

bare boat charter   나용선(裸傭船)

나용선의 정의에 대해서는 설명을 생략한다. 여기에서는 나용선이 우리가 알고 있는 형식과는 달리 외국에서는 원래 한정된 경우에만 이용되었다는 것을 명확하게 하고자 한다.

"Infolge der geschilderten Struktur der japanishen Schiffseigner wird in Japan allgemein eine in Europa kaum noch vorkommende Charterform, die 'Bare Boat Form', Japanisch die 'Hadaka-Charter', angewandet."[3]

"일본 선주업계는 위에서 언급한 기구를 가지고 있으며, 일본에서는 '나용선 형식'(Bare Boat Form), 즉 일본어로 소위 '나용선'(Hadaka-Charter)이 보급되어 있다. 단, 이것은 유럽에서는 거의 볼 수 없는 용선 형식이다."

이 문장은 내가 처음 출판한 책인 『해운운임시장』[4]의 부록에 수록되어있는 '일본 부정기선 업계의 조직과 우월적 지위'의 일부분이다. 원저자인 파울 슐츠-키조우(Paul Schulz-Kiesow)는 그 논문에서 '유럽에서는 거의 찾아볼 수 없는 나용선 형식이 일본에서는 활발하게

---

2 堀田直道, バルチック・エクスチェンヂ, 『海運』, 1957. 2.

3 Kiesow, P. S., *Organisation und Machtstellung der japanischen Trampschiffahrt*, Wirtschaftsdienst, Hamburg, Mai 12, 1933, Heft 19, Jahrgang 18. S. 626

4 『海運運賃市場』, 雄風館書房, 1933.

이루어지고 있고, 이것이 일본 부정기선 경영의 특징을 나타내는
것'이라는 흥미로운 견해를 전개하고 있다. 즉 위의 인용문에서와
같이, 'Bare Boat Form'과 'Hadaka-Charter'로 나타내고 있고, 특히
일본에서는 '나용선(Hadaka-Charter)'이라고 한다고 주석을 달아 이러
한 용선 형식을 특이한 것으로 보고 있다. 나의 기억이 틀리지 않는
다면 쇼와 초기(1920년 중후반대)의 외국 경제잡지에 '나용선'은 종종
'charter party in hadaka'라고 기록되어 있었다.

여기서 슐츠-키조우의 문장 하나를 인용하고자 한다. 위에서 언급
한 것과 같은 논문에 포함되어 있는 문장의 일부분이다.

"Yamashita ist heute unbetritten Japan's größter Trampreeder.
Seine gewaltige Chartertonnage stammt aber nicht nur von den
kleineren Schiffseigentümeren. Vielmehr beschäftigt Yamashita
regelmäßig auch Schiffe der großen Tramp - und Linienreedereien,
für die als Charterform aber nicht die Hadaka-, sondern die
Zeitchartergewählt wird."5

"야마시타 기선은 현재 일본 최대의 부정기선주로 필적할 만한
선주는 아무도 없다. 현재 야마시타 기선이 거느리고 있는 방대한
용선 선복은 단지 군소선주들로부터의 용선으로 이루어진 것만이
아닌 큰 규모의 정기선주와 부정기선주로부터도 규칙적으로 용선
되고 있다. 대선주로부터 용선하는 경우 용선형식은 나용선(Hada-
ka-charter)이 아닌 기간용선이다."

5 Schulz-Kiesow, P., *Organisation und Machtstellung der Japanischen Trampschiffahrt*,
  Wirtschaftsdienst, Jahrgang 18, Heft 19, Mai 12, 1933. S.627.

요약하면, Hadaka-charter 또는 charter party in hadaka라고 해서 'hadaka'(裸)라고 하는 일본어가 외국어에 그대로 사용되었다는 것은 이러한 형태의 용선형식이 외국에서 거의 행해지지 않았다는 것을 의미한다. 반대로 일본에서는 오히려 이것이 일반적인 방식이었고, 특히 일본에서 발전시켰음을 보여주는 것으로 생각된다.

"Prior to World War I, the demise or bareboat was rarely used and even today it is less common than time and voyage charter."6
"1차 세계대전 이전에는 선박임대차 또는 나용선은 보기 드물게 이용되었다. 현재에도 기간용선과 항해용선 보다는 일반적이지 않다."

"The normal time charter is slightly different from what is known as 'bare-boat charter', a form of which is not often found in normal commercial practice, but which sprang into prominence during and after the Second World War. The title speaks for itself, for under bare-boat charter the owner of the ship delivers her to the charterer entirely, without crew, stores, insurance, or anything, and the charterer is responsible for the running of the Ship as if it were his own for the period of his contract. That was the form of charter employed by the United States and Canadian Governments in respect of ships hired to the British Ministry of Transport in the Second World War."7

---

6 McDowell, C. E. & Gibbs, H. M., *Ocean Transportation*, New York, 1954, p.87.
7 Duff. P., *British Ships and Shipping*, London, 1949, p.173.

31

"통상의 기간용선(time charter)과 조금 다른 형태로서 나용선 (bareboat charter)이 있다. 이것은 정상적인 상업관습으로서는 거의 행해지지 않았던 계약형식으로 2차 세계대전이 진행되던 때와 전쟁 이후에 활발해졌다. '나용선'이란 단어 자체가 의미하는 것처럼, 이 계약에서는 선박소유자는 용선자에게 선박 전체를 넘겨주지만 선원을 승선시키지 않으며 저장품도 싣지 않는다. 또한 선박보험도 들지 않은, 즉 아무 것도 하지 않은 상태로 선박을 그대로 용선자에게 인계한다. 그리고 용선자는 해당선박의 용선계약기간 중에는 자기 선박과 마찬가지로 해당 선박의 운항에 대한 책임을 진다. 이 용선형식은 2차 세계대전 중 미국 정부와 캐나다 정부가 영국 운수성에 선박을 제공할 때 적용되었다."

위의 인용문에서 보듯이, 유럽과 미국에서는 나용선이 이전에는 결코 일반적인 용선형식이 아니었던 것으로 보인다. 현재에는 New York Produce Exchange(NYPE)에 'bareboat charter party form'이 채택되어 'bareboat charter'라고 하면 세계 해운업계에서는 모든 사람들이 알고 있는 용선형식이지만, 2차 세계대전에서 영국, 미국, 캐나다 등의 정부가 전시에 선복을 조달하기 위해 대규모로 이 형식을 사용했던 것을 계기로 하여 이후 점차 보급되어 현재에 이르고 있는 것이다. 사실 J. Smith의 *Sea Grammar*(1627)를 필두로 W. Falconer의 *Universal Dictionary of Marine*(1789), W.H. Smyth의 *Sailor's Word-Book*(1867) 등 비교적 오래 전에 출판된 해사용어사전에는 'bareboat charter'는 물론 이것을 대신하는 'demise'란 항목도 찾아 볼 수 없다.

한편, 최근에는 'bareboat charter' 이외에 'bare-pole charter', 'bare-hull charter'라고 부르기도 한다.8 여기에서 bare-pole은 빈 돛대, 즉 의장하지 않은 선박을, bare-hull은 꾸미지 않은 선체를 의미한다.

끝으로 bareboat charter와 demise는 일반적으로는 동의어지만, demise(선박임대차)는 bareboat charter(나용선)보다 종종 넓은 의미를 가지는 것으로 사용된다.

"In some instances, the owner completely relinquishes control of the vessel. In effect, he simply rents the bare ship to the charterer, who bears the expenses of operation during the period of the charter. The agreement in such a case is demise or, as it is more commonly called, a bareboat charter. These two terms are generally used as synonyms. Where a distinction is intended, 'demise' is the broader term, denoting any agreement by which the charterer obtains complete control, even if, as occasionally happens, the agreement requires certain expenses to be paid by the owner."9

"어떤 경우에는 선박소유자가 선박에 대한 지배권을 완전히 포기한다. 사실상 선박소유자는 빈배(the bare ship)를 용선자에 임대하는 것이고, 이에 대해 용선자는 용선 기간 중에 필요한 운항비를 부담한다. 이러한 경우의 계약이 demise(선박임대차)이고, 일반적으로 사용하는 용어로 표현하자면 bareboat charter(나용선)이다. 두 가지의 호칭은 일반적으로 동의어로 사용된다. 다만, 굳이 두

---

8 Kerchove, *International Maritime Dictionary*, Princeton, 1956, p.197.
9 Grossman, W. L., *Ocean Freight Rates*, Cambridge, Maryland, 1956, p.39.

개를 구별할 경우 demise는 bareboat charter보다 넓은 의미로 사용
된다. 즉, 가끔 보이는 바와 같이 어떤 종류의 비용항목을 선박소
유자의 부담으로 하는 계약을 포함해서 선박에 대해 용선자가 완
전한 지배권을 갖는 계약이라면 모두 demise라고 할 수 있다."

참고로 demise는 법률용어에서는 보통 '양도, 유증'을 의미한다.
따라서 이것을 그대로 '선박임대차' 의미로 사용하는 것은 해운업계
의 특수한 용어의 일례라고 할 수 있을 것이다. 1936년 미국상선법
(Merchant Marine Act, 1936) 제705조에 다음의 용어가 있다.

> "by demising its vessels on bare-boat charter to citizens of the
> United States~"
> "(해사위원회의) 선박을 미국 시민에게 나용선으로 임대하는 것
> 에 따라~"

어떤 것이 되었든 'demise'의 원래 의미는 라틴어 'demittere'(방면
하다, 포기하다, 휴가를 주다, to rend away)에서 찾아 볼 수 있다.

---

base cargo → **b**asic cargo   기본 화물

나는 교토대학(京都大學) 2학년 때 고지마 쇼타로(小島昌太郞, 1888-

1978) 교수님의 ≪교통론≫ 강의를 들었고, 학년말 시험에서는 "영국의 대외무역에서 석탄 수출이 가지는 중요성에 대해 기술하시오"라는 문제가 출제되었다. 이때 고지마 교수님이 어떤 답안을 기대하셨는지 궁금했지만, 시험 이후에는 이것을 질문한 적이 없다. 현재도 확실하지는 않지만 교수님의 강의를 들었던 학생으로서 다음과 같은 내용을 답안으로 작성했던 기억이 있다.

"영국은 석탄 생산국이면서 수출국이기도 하다. 영국에서는 계절의 영향을 받지 않고 언제든지 석탄을 항구로부터 운반할 수 있다. 따라서 영국으로 향하는 선박은 돌아올 때는 석탄을 실을 수가 있어 공선으로 영국의 항구를 출항하는 일은 거의 없다. 의지만 있다면 가득 실어서 출항할 수 있다. 따라서 영국으로 가는 상선으로서는 돌아오는 길에 빈 선박으로 돌아오는 경우에 비해 선창의 이용효율이 높아지고, 영국으로의 왕항화물(주로 공업 원재료)의 운임도 돌아오는 길에 빈 선박의 가능성이 높은 경우에 비해 낮아지게 된다. 그래서 천연자원이 빈약한 영국으로서는 계절에 상관없이 언제든지 수출 가능한 화물, 그러면서도 중량용적이 상당히 큰 해상화물인 석탄을 가지고 있기 때문에 외국으로부터의 공업 원재료를 값싸게 구입할 수 있다. 이러한 원재료를 이용하여 생산되는 영국 공업수출품도 그만큼 값이 싸게 되어 해외 판매시장에서 가격경쟁력을 갖게 된다. 다만, 이것은 부정기선에 해당하는 것이지만, 정기선에 대해서도 같은 맥락으로 이야기할 수 있다.
정기선일지라도 영국의 각 항구를 출항하는 선박이 항상 잡화(공업제품)의 선적으로 만선이 된다고는 할 수 없다. 하지만 영국에서는 수출용 석탄은 언제든지 실을 수 있다. 따라서 잡화만으로 만선이 되지 않을 경우에도 수출용 석탄을 실으면 만선이 거의 보장된다. 이러한 경우 원래의 적화인 영국의 잡화는 끼워 싣는 화물인 석탄이 없는 경우에 비해 그만큼 운임이 싸게 되고 이에 따라 화물 도착지인 해외 판매시장에서의 경쟁력을 가질 수 있다.

이렇게 해서 영국에서는 모든 항구에서 언제든지 실어 낼 수 있는 수출용 석탄을 갖고 있다는 것이 지금까지 영국경제에 간과할 수 없는 커다란 힘을 실어 주었다. 이러한 사정은 영국이 해외 요소요소에 갖고 있는 coal station과의 관계에 대해서 깊이 생각해 볼 필요가 있을 것이다. 한편, 일본은 동양에서는 영국과 마찬가지로 공업선진국으로 불리고 있지만 항상 수출 가능한 자연자원 또는 공업 원재료가 부족하여 편도무역의 경향을 벗어나기 어려우므로 영국과 비교하면 상당히 불리하다."

그런데 이후 대학을 졸업하고 대학원에 들어가서 해운을 공부하면서 알게 되었던 것은 고지마 교수님의 ≪교통론≫ 수업의 기말고사 문제였던 '영국의 수출용 석탄'이 일본 해운업계에서는 소위 '기본 화물'에 해당된다는 것이었다. 따라서 기본 화물은 나에게 이미 학생시절부터 인연 깊은 해사용어인 것이다. 그럼에도 불구하고 놀라운 것은 해운 관련 공부를 위해 읽은 외국서적, 특히 영국의 해운서적에는 일본 업계의 '기본 화물'에 적합한 'base cargo'란 용어가 나타나지 않는다는 것이었다. 심지어 단 한 번도 본 적이 없다. 나는 현재까지 영국, 미국, 독일, 프랑스, 이탈리아 등에서 출판된 해사용어사전을 20종류 정도 가지고 있지만, 그 사전들에 'base cargo' 또는 'basic cargo'는 찾아볼 수 없다. 결국 '기본 화물'이란 용어는 아마 일본 해운업계 사람들이 만든 용어일 것이라고 생각하기에 이르렀다.

1955년 내가 담당한 《해운론》 강의 시간에 고지마 교수님의 학기말 시험문제를 언급하면서 '기본화물'에 대해 이야기를 한 적이 있다. 이것을 들었던 학생 중에 니시오카 미노루(西岡 稔) 군이 있었고, 이미 오사카 상선에 취직이 내정되어 있었다. 니시오카 군이 오사카 상선에 갔을 때 수업 중 나로부터 들었던 '기본화물' 이야기를 했는데, '기본화물은 밸러스트 화물을 뜻하기 때문에 사와(佐波) 교수님의 말은 틀린 것'이라고 회사의 사람으로부터 들었다는 것이다. 그래서 다음날 강의 시간에 나에게 그 이야기를 전하고 재고해 달라고 하였다. 하지만 나는 나의 주장을 굽히지 않았다. "일본 업계에서 이야기하는 기본화물은 정기선이 본래의 화물인 잡화에 부분화물(part cargo)로 덧싣는 화물인 것이다. 이것이 '바닥짐'(ballast, 底荷)이라면 밸러스트 화물이라고 말해야 하며, 이는 항해안전이라는 기술적인 요청에 의해 어쩔 수 없이 싣지만 아무런 운임수익을 기대할 수 없는 화물이다. '기본화물'은 이와는 달리 원래의 운임수입을 기대하는 화물이다." 나는 위와 같이 나의 주장을 고수하면서, "오사카 상선에 가면 다시 한 번 조사해 보라"고 니시오카 군에게 부탁하였다. 그로부터 얼마 지나지 않아 니시오카 군으로부터 나의 주장이 맞는 것으로 결론이 났다는 연락을 받았다.

이 사례를 보면 '기본화물'이 '밸러스트 화물'이란 뜻으로 해석되

았던 것이 사실이다. 시험 삼아 신문기사를 살펴보면,

1) "버지니아 주의 노픽(Norfolk) 항에서 양륙이 끝나고 모든 선창이 비어서 일본으로의 **밸러스트 화물**이 되는 석탄을 싣는다. 매달 9개사 40척에 달하는 일본 선박이 이 항로에 취항하여 노픽 또는 맞은편의 뉴포트 뉴스(Newport News) 항으로부터 4천~5천톤의 석탄을 **기본화물**로 싣고 일본으로 와서 야와타(八幡) 및 히로하타(廣畑)의 제철회사로 운반한다."[海上の友, 海上勞働協會, 1962. 3. 1]

2) "해원조합에서는 29일 중앙위원회를 개최하여 현재 문제시되고 있는 철강업계의 석탄 전용선 건조에 대한 태도를 결정하지만, 조합의 종래 주장으로 보면 단 한 척도 건조하지 않는다는 반대 의견을 강하게 제시할 것으로 보인다. 종래의 문제는 해운정책의 빈곤에서 기인했던 것으로 (1) 뉴욕 정기항로의 **기본화물**이 감소한 것 (2) 전체적으로 일본 선박의 활동 장소가 줄어들고 있다는 것,…"[日本海事新聞, 1960. 2. 27]

3) "철강업계가 올해의 조강계획을 수정하여 원래 계획보다 20% 줄이는 것을 기준으로 철광석, 원료탄 등의 수입량도 조정하기 시작하였다. 이에 따라 정기선의 **기본화물**에 큰 영향을 미쳐 정기선업계는 심각한 표정이다. 정기선 관계자에 따르면, 6월까지 계약된 것은 물론이고, 7월, 8월 이후의 미국 석탄 등 장기화물은 계약이 완전히 중지되었고, 뉴욕 항로 등의 복항선의 **기본화물**인 햄프턴 로즈(Hampton Roads)의 석탄을 실을 수 없어 **기본화물** 확보에 고심하고 있다. 또한 북미 태평양 연안 복항선의 **기본화물**이었던 미국산

소금도 7월, 8월 이후 수입량이 절반이하로 감소하여 월간 1만 8천 톤인 반면, 선복량은 4만 5천톤 이상이 되어 선복 조정이 큰 문제가 되고 있다."[日本海事新聞, 1962. 5. 30]

즉, 기본화물은 1)에서는 바닥짐(밸러스트)의 뜻으로, 2)와 3)에서는 내가 이야기한 의미로 사용되고 있다. 다만, '기본화물'을 '밸러스트 화물'의 뜻으로 사용하는 것은 일본 해운업계의 일반적인 용례와 다르다는 것이 니시오카 군의 예에서처럼 명백하다. 나는 추가적으로 마츠모토 이치로(松本一郎) 씨(新日本汽船 사장)에게도 이것에 대해 문의를 하였다. 마츠모토 사장은 나와는 30년지기 친구이고 해운에 대해서는 실무에만 정통한 것이 아니고 학문적으로도 조예가 깊은 사람이다. 이러한 마츠모토 씨도 '밸러스트 화물'의 뜻으로 '기본화물'을 사용하는 것은 업계의 일반적인 용례에도 어긋난다는 것이었다.

나는 더욱 신중을 기하게 되었다. 해운의 본고장이라고 하는 영국에 과연 'base cargo'란 용어가 있는지에 대해 사사키 슈이치(佐々木周一, 미츠이선박) 씨를 통해 조사해 본 결과, 1962년 5월 14일 미츠이선박 런던지점장 하시오 이아오(橋尾巖) 씨가 사사키 씨에게 보낸 편지가 있었다. 다음 인용문이 그것으로 이것은 하시오 씨가 영국 해운업계의 지인에게 물어 얻은 답변이기도 하다.

"base cargo : 내가 알고 있는 한 이 표현에 가장 가까운 용어는

'basic cargo'이다. 'basic cargo'는 가끔 영국 선주들이 사용했던 용어로 일본 해운업계에서 사용하는 'base cargo'와 같은 의미이다. 즉, 잡화를 싣고 여유가 있는 정기선이 만재하기 위해 싣는 벌크 화물이다.

'base cargo'는 미츠이라인 및 미츠이선박대리점에서 현재 사용하고 있는 용어지만, 유럽 대륙에서 나타난 용어는 아닌 것 같다. 오히려 정확하게 'basic cargo'라고 불러야 할 것을 간략화하기 위해 일본 선주들이 'base cargo'로 부른 것으로 생각된다."

이것에 따르면, 일본 해운업계에서 사용하는 base cargo는 정확하게는 basic cargo라고 해야 할 것이며, 'basic cargo'는 때때로 영국 선주 사이에서도 사용되었다. 하지만, 'basic cargo' 자체가 일본에서의 'base cargo'처럼 영국에서 빈번하게 사용되지는 않는 것 같다. 이것은 아마 일본 정기선의 경우 운항하는 항로가 거의 예외 없이 편도화물 무역이어서 선복의 효율성 향상을 위해 base cargo가 중요한 문제였지만, 미국과 유럽 각국의 정기선의 경우에는 그렇지 않아서 'basic cargo'도 의식적으로 용어화한 것에 지나지 않은 것 같다. 현재 유럽과 미국의 해사용어사전에도 'base cargo' 또는 'basic cargo'가 실려져 있지 않은 것은 이러한 이유에서 기인한 것으로 생각된다.

이러한 외중에 1962년 6월 10일 마츠모토 씨가 교토의 우리 집을 방문했을 때 하시오 씨로부터 받은 편지를 마츠모토 씨에게 보여주고 의견을 구했을 때 "이 점에 대해서는 외국의 문헌을 좀 더 조사한 후 알게 되면 연락을 하고 싶다"라고 대답하였다. 다음 날 마츠모토 씨가 고베에서 나에게 보내온 속달 우편물에 의하면, Mcdowell & Gibbs의 *Ocean Transportation*(1954)에 해사용어로서 'basic cargo'가 등재되어 있는 것을 알게 되었다. 'basic cargo'(일본 해운업계의 base cargo)가 구체적으로 어떤 화물을 의미하는 것일까에 대해 다음과 같이 인용하고자 한다.

"Liners have always carried such commodities as wheat in parcels. For example, if a British miller had purchased a small quantity of wheat to be used in his blend of flour, he might issue instructions that it be shipped as a parcel rather than wait to have it consolidated with other wheat for a shipped lot. Copra, which has been an important bulk cargo, is now being shipped in bulk (unpackaged) form into the West Coast of the United States, where it is unloaded by suction. Since World War II, about 90 percent of the sugar moving from the Hawaiian Islands to San Francisco Bay has moved in bulk form aboard scheduled freighters. Lumber out of the Pacific Northwest which formerly moved primarily in shipload lots, now provides partial cargo for many liners. Some shipments are small, but a ship in regular service may carry 4 million or more board feet, as well as general cargo. When liners on voyage after voyage lift a sizable tonnage of such basic cargo, the situation is spoiled for the tramp operator, because the cargo accumulated is not sufficient for shipload lots."[10]

"정기선은 밀 같은 화물을 항상 소량으로 운송하고 있다. 예를 들어 영국의 제분업자가 제분에 섞어 사용하기 위해 밀을 소량 구입할 경우, 제분업자는 같은 장소에 선박 한 척 분의 밀이 모여지기를 기다리기 보다는 소량 단위로 선적되기를 희망할 것이다. 지금까지 중요한 벌크화물이었던 코프라(copra, 야자 과육 말린 것)는 현재는 포장을 하지 않고 소량으로 미국 서부해안 지역으로 보내지고 이곳에서 흡입 파이프를 통해 양륙된다. 2차 세계대전이후 하와이 제도에서 샌프란시스코만으로 보내지는 사탕의 약 90%는 벌크화물로 정기화물선에 의해 운송되었다. 태평양 북서부로부터 출하되는 목재는 이전에는 일반적재상태로 보내졌지만, 현재는 정기선 선적을 위한 소량화물이 되었다. 출화는 소량이지만, 정기선의 경우 400만 보드피트 정도는 잡화와 함께 옮길 수가 있다. 이렇게 basic cargo로 모아진 것을 정기선이 항차마다 싣고 가는 것은 부정기선업자에게는 바람직하지 않은 상황이다. 소량화물을 조금씩 모으는 정도로는 부정기선의 만재 출화량을 만족시키지 못하기 때문이다."

참고로 이어서 언급하는 것은 현재 소위 'base cargo'로 지목되는 주요한 해상화물이다. 단, 이것에 대해서는 정기선 회사와 화주 사이에 화물적재량 10% more or less 조건으로 약 6개월 전에 6개월 또는 1년을 적재기간으로 하여 일괄 계약하는 것이 원칙이다.

---

10 Mcdowell, C. E. & Gibbs, H. M., *Ocean Transportation*, New York, 1954, p.50.

적재지	베이식 카고
햄프턴 로즈	석탄
마닐라	원당(原糖)
하와이	원당
시애틀, 샌프란시스코	철광석, 밀
멕시코	소금
로스앤젤레스	피치 코크스
탬파(플로리다)	인광석
독일, 네덜란드	탄산칼륨, 비료

base cargo를 언급하고 있는 일본 문헌으로 빼놓을 수 없는 것이 마츠모토 씨의 논문일 것이다. 즉, 마츠모토 씨는 '빌리는 입장에서 정기용선을 하는 경우'의 하나로 "다수의 선박(소유선, 정기용선 등)을 관리하는 선박회사가 base cargo를 취급하는 경우"11를 이야기 하고 있다. 하지만 이것은 '정기선주보다는 오히려 부정기선주가 상당기간에 걸쳐 안정된 기본화물을 가지는 경우에는 수익채산의 기본이 확보되어 정기용선의 계약이 가능해진다'라는 것을 지적하고 있다. 여기에서는 '상당기간에 걸쳐 충당되는 안정된 화물'의 뜻으로 '기본화물'(base cargo)이 사용되고 있다. 이것을 보면, 당시(1934년 경)에는 채산의 기초(base)가 될 수 있는 안정된 충당화물이라면, 정기선과

---

11 松本一朗, 『海運經營と 運賃の 研究』, 海事文化硏究所, 1962, p.508(日本海運集會所, 『海運』, 1934년 7월호에 재수록).

부정기선의 구별 없이 'base cargo'라고 했던 것으로 생각된다. 잡화
가 수익채산의 주역인 정기항로에서 시간과 장소에 따라 예측이 불
가능한 잡화의 감소를 메울 수 있는 화물로 언제라도 실을 수 있는
것으로 기대되는 벌크화물을 '기본화물'이라고 하는 것이 원칙이다.
현재 일본 해운업계에서의 용례로부터 상기 마츠모토 씨의 용어 사
용은 역사적으로 주목할 만한 가치가 있을 것이다.

아울러 다른 일본어 문헌에도 다음과 같은 것이 있지만, 모두 오
역 또는 적절하지 않은 것으로 보인다.

* base cargo(기초화물) : 加藤 精, 『英和國際商業用語新辭典』,
  太陽堂, 1929, p.30.
* base cargo(바닥짐) : 田中岩吉, 『船泊載貨法基礎編』, 海文堂,
  p.12.
* base cargo(기초화물) : 四之宮博, 『英和日本語航海用語辭典』,
  成山堂, 1962, p.17.

bill of lading 선하증권

일본에서 '선하증권'은 종종 'BL'이라고 한다. 'bill of lading'의 약
칭 'B/L'이라고 부르는 것이다. 일본에서는 해운실무 대부분이 영국

과 미국의 영향을 받아서인지 '선하증권'이라고 하면 즉시 'bill of lading' 또는 'B/L'이라고 하고, 다른 호칭은 전혀 없는 것으로 생각하고 있다. 하지만 그렇지 않다. 선하증권을 'bill of lading'이라고 부르는 것은 단순히 지중해 연안계통의 용어에 속하는 것이고, 이것과 전혀 다른 대서양 연안계통의 호칭이 있다.

1) polizza di carico(지중해계) : 이탈리아(어원), 지중해 연안 프랑스, 영국, 미국, 일본 등 - polizza di carico(이탈리아어)는 영어로 직역하면 policy of charge, policy of load; 따라서 bill of lading
2) conocimiento(대서양계) : 스페인(어원), 대서양 연안 프랑스, 네덜란드, 독일, 스칸디나비아 국가, 기타 - conocimiento(스페인어)는 영어로 직역하면 acknowledgement(승인, 인증, 인증증서)

역사적으로 보면 중세 해상무역에서 선박서기(scribanus; escriva)가 작성했던 선박장부(cartularium; cartolari)가 선하증권의 전신이라고 한다. 선박장부를 작성하고 선내에 비치하는 관행은 11세기에 시작하여 14세기까지 지중해 전 수역에 보급되었다. 이미 1063년의 Trani[12] 해상법에서는 자신의 성실성을 선서하는 선박서기를 승선시켜야 할 의무를 선장에게 부과하고 있다. 당시 선박장부의 기입은 선박서기가 해야 하는 가장 중요한 의무였던 것이다. 왜 선박장부 제도가 시

---

12 옮긴이 주 : 이탈리아 남동부 풀리아 지방 바리 주의 도시.

작되었을까?

해상무역이 발달함에 따라 점차 항로가 길어지고 더불어 화물의 종류 및 수량이 증가되었지만, 한편으로는 화물감독(supercargo)이 화물과 더불어 동승하던 관행이 더 이상 필수적인 것만은 아니어서 화주 중에는 선장에게 화물의 판매를 위탁하는 사람들도 생겨났다. 이러한 경우 선주 또는 선장으로서는 화주를 위해 적화물의 종류, 수량 등을 기록한 서류를 나중의 증거로서 공정하게 작성하여 보관해 놓을 필요가 있었다. 이러한 목적에서 증거서류를 작성하는 임무를 맡은 사람이 선박서기이고, 따라서 선박서기는 선내에서 공중인적인 존재이기도 했다. 선박서기는 항상 자신의 성실성에 대해 선서를 해야 했고, 때에 따라서는 선적항의 관청으로부터 임명되었다. 12세기부터 14세기에 걸쳐 바르셀로나를 중심으로 행해진 해사 상관습의 집대성이라 할 수 있는 Consolato del Mare에서는 선박장부에 허위로 기재를 한 선박서기는 오른손을 절단하고 얼굴을 인두로 지지며 또한 소지품을 모두 몰수해야한다는 규정이 제정되어 있었다.

하지만, 당시 해상무역은 예를 들어 화물감독이 없는 판매위탁일지라도 모두 화물에 입각하여 화물을 활용하는 현물거래여서 선박서기가 작성한 선박장부는 'book' of lading이지만 'bill' of lading은 아니었다.

그렇지만 다음 단계에서 신용거래의 흐름을 보면, 화주(갑)가 화물을 화주(을)에게 보내는 경우 갑은 화물을 발송 또는 선적과 동시에 혹은 발송선적에 앞서 해당화물을 담보로 금융업자(병)로부터 자금을 융통하고 병에게 해당화물 대금의 징수를 위임하게 된다. 이러한 경우 징수 위임을 받은 병은 적화 명세와 더불어 수화주의 주소, 성명을 알아야 했다. 수화주 측도 선박의 도착에 따라 받아야 할 해당화물의 명세에 대해 파악을 해야 하며 송화주로서는 금융업자로부터 자금을 융통하고, 수화주에게 적화 발송을 통지하기 위해 선적에 관한 적화목록을 입수해야만 했다. 하지만 단순한 적화목록만으로는 큰 의미가 없다. 현재 화물이 선적, 발송되었다는 사실을 나타낼 수 있는 적화목록이 필요했던 것이다. 이러한 요청에 응하기 위해 제출되었던 것이 '사본'으로 선박서기는 적화명세를 기록한 선박장부에 근거하여 사본을 몇 부 작성하여 이것을 송화주에게 교부했다. 1397년 제정된 Anacone 해상법에 의하면 선박서기는 선주 또는 선장이 반대하더라도 선박장부 사본을 작성하여 청구자에게 교부해야 할 의무를 가지고 있다. 따라서 당시 해상무역이 선박서류의 사본을 필요로 했던 객관성 정도를 이해할 수 있다.

　선하증권은 이러한 과정, 즉 'book of lading에서 bill of lading으로의 변천 과정'을 거쳐 생성되었다. 이러한 지중해 사본 시대의 성격을 충실하게 전달하고 있는 것이 영어 'bill of lading'으로 직역하면 '선적증서'(선하증권)이다. 'bill of lading'은 용어로서는 '화물이 선적되었다', '화물이 적화물로 수령되었다'(shipped on board ···by the shipper)는 객관적 또는 수동적인 표현으로 본래 그 이상의 의미를 가지지 않는다.

이에 반해 선하증권의 다른 호칭, 즉 대서양 연안계 호칭인 프랑스어 connaissement(선하증권), 독일어 Konnossement(선하증권), 네덜란드어 cognossement(선하증권) 등에서 볼 수 있는 것과 같이, connaître(인정하다), bekennen(인정하다)를 원뜻으로 하고 있다. 단순히 '화물이 선적되었다', '선장이 화물을 수령하였다'라는 사실을 밝히는 것만이 아니라, 더 나아가 선적된 화물에 대한 수량, 종류, 기타 사항에 대해 선장이 화주에게 대해 인증한다는 주관적이고 능동적인 표명인 것이다. 독일어 선하증권의 약관에서

Ich Schiffer ·············· bekenne,

(선장인 나는 ············· 을 인증한다)는 표현은 이러한 사실을 잘 보여주고 있다.

이와 관련하여 선박장부 사본의 작성 및 교부하는 관행은 대서양 연안에서는 상당히 늦게 생겨나서 1552년 카를 5세(Karl V, 합스부르크 왕 재위 1519-1557)의 법률에 겨우 보이고, '인증'도 1600년경의 법률에 처음으로 나타난 것 같다.

단, 해상무역의 발전과 더불어 선하증권은 그것을 갖고 있지 않으면 선적화물의 인도를 청구할 수 없다는 물권적(物權的) 성격도 나타내게 되어 현재에 이르고 있다. 그렇지만 물권성은 선하증권에서 매

우 중요한 특성이지만, 역사적으로는 나중에 부가된, 즉 부수적 성격이었다. 선하증권은 원래 단순한 적화수령증 또는 선적확인서였다. 이것을 그대로 전달하는 것이 현재의 호칭 polizza di carico(이탈리아), polices de chargement(지중해안 프랑스), bill of lading(영국, 미국), '선하증권'(일본), 또는 conocimiento(스페인), connaissement(대서양 연안 프랑스), cognossement(네덜란드), Konnossement(독일) 등이다.

아울러 'lading'을 '적화물'의 의미로 쓰는 것은 'bill of lading' 이외에는 거의 찾아볼 수 없지만, 이전 영국에서는 'lading'이 오히려 일반적인 것이었다. Shakespeare의 희곡에서도 실제로 'lading'이 종종 사용되었다. 그 일례로,

Antonio hath a ship of rich lading wracked on the narrow seas.

in Shakespeare, *The Merchant of Venice*, Act III, Scene 1,3.
"적화물(lading)로 가득한 안토니오의 배가 해협에서 난파되었다."

마지막으로 일본에서 '벽보, 작은 종잇조각'을 '삐라'라고 하는 것은 영어 'bill'에서 비롯한 것이다.

참고 자료

Pardessue, J. M., *Collection de Lois Maritimes*, tome 2,4,5,6, Paris, 1831-1845
Twiss, T., *The Black Book of the Admiralty*, III, London, 1874.

Pappenheim, M., *Die geschichtliche Entwicklung des Seehanles und seines Rechts*, Schriften des
    Vereins für Sozialpolitik, C III, Berlin, 1903.

McLaughlin, C. B., *The Evolution of the Ocean Bill of Lading*, Yale Law Journal, vol.35, New
    Haven, 1925-1926.

西島彌太郎, 「船荷證券の 起源について」, 『商學論叢』, 제2권 제3호, 1927. 11.

blanket rates   포괄운임

상당히 넓은 범위에 걸쳐 또는 어느 지역 전체에 동일운임이 적용된 경우 그 운임을 blanket rates라고 한다. 예를 들어, 남아메리카에서부터 일본에 철광석을 해상운송할 때 목적지가 야와타(八幡), 히로하타(広畑), 사카이(堺), 욧카이치(四日市), 지바(千葉), 무로란(室蘭) 등의 모든 지역에 동일운임을 적용한다는 관행이 있을 때 이러한 경우의 운임을 blanket rates라고 한다.

해상보험에서 적화의 종류, 포장, 적화지, 양륙지, 보험료 등은 구체적으로 약정하지만, 적화 일자, 적화할 선박명, 적화물의 개수 등은 적재일이 가까워져야 확정되는 경우가 일반적이다. 이러한 경우 몇 가지 사항은 불확정인 상태로 먼저 주요사항만을 결정하고 보험계약이 체결되는 경우가 있다. 이와 같은 보험계약은 open policy (예정보험) 또는 blanket policy(포괄보험)이라고 부른다. 즉, 본래 구

별해서 결정해야만 하는 몇 가지 사항을 포함하여 주요 조건을 같
게 하기 위해 같은 계약으로 포괄적인 취급을 하는 것이다. 한 장의
커다란 모포(blanket) 안에 여러 가지 다른 물품들을 넣고 싼 것과 비
슷하다고 하여 blanket rates, blanket policy라고 부르는 것이다.

선하증권의 종류 중 하나로 blanket bill of lading이라는 것이 있
다. 수화주의 이름을 증권에 기입하지 않고, 증권을 소지하고 있는
아무에게나 해당 화물을 전해주는 관행에서 기인한 것으로 수화주
의 이름을 blank(빈칸)으로 두어 이러한 호칭이 붙게 된 것이다. 따
라서 blanket와 blank는 비슷하지만 본래의 의미는 전혀 다르다. 그
렇지만 더욱 재미있는 것은 시간을 거슬러 조사해보면 두 용어가
같은 어원에서 출발했다는 것이다.

'모포'를 의미하는 blanket의 어원에는 두 가지 설이 있다.

1) 14세기, 영국의 브리스틀에 토마스 블랜키트(Thomas Blanket)라
는 직물사가 있었고, 1340년에 모포의 제작방법을 발명해서 이후
그 사람의 성을 그대로 따서 모포를 일반적으로 blanket라고 부르게
되었다.

and blanket immortalizes Thomas Blanket, who set up the first
loom for their manufacture in 1340.[13]
"blanket란 낱말은 1340년에 모포제조용 직기를 최초로 발명한
Thomas Blanket의 이름을 영원히 잊지 않게 하고 있다."

13 Garrison, W. B., *Why you Say It*, 1947, New York, p.61.

그럴듯한 이야기이고 상당히 일반적으로 알려진 것이지만 왠지 모르게 믿기 어려운 생각이 든다. 오히려 속설에 속한다고 보는 것이 좋을 것이다.

2) 모포는 원래 염색하지 않고, 흰색 그대로 사용한다. '하얀'은 프랑스어로 blanc이고, Mont Blanc(몽블랑)은 '하얀 산'이 원뜻이다. 프랑스어의 영향을 받아 영어에서도 blank는 '여백'이란 의미이고, 모포가 처음에 흰 모포로 판매되었기 때문에 '하얀 모포'라고 해야 할 것을 이후 생략하여 단순하게 희다는 것을 의미하는 *blanket* 만으로 모포 전체를 지칭하는 것으로 되었다. 여기에서 ~*et*는 *bullet, fillet, islet, sonnet* 등에서 볼 수 있는 바와 같이 주로 프랑스어계의 지소사(指小辭)[14]형 어미이고, 이 어미 ~*et*로 *blanket* 가 프랑스어에서 유래한 것으로 유추된다.

두 번째 설은 *New English Dictionary*(NED)에도 수록된 것이며, 영어어원학자로 아주 유명한 W. W. Skeat도 동의하는 것으로 거의 틀림이 없을 것 같다. 더 나아가 NED는 다음과 같이 설명하고 있다.

> The Thomas Blanket to whom gossip attributes the origin of the name, if he really existed doubtless took his name from the article.[15]

---

14 옮긴이 주 : 어떤 말에 덧붙여 원래의 뜻보다 더 작은 것을 나타내거나 친근함을 표현하는 데 쓰이는 접사.

"속설에서는 이름의 기원을 토마스 블랜키트라는 사람에 귀착시키고 있지만, 만약 Thomas Blanket라는 사람이 실제 있었다면 의심할 여지없이 그는 자신의 이름을 상품명으로부터 떼어냈을 것이다."

그러고 보면 일본에서 '촌놈'의 대명사인 '아카겟토(赤毛布)' 등은 '붉고 하얀 모포'라는 의미가 되어 단어 자체에 모순을 나타내게 된다.

한편으론 신중을 기해 상기 1과 2를 절충한 설도 있다.

"이것은 1340년에 브리스틀에서 토마스 블랜키트라는 사람이 처음으로 모포를 만들었기 때문에 그 이름을 사용했다고 한다. 물론, 프랑스어의 blanc(white)이라는 단어의 영향도 있을 것이다. 모포는 원래 대부분 하얀 것이 일반적이므로~."[16]

더욱이 '赤毛布'라고 쓰면서 '아카겟토'라고 읽는 '모포(毛布)'는 종종 '겟토'라고 부르는데, 이것은 *blanket*의 어미 ~*ket*에서 유래한 것이다.

정말 재미있는 것은 최근 모포와 비슷하게 만들어지는 화학섬유 직물이 모두 앞서 말한 것처럼 어미에 ~*ket* 또는 '겟토'를 붙여서 판매되고 있다는 것이다. 예를 들어 *towelket*는 타올 천의 광폭 화학섬유 직물이고, *summerket*는 여름에 맞춰 제작된 광폭 화학섬유시

15 Oxford, *A New English Dictionary*, vol. I, p.902.
16 小川芳南, 『巷の 英語』, 大學書林, 1958, p.74.

트이다. 아래에 현재 시판되고 있는 화학섬유 겟토류의 명칭을 서술해 본다.

- 파일겟토(도요레용, 구라시키방적) 의복 : 천으로 만드는 주변 물품
- 기루겟토(아사히 카세이) 직물 : 편물
- 파인겟토(미츠비시 아세테이트) 직물 : 편물, 펠트
- 프레인겟토(B · S 에버소프트) 폴리우레탄 : 메리야스(스페인어 medias)[17]

위에서 언급한 바와 같이, blanket(모포)가 발명자로 보이는 토마스 블랜키트의 성과 관련된 명칭이라는 것은 속설로 왠지 모르게 믿기 어렵다. 하지만 이러한 속설이 아니고 실제 발명자와 관련된 사람의 이름이 그대로 제품명으로 통용된 경우는 아주 많다. 여기에서는 그 중에서 대표적인 몇 가지 예를 들어 본다.

diesel	Rudolph Diesel(1858-1913)	독일 디젤 기관 발명자
guillotine	Joseph I. Guillotine(1738-1814)	프랑스 의사. 새롭게 고안한 단두대의 사용을 제창함
hotchikiss	B. B. Hotchikiss(1826-1882)	미국 기계 발명가

---

17 옮긴이 주 : 메리야스의 원어는 스페인어의 양말을 뜻하는 medias인데, 우리나라에는 개화기 때 양말을 가리키는 말로 수입되었다가 메리야스로 변형되어 오늘날까지 사용되고 있다.

macadam	John L. McAdam(1756-1836)	스코틀랜드 쇄석도로 발명자
nicotine	Jean Nicot(1530?-1600)	프랑스 외교정치가. 포르투갈 대사 시절 리스본으로부터 프랑스에 처음으로 담배를 수입함
pullman	George M. Pullman(1831-1897)	미국 쿠션식 침대 발명가
roentgen	W. K. Roentgen(1845-1923)	독일 물리학자
sandwich	Earl of Sandwich(1718-1792)	영국(켄트) 백작
saxophone	Joseph Sax(1814-1894)	벨기에 악기제작자
silhouette	Etienne de Silhouette(1709-1767)	프랑스 재정정치가

아울러 데릭(derrick)이 17세기 초 런던 Tyburn의 사형집행인 Derrick의 이름에서 유래했다는 것은 널리 알려져 있는 설이지만 확실하지 않다.

1950년 일본선박은 일본점령군사령부(GHQ, general head quarter Army of Occupation of Japan)로부터 세계 각지로의 출항허가를 얻었지만, 미국행의 경우에는 포괄입항허가(blanket clearance)를 얻어 매번 허가를 받을 필요 없이 배선을 할 수 있게 되었다.[18]

18 마츠모토 이치로(松本一朗) 씨로부터의 개인적인 편지(1963년 12월 31일).

block coefficient of fineness   방형비척계수

block은 산에서 채취한 재료 그대로 조금도 손을 가하지 않은 울퉁불퉁하고 딱딱한 소재이다. 이에 비해 fineness의 어간 fin은 프랑스 영화에서 이야기가 모두 전개되고 난 다음 마지막 자막으로 나오는 친숙한 프랑스어로 모두가 이해하고 있는 '끝'(영어의 end)이다. 따라서 필요 없는 부분을 잘라내고, 끝손질(finish)로 마무리하여 최종적인 깔끔한 모습이 영어의 fine 또는 fineness 이다. 이것은 형용사 fine이 보통 '정제하다, 우량한 순도가 높은' 의미를 가지고 있어 fineness의 원뜻은 '최종적인 마무리가 끝난 깔끔한 모습'이다.

따라서 block coefficient of fineness는 일본어로 의역되어 '방형비척계수'라고 하지만, 원래는 '소재에 대한 순수한 성분 비율'이라고도 할 수 있고, 식으로 나타내면

(1) $\dfrac{\text{순수한 성분 체적}}{\text{소재 체적}}$ = 방형비척계수라고 할 수 있을 것이다.

이것은 경제학에서 price elasticity of demand가 '수요가격 탄력성(계수)'으로 번역되어, 식으로는

(2) $\dfrac{\text{수용량 변화율}}{\text{가격 변화율}}$ = 수요가격 탄력성계수로 나타낼 수 있는 것

과 같은 관계이다.

다시 말하면, coefficient에 앞서오는 명사 block이 분모가 되고, coefficient 뒤 of 다음에 오는 명사 fineness가 분자가 되어 coefficient(계수)가 산출된다. 공식 (1) 참조.

여기에서 fineness를 일본어로 '비척'이라고 한 것은 의역이다. 만약 이것이 문자 그대로 '비척'이라면 fullness and fineness라고 해야 할 것이다. 방형에 대해 어느 정도 선체가 뚱뚱한지 내지는 홀쭉한지 그 비율(계수)이라는 의미로부터 '비척계수'라고 한 것이다. 언어가 같은 의미라도 지역과 민족에 따라 다르게 생겨난 사례를 이것에서 찾아 볼 수 있다. 따라서 block coefficient of fineness는 직역하면 '방형척신(瘠身)계수'가 될 것이다.

'방형'에 대해서는 먼저 구약성서 《창세기》에 나오는 '노아의 방주'를 예로 인용해 보자. 아마 조선(造船)의 사양과 치수를 전달해 주는 세계 최고의 기록으로 생각되지만 이것은 소나무로 만들어져 3층 갑판의 길이 300 cubits, 폭 50 cubits, 깊이 30 cubits로 기록되어있다. 1 cubit = 18 inches = 1.5 feet 이므로 이것을 방형으로 계산하면,

$$\frac{(300 \times 1.5) \times (50 \times 1.5) \times (30 \times 1.5)}{100} = 1만 5187톤이 \ 된다.$$

여기에서 분모 100은 1 톤 = 100 입방피트의 관계를 나타내고 있다. 당시 소나무 재료로 이런 대형선을 건조했다는 것은 실로 경이적인 것이다. 1956년 기준 일본 선박들을 살펴보더라도 탱커를 제외하고는 이 정도의 대형선은 찾을 수가 없다. 물론 문자 그대로 '방형'으로써 방형비척계수는 1이다.

더불어 그리스의 풍자작가 루키아누스(Lucianus, 120?-195?)의 어떤 작품에 선박의 사양치수를 알려주는 기사가 있다. 이것을 현대 영국의 피트단위로 환산하면 길이가 180피트(=54.86m), 폭 46피트(=14.02m), 깊이 43.5 피트(=13.25m)가 되고 톤으로 환산하면 3601.8 톤이 된다. 당시로서는 상당한 대형선이었을 것이다.[19]

일반적으로 방형비척계수 C_b는 다음 식으로 산출한다.

$$(3) \quad C_b = \frac{V}{L \times B \times d}$$

단, V는 공재배수용량(volume), L은 수선간 거리(length), B는 폭(breadth), d는 공재흘수(draught)를 의미한다.

J. Bes의 *Chartering and Shipping Terms*(1954)에 기재된 계산법에 따르면,

공재 시 배수용량   1만 8200톤(1톤 = 2240파운드)

---

19 E. Fayle, *A Short History of the World Shipping Industry*, p.54.

수선간 거리 490ft (=149.35m)
폭 63ft (=19.20m)
공재흘수 30ft (=9.14m)

인 경우,

방형비척계수는 식 (3)에 의해

(4) $C_b = \dfrac{18200 \times 35}{490 \times 63 \times 30} = 0.688$가 얻어진다.

단, 분자의 35는 해수중량 1톤에 대한 용적(ft³)이고 다음 식으로 계산하여 얻을 수 있다.

(5) $\dfrac{1.016}{(0.3048)^3 \times 1.016} = 35.314$

여기에서, 분자 1.016은 담수중량 1톤의 킬로그램 환산치, 분모 0.3048은 1피트의 미터 환산치, 1.016은 해수의 비중(1.000~1.032)의 평균치이다. (5)식은 간략식으로 $(0.3048)^3$의 역수가 된다.

한편, 식 (3)은 방형비척계수의 직접적인 산출공식이고, 실험식으로는 다음 (6)이 일반적으로 이용된다.

(6) $C_b = 1.06 - \dfrac{V}{2\sqrt{L}}$

단, V는 항해속력(knot, 노트)이고 $\dfrac{V}{\sqrt{L}}$ 을 corresponding speed (상대속력)이라고 한다. 조선공학에서는 '고속'이란 필히 속도의 절대치가 크다는 것을 의미하지는 않는다. 선박의 길이(L)에 비해 속도(V)가 클 경우, 고속이라고 한다. 즉,

$$-\frac{V}{\sqrt{L}}\begin{cases} > 1, \text{ 고속} \\ = 1, \text{ 중속} \\ < 1, \text{ 저속} \end{cases}$$ 에 의해 고속, 중속, 저속이 결정된다.

관련하여 식 (6)에서 상수 1.06은 고속선에 이용된다. 저속선은 1.08이 된다. 단, 이것은 단지 실험식에 지나지 않으므로 제반 선종의 조건에 따라 바뀔 수 있다.

$b$oard 외판, 현측, 선박에 승선하다

board는 현재 일반 육상용어로는 '판(板)'을 의미한다. 예를 들어,

- above-board(있는 그대로, 공명정대하게) : 카르타(포르투갈어 carta, 트럼프의 일종) 및 마작 등을 할 경우 board(탁자) 아래에서 속임수 등의 조작을 하지 않고, 양손을 탁자 위(above-board)에 올려

놓고 정정당당하게 승부한다는 것이 원뜻

- bed and board(부부사이) : 침대와 식탁(board)을 함께 쓰는 생활 관계를 의미함

- board(대학생의 사각모) : 미장공이 벽을 바를 경우 흙을 올리는 사각의 목판과 닮아서 이러한 호칭으로 불린다.

- cardboard: 판지, 마분지

- the board of directors(이사회) : 이사들이 모이는 탁자(board)가 원뜻. 같은 의미는 the Board of Trade(상공회의소), U. S. Shipping Board(미국 선박국) 등에도 사용된다.

- boarding house(하숙집, 기숙사) : 즉, 식사가 제공되는 숙사를 의미. 여기에서 'board'는 식판이 원뜻이고, board wage(식비가 포함된 급료)도 마찬가지로 사용된다.

- shifting board(칸막이 판, 짐 고정용 판재)

- sweep the board(싹쓸이하다) : '탁자(board) 위에 있는 돈을 모두 쓸어가다'의 뜻

- He is on the boards(그는 배우를 직업으로 하고 있다) : 여기에서 board는 '무대'를 의미.

- It is not on the board today(그것은 아직 문제가 되지 않았다) : 여기에서 board는 '설계도판, 탁자'를 의미.

- But ships are but boards, sailors but men.[20] : "선박은 말하

---

20 Shakespeare, *Merchant of Venice*, Act I, Scene 3, 22.

자면 단순히 나무판자를 잘라놓은 것에 지나지 않아. 선원도
살아있는 인간에 불과해."(유대인 고리 대금업자 샤일록(Shylock)의
대사)

하지만 이와 같은 육상 일반용어로서 '판(板)'의 뜻으로 사용되는
'board'도 그 출처를 찾아보면 역사적인 해사용어로 '현측', '뱃전'이
원뜻이다.

Board. It is interesting to trace the origin of the phrase. The
Icelandic *bord* meant the side of a ship; so also, did the word in
Celtic, and the Anglo-Saxon *bord* was the side of a ship as well
as a plank. The primitive dug-out was a log scoped out by
hacking and burning, this leaving a curved 'bord' on each side,
and though a vessel is now built of iron we still 'go aboard.'[21]

Board : 이 단어의 어원을 찾아보는 것은 매우 흥미롭다. 아이슬
랜드어의 bord는 원래 '현측(舷側)'을 의미했다. 켈트어, 앵글로색슨
어의 bord도 '판'을 의미하는 것 이외에 '현측'의 의미로 사용되었다.
옛날에는 둥근 목재에 칼자국이나 태워서 조각하는 방법으로 쪽배
를 만들었고, 이러한 방법을 사용할 경우 목재 좌우 양측에 남는 조
각이 'bord'였다. 현재에는 배는 철로 만들어져 이전처럼 조각하여

---

21 Harage, B., *Origins and Meaning of Popular Phrase and Names*, London, p.38.

양측을 남긴다는 방법은 사용되지 않지만, 지금도 '승선하다'라고 할 경우에 'go board'라고 한다.

즉, 'board'는 이전의 'board'가 의미하는 것처럼, '현측'은 더욱 깊이 생각하면 '가장자리, 테두리, 끝단'이 원뜻으로 이것이 현대영어 'boarder' 형태로 전승되었다. 다시 말하면, 원래 '가장자리, 테두리, 끝단'을 의미하고 아울러 '현측(舷側)'의 의미로도 사용되었던 'bord'는 현대영어로는

board   현측

boarder   가장자리, 테두리, 끝단

과 같이 두 개의 단어로 나뉘어 구별되었다.

이와는 달리 프랑스어는 상당히 보수적이어서 상기 두 가지의 의미를 'bord' 하나로 유지해 온 것은 상당히 흥미로운 것이다. 즉, 현대 프랑스어에서 우선 '현측' 의미로는

à bord   배에, 선내에

journal de bord   항해일지

mettre des marchandises à bord   화물을 선박에 싣다

bord à bord avec un naivre   어떤 선박과 현측을 거의 맞

                                      대고(아슬아슬하게) 지나가다

다음으로 '가장자리, 테두리, 끝단'의 의미로는 다음과 같은 말이

63

있다.

avoir un mot sur le bord des lèvres 말이 막 나오려 하다

chapeau sans bord　　　　　　　테두리 없는 모자

être au bord du tombeau　　목숨이 얼마 남지 않았다

être à bout de bord　　　　(범선이) 파도를 헤치고 전진하다,

　　　　　　　　　　　　　　(사람이) 막히다

각설하고, 영어에서 'board'가 '현측'의 의미로 충실하게 사용되는
예로서는 우선 명사로는

larboard　　　　　　좌현

starboard　　　　　　우현

washing overboard　　파도로 인한 유실

go by the board　　선외로 떨어져 버려져~

All I had went by the board. 내 재산은 모두 없어졌다.

on even board with ~과 선박을 나란히 하고, ~와 사이좋게, ~과

　　　　　　　　　　대등하게

He has kept himself on even board with all the world. 그는

　　　　　　　　　　　　　세상과 화합하게 되었다.

다음으로 'board'의 사용에서 중요한 동사로서의 '올라타다', '탈취
하다', '공략하다'의 뜻으로 사용되는 경우이다. 중세 유럽의 해전에

서는 원의 일본 침공22 때처럼, 자기편의 배를 적의 현측(board)에
붙이고, 현측을 넘어 적선에 밀고 들어가면서 난입하는 백병전이 일
반적이었다. 스페인 무적함대는 특히 이러한 전법을 특징으로 하였
다. 1588년 영국함대가 스페인 무적함대를 격파한 것은 스페인 해
군으로 하여금 이러한 전투방법을 쓰지 못하도록 해상의 원거리에
서 포격하여 스페인함대가 잘못 판단하도록 하였던 때문이다. 이로
인해 '현측(board)을 넘어 상대방의 배에 난입한다'는 것을 동사로
'board'라고 하게 되었다. 여기에서는 이러한 의미를 갖는 동사
'board'의 적절한 용례로 셰익스피어의 작품에서 매우 재미있는 약
간의 예를 들어 보겠다.

몽고습래회사(蒙古襲來繪詞, 큐슈국립박물관 소장)에서 원의 선박으로 난입하는 왜군(우측)

22 옮긴이 주 : 1274년과 1281년에 원나라가 일본을 침략한 일

ｂ

이와 관련하여 셰익스피어의 작품에 이러한 용례가 자주 보이는 한 가지의 이유는 셰익스피어의 작품에서는 부인을 선박에 빗대어서 '부인을 내 사람으로 한다'라는 경우 '선박에 밀고 들어간다', '선박을 공략한다'의 뜻으로 'board'를 자주 사용했기 때문이다.

IAGO : Faith, he to-night hath boarded a land carrack.23
이아고 : 장군은 오늘 저녁 육지로 향하는 큰 배를 탈취했다.

희곡 *Othelo*의 전반부에는 숨쉬기 힘들 정도의 큰 사건들이 계속해서 전개되지만, 피부색이 약간 검은 무어인24인 오셀로 장군은 꽃도 무색할만큼 아름다운 데스데모나를 그녀의 아버지(원로원 의정관)의 허락도 없이 어느 날 밤 하천에 떠 있는 작은 배안에서 자신의 것으로 만든다. 악당인 이아고가 친구인 캐시오를 부추기기 위해 위와 같이 말하면서 꼬드기는 것이다. "평판이 좋은 규수를 내 것으로 하다"를 "hath boarded a land carrack"(육지로 향하는 큰 배를 탈취했다)라고 한 것은 실로 뛰어난 표현이다.

MRS. PAGE : for, sure, unless he know some strain in me, that I know not myself, he would never have boarded me in this fury.

---

23 Shakespeare, *Othelo*, Act I, Scene 2, 50.
24 옮긴이 주 : 북서 아프리카에 사는 이슬람교도.

MRS. FORD : Boarding call you it? I'll be sure to keep him above deck.

MRS. PAGE : So will I : if he come under my hatches, I'll never to sea again.[25]

페이지 부인 : 글쎄 그렇지 않아? 뭔가 내가 모르고 있었던 틈이라도 발견한 것이 아니라면 그렇게 난폭하게 타지는 않았을 텐데.

포드 부인 : 탄다고 말했어요? 내가 그 놈을 갑판 위에서 아래쪽으로 내려오지 못하도록 막을 테니까.

페이지의 아내 : 나라도 그렇게 합니다. 그 놈이 창구(艙口) 밑으로 내려온다면, 나는 두 번 다시 바다에 나가지 않을 거예요.

늙은 기사 폴스태프로부터 동일한 연애편지를 받고 분노한 두 명의 부인이 나누는 이야기로 위의 인용문에서도 화난 모습이 눈에 보이는 것 같다. 여기에서 board(배에 올라타다), above deck(갑판 위에), under my hatches(배의 해치 아래에), [go] to sea(배가 출항하다)와 같이 계속해서 전문적인 해사용어가 실로 기묘하게 등장한다. 그저 감탄할 따름이다. 위 문장들은 너무 고상하게 쓰여서 성적인 느낌을 느끼기에는 다소 부족하다. 더욱 멋을 살리고 노골적인 표현을 이용하여 맛을 내야 할 것이다.

---

25 Shakespeare, *Merry Wives of Windsor*, Act II, Scene 1, 89-95.

Tell me her father's name, and 'tis enough; For I will board her.26

"그녀의 아버지는 누구지? 이름을 말해봐. 아버지에 따라서는 청혼하고 싶어."

여기에서도 부인을 배로 빗대어 'board'는 '청혼하다'라는 의미로 사용되고 있다. 마지막으로 이러한 용례와 조금 다른 동사 'board'의 용례를 셰익스피어로부터 인용하고자 한다.

POLONIUS : I'll board him presently.27
폴로니우스 : 제가 곧바로 공격해 보겠습니다."

햄릿이 책을 읽으면서 걸어가고 있는 것을 본 시종장 폴로니우스는 햄릿이 정말로 미친 것인지 아니면 미친 척하는 것인지를 탐색해보고 싶어 한다. 그래서 위와 같이 왕과 왕비에게 말한 것이다. 여기에서는 '본심을 알아보다'가 'board'로 사용되고 있다. 즉, '햄릿'을 '배'에 빗댄 것이다.

이와 같이 동사 'board'는 "적의를 가지고 다른 선박에 침공하다"가 원뜻으로 이것과 확실하게 구별하기 위해 그저 보통 의미로 '승선하다'는 'go board'이다.

any person who enters a ship is to go abroad: but when an

---

26 Shakespeare, *Taming of the Shrew*, Act I, Scene 2, 94-95
27 Shakespeare: *Hamlet*, Act II, Scene 2. 170.

enemy enters in the time of battle, he is said to board. A phrase which always implies hostility.[28]

"사람이 선박에 탈 때에는 'go aboard'라고 하지만, 전투에서 적이 다른 선박에 올라타는 것은 'board'이다. 이 동사 'board'에는 항상 적의가 포함되어 있다."

ottomry 모험대차

선주를 겸하는 무역업자가 소유 선박과 적화를 담보로 해서 금융업자로부터 (의장비 또는 화물구입 대금 조달을 위해) 자금을 빌릴 경우 해당 선박과 적화가 안전하게 목적지까지 도착할 경우엔 원리변제의 의무를 지지만, 만약 도중 해상 사고에 의해 침몰, 약탈 등이 발생하는 경우에는 원리 변제 의무를 피할 것을 조건으로 하는 해상소비대차(海上消費貸借)이고, 고대 또는 중세 해상기업에 대해 행해져 해상보험의 선구적 형태로서도 알려져 있다.

여기에서 bottom은 '선박'을 의미한다. ~ry는 bakery(제빵점), confectionary(제과점), stationary(문방구점), bribery(뇌물) 등에서 보이는 바와 같이 직업이나 행위를 의미하는 단어에 붙는 접미어다. 즉, 선

28 Falconer, *Universal Dictionary of Marine*, 1789.

박과 화물을 저당으로 하여 돈을 빌리는 것을 bottomry라고 한다. 또한 원래 '바다'이 원뜻인 bottom을 '선박'이란 뜻으로 사용하는 것은 지금도 종종 볼 수 있다. 예를 들면 다음과 같다. "The foreign commerce of the United States is at present largely carried on in foreign bottoms."(미국의 대외무역은 현재 주로 외국선박에 의해 이루어지고 있다.)

모험대차(冒險貸借)는 처음에는 라틴어로 foenus nauticum이라고 했다. foenus 는 '이자가 붙는 자금'(money lent on interest), nauticum 은 '항해의'(nautical)를 의미했다. 따라서 foenus nauticum을 직역하면 독일어의 Seedarlehen(해상대차), 일본어의 '가이조긴'(海上銀)[29]에 해당한다. 어떤 해상보험학자의 고증에 의하면, Seedarlehen(해상대차)와 bottomry(보험대차)는 꼭 같은 내용의 것이 아니라고 하지만, 실제 여러 가지 상황에서 두 가지를 어느 정도 구별하고 있는지에 대해서는 명확하지 않다. 고대 그리스의 웅변가 데모스테네스(Demosthenes)가 아버지로부터 상속받은 재산의 1/12은 "해상사업에 대한 대부금"이었다. 따라서 당시에 해상사업에 대한 대부가 활발했을 것으로 추측되지만, 어떤 종류의 해상대부에 어느 정도가 모험대부였는지는 명확하지 않다.[30]

---

29 옮긴이 주 : 보간(抛銀)이라고도 하며, 해상무역에 투자한 금융업의 일종임
30 고대 모험대차의 내용을 알 수 있는 문헌에 대해서는 Fayle, *A Short History of the World Shipping Industry*, p.47를 보라.

일본에서도 bottomry에 해당하는 '보긴증서'(抛銀証文)와 Seedar-lehen(해상대차)에 해당하는 '가이조긴'(海上銀)을 구별하기는 어렵다. 오히려 두 개는 완전히 같은 내용의 계약이었다는 견해도 있다.[31] 참고로 일본의 보긴증서와 가이조긴에 대한 예문을 싣는다.

借用申銀子之事

　　合丁銀壹貫目者定也
　　此利五わり
　　右の銀子橋本十左衛門船より、かぼちやえ持渡り申、歸朝の刻本
利合銀壹貫五百目にて返納可申候　万々一船かこひ申候はば一わり
ましに御算用可申候　若さきさき如何体之儀御座候共有右之船さへ無
事歸朝仕候はば少も意儀座間敷候　但渡り歸朝海上之儀者我等不在候
仍爲後日一筆如件
　　　　寬永八年 未壬 (閏) 十月十三日
　　　　　　　　　　　　　　　　　　本山勘右衛門(花押並印)
　　島井權平殿

풀이) '抛銀'은 '나게가네'라고 읽으며, 투기적 자본을 뜻함. かぼちや(カンボチャ)는 Cambodia를 의미함. 船かこひ는 계절풍 등으로 인해 회항을 멈추고 약 반년 정도 계류(繫留)하고 있는 것을 뜻함. 특히, 주인선(御朱印船)은 계절풍 때문에 종종 옴짝달싹 못하곤 했다(船かこひ). 海上之儀者我等不在候는 선박이 해상에서 난

---

31 『南方渡海古文獻圖錄』(大阪府立圖書館), § 29.

파되어 귀항하지 않을 경우에는 차용금의 원래 이자도 변제의무가 없다는 것을 의미함. (옮긴이 주 : 寬永八年은 1631년이다.)

天川海上借用申銀子之事

合丁銀五貫目者定也

右之銀子之利足貳わり半に申定候　天川へ持渡し申候　日本より天川への海上はヘトウル船之海上也　天川より日本へは惣ベヤジ壹度に出し申ガリヨタ海上也　シダテかし同前に相濟可申候　若万一來年ガリヨタ壹艘參候者右三ヶ一の本利さん用仕返濟可申候　但船かこひ申候者壹わりましにさん用可仕候　爲後日如件

寬永拾五年(1638)　九月十七日

平野屋善兵衛(印並花押)

しぶや九平衛殿

풀이) 天川는 포르투갈령 마카오(Macao). シダテ는 시(cidade, city). ヘトウル는 factor(실행자, 여기에서는 무역사무관). ガリヨタ는 galeota(소형 갤리선, 따라서 여기에서는 포르투갈 선박). ベヤジ는 viagem(정기항해). 이상은 모두 포르투갈어. 계약문의 요약 -일본에서 마카오까지 왕복항해 할 때에는 마카오 무역사무관의 선박에 저당을 맡기고, 마카오에서 일본으로 왕복하는 항해에는 마카오를 동시에 출항하는 포르투갈 선에 저당을 맡긴다. 이것은 마카오 시에 대해 행해진 임대차와 같이 취급되고 변제를 한다는 것이다. 한편, 계약일 모리나가(寬永) 15년(1638)은 해외도항금지령이 만들어진 시점으로부터 5년 이후에 해당한다.

위와 같이 선박과 적화를 저당 잡히고 자금을 빌리는 해상대부는 보험대차 또는 해상대차 이외에 적화만을 저당잡히는 해상대부로 respondentia가 있다. 중세시대에 나타난 관행으로 이 경우에는 예를 들어 배가 침몰하더라도 만약 적화가 목적지에 도착하면 돈을 빌린 사람은 빌려준 사람에게 변제의무가 있다.

"Each putter-out of five for one."

토요타 미노루(豊田実) 역, 『폭풍우(あらし)』(岩波文庫版, 1953)에 따르면, "다섯 배의 재물을 가져오는 모험여행자들"로 번역되었고, 주석에는 "옛날 외국 여행자는 위험할 것으로 예상되는 여행을 떠날 경우 자주 내기를 해서 무사하게 귀국하면 건 금액의 다섯 배를 받았다"라고 되어 있다. 다만, 이것은 A. Schmidt와 다른 학자들의 지적처럼, "each putter-out of one for five"라고 써야 할 것이다. 이것이 보험대차(bottomry)를 포함한 당시의 관행을 나타내고 있다고 봐도 좋을 것이다.

Each putter-out of five for one will bring us Good warrant of. in Shakespeare, *The Tempest*, Act III, Scene 3. 48-49.
"다섯 배의 내기를 하는 보험여행자도 훌륭한 보증을 가져올 것입니다."

a traveller of the class of five for one, i. e. one who puts to sea on purpose to see wonders, and therefore, on setting out on his voyage, places out a sum of money, on condition of receiving five for one at his return. The interpretation generally received is : one who lays out money; but abstractedly from the verb to put out not being used by Sh. in this sense, the context would then require: each putter of one for five, as Dyce and others are indeed bold enough to write.[32]

다섯 배의 내기를 하는 여행자, 즉 경이로움을 구경할 목적으로 항해를 시작하여 바다로 나선 자는 무사히 귀환할 경우 5배를 받는다는 조건으로 일정 금액을 건다. 일반적으로 받아들여지고 있는 해석은 돈을 투자한 사람이라는 것이다. 그러나 추상적으로 동사를 활용한 put out을 셰익스피어가 이런 의미로 사용하지는 않았다. 그러므로 맥락은 Dyce와 다른 학자들이 과감하게 쓴 것처럼 다음과 같이 수정되어야 한다. "each putter of one for five"

bounty (해운)장려금

어원이 라틴어의 bonus(호의적인, 자비심 많은)에 있는 것으로 추측

---

32 Schmidt, A., *Shakespeare-Lexicon*, Berlin, 1923, Vol. 2, p.926.

이 되며, 반대급부를 조건으로 하지 않는 일방적이고 은혜를 베푸는 지원금이다. 예를 들어 King's bounty라고 하면 영국에서 세 아이를 낳은 어머니에게 왕이 하사하는 장려금이다.

따라서 bounty(장려금)는 원래 subsidy나 subvention(보조금)과는 의미를 달리한다. 다만, 일본의 용례에서는 장려금은 종종 '보조금'과 같은 의미로 쓰인다. 1896년의 '항해장려금', '조선장려금' (subsidy 항 참조)을 살펴보라.

broken stowage 화물 틈, 적재할 수 없는 공간(不積空間)

• Broken Stowage : Space, amongst the cargo in a hold, that it is impossible to fill on account of it being too small to take a unit of the cargo loaded.[33]

"선창에 실린 화물과 화물 사이에 생기는 용적으로 그 틈이 너무 작아 화물의 적량 1단위로서 운임을 얻기 어려운 경우 이것을 broken stowage라 한다."

• Broken Stowage : The cargo space which is unavoidably lost when stowing general cargo is called broken stowage.[34]

---

[33] Layton, C. W. T., *Dictionary of National Words and Terms*, Glasgow, 1955. p. 61.

▌b

"잡화를 실을 때 어쩔 수 없이 발생하는 이용 불가능한 적재공간을 broken stowage라 한다."

• Broken Stowage : Space lost which is caused by the stowage of unevenly shaped packages.[35]
"모양이 서로 다른 포장화물을 적재할 때 발생하는 이용불가능한 공간을 broken stowage라 한다."

• Broken Stowage : where the stowage of cargo is interfered with by parts of the ship that extend into the hold, and odd and ends of freight are used to fill the space.[36]
"선박의 부재가 선창에 돌출되어 화물 적재를 방해할 경우, broken stowage가 생긴다. 이렇게 해서 생긴 공간에는 기본 적재 단위에는 부족한 가장자리 화물이 적재된다."

위에서 살펴본 것은 현재 내가 가지고 있는 해사용어사전에서 보이는 'broken stowage'에 대한 정의이다.[37] 왜 비슷비슷한 정의들을 나열해서 기술했는지 묻는다면 위의 모두가 'broken stowage'라고는 쓰고 있지 'broken space'라고는 적혀져 있지 않다는 것을 독자들에게 주의를 환기시키기 위함이다. 바꾸어 말하면 'broken stowage'

34 Bes, J., *Chartering and Shipping Terms*, Amsterdam, 1954. p. 133.
35 Steven, E. F., *Dictionary of Shipping Terms and Phrases*, London, 1953. p.18.
36 Bradford, G., *A Glossary of Sea Terms*, New York, 1927, p. 22.
37 이것 이외에 Dunage, J. A., *Shipping Terms and Phrases*, London, 1925, p.12 참조. 여기에서도 'broken stowage'로 되어 있음.

대신에 일본 해운업계에서 말하는 'broken space'는 일본인들이 임의로 만들어낸 단어로 영국에서는 'broken space'라고는 하지 않는다는 것에 주의해야 한다.

일본에서 출판된 해사관계 용어사전의 대부분은 'broken space'가 당당하게 모습을 보이고 있다. 예를 들어

Broken space Broken stowage	공적(空積) 화물 틈(荷隙)	倉田音吉 編, 『英和造船用語集』, 海文堂, 1950, p.19.
Broken space Broken stowage	화물 틈 브로큰 스토위지	文部省, 『學術用語集船舶學編』, 1955, p.295.
Broken stowage	공적(空積). 잡화를 적재할 경우 필연적으로 생기는 화물적재 불가능 공간을 broken space라고도 한다.	小川武(譯), 『基礎海運傭船事典』, 岩崎書店, 1956, p.184.

아마 이 사전들은 모두 일본에서는 업계 관계자들이 'broken space'라고는 쓰지만 'broken stowage'라고는 하지 않기 때문에 독자들의 편의를 고려하여 위와 같이 'broken space' 항목을 만들거나 'broken space'을 가지고 'broken stowage'를 설명한 것으로 보인다. 하지만 J. Bes의 *Chartering and Shipping Terms*를 번역하면서 원서에는 쓰이지 않은 'broken space'를 일부러 가로글자까지 첨부하여 공적(broken space)라고 하는 것은 조금 지나친 것 같다.

b

'space'는 평면의 개념인 것에 비해 'stowage'는 입체적인 개념이다. 그렇다면 broken space 보다는 broken stowage가 더욱 적절한 용어라고 이야기 할 수 있을 것이다.

여기에서 'broken'은 broken money(잔돈), broken number(단수, 소수), broken words(도중에서 끊어진 말) 등에 보이는 것과 같이 '끊어진', '정리되지 않은' 것을 의미하고, broken stowage의 경우에는 상자, 짐(포장), 봉투, 통 등과 같이 포장화물의 적재에 한해 보이고 있으며, 곡물, 광석, 석유 등과 같은 벌크화물에는 나타나지 않는다. 따라서 적재화물의 종류에 따라 grain cubic, bale cubic 및 broken stowage의 문제가 발생한다.

곡물(grain)과 같이 살물(撒物)로 적재되는 화물의 경우는 적재할 때 갑판 하부의 전 용적재화능력(the total cargo underdeck-space capacity)을 남김없이 이용가능하다. 더불어 이러한 의미의 총재화용적은 살물인 곡물(grain)과의 관계로부터 grain cubic이라 부른다. 하지만 일반적인 포장화물을 적재할 경우에는 빔(beam) 등의 돌출에 방해를 받아 갑판 하부의 전 용적을 남김없이 사용할 수 없다. 바꿔 말하면 빔의 하부로부터 늑골 내부 측까지의 전 용적이 포장화물을 적재할 수 있는 이용용적의 최대한도가 된다. 따라서 이러한 의미의 총재화용적은 포대 화물(cargo in bale)과의 관계로부터 bale cubic이라 부른다.

하지만, 현실적으로는 포장화물이라 해도 bale cubic의 전부를 남김없이 이용하는 것은 불가능하다. 적재화물과 화물 사이에 이용 불가능한 빈 공간(broken stowage)이 생기는 것을 물리적으로 막을 수 없기 때문이다.

grain cubic, bale cubic, broken stowage는 보통 이와 같이 이해되지만 때에 따라서는 grain cubic과 bale cubic과의 차이가 broken stowage라고 불리는 경우도 있다. 상기 인용문 중 Bradford의 경우가 이러한 예이지만, 이것은 일반적으로는 통용되기 어려운 용례다.

일반적으로 broken stowage는 갑판 아래의 총재화용적 grain cubic의 15% 이내로 추산되지만, 각 화물의 적재율(stowage factor)에 따라 broken stowage의 크기가 정해진다고 보는 것이 적합할 것이다. 개략적으로 이야기하면 stowage factor가 큰 화물일수록 broken stowage가 크게 된다.

단, stowage factor에 두 개가 구별된다.

1. 화물 1 long ton을 적재하는 데 필요한 용적(입방단위)
2. 화물 1 long ton 자체가 실제 차지하는 용적(입방단위)

보통 해운시장에서 stowage factor라고 하는 경우에는 2를 의미하지만, W. L. Grossman의 책38에서는 항해에 따라 broken stowage가 상당히 다른 경우 stowage factor = 1인 경우를 사용하는 것이 바람직하다고 보고 있다. 다만, 포장화물의 경우 1에는 broken

---

38 Grossman, W. L, *Ocean Freight Rates*, Cambridge, 1956, pp. 11-12.

stowage 뿐만이 아니라 dunnage space도 포함되게 된다. 따라서

1 = 2 벌크화물(살물)의 경우

1 〉 2 포장화물의 경우

1 - 2 packing, dunnage, broken stowage에 필요한 용적의 관계
가 성립하는 것은 당연하다.

이곳에서 broken stowage는 포장화물의 적재에 따라 발생하는
문제로 하고 있지만, 일본 업계에서 말하는 '브로큰 스페이스'(broken
space)는 단순한 포장화물 뿐만이 아니라 살물(벌크화물)에 대해서는
동일하게 생각하고 있는 것 같다.

예를 들어, "가루석탄에 비교하여 E형태로 약 5%의 broken
space(브로큰 스페이스)가 많아지는 덩어리 석탄의 운임을 높게 한 것
은 당연한 조치일 것이다."[39]

즉, 덩어리 석탄이 가루 형태에 비해 stowage factor가 큰 것을
업계에서는 'broken space가 많이 발생한다'라고 말한 것이다.

broker   중개인, 중매인, 브로커

프랑스어로 broc은 '물주전자, 술병'이고, 영어의 broker는 '술병

---

39 日本海事新聞, 1957. 8. 29.

에 술을 파는 사람'이 원뜻이다. 이것으로부터 한 번 구입한 물건을 다시 소매하는 사람, 소매상인 또는 중개인, 주선인, 즉 브로커를 의미하게 되었다.

일본어는 특유의 특성으로 인해 외국어로 사용되는 경우가 극히 드물다. 진리키샤(人力車, じんりきしゃ), 게이샤(芸者, げいしゃ), 부시도 (武士道, ぶしどう), 보즈(坊主, ぼうず, 주지승), 모구사(もぐさ, 쑥), 덴노 (天皇,てんのう), 쇼군(将軍 `しょうぐん) 등은 일본어 그대로 유럽어가 된 드문 예이다. 일본어가 중국어가 된 것은 더욱 적다. 경제용어로서 일본어가 중국어에 그대로 수입된 것은 '중매인'(仲買人, 춘마이렌) 이 있다. 판매가 활발한 중국이라는 것과 더불어 일본인으로서는 매우 유쾌한 일이다.

ship broker(선박 중개인)은 선박판매, 용선 계약 등에서 중요한 존재이다. 단, 이것은 선박관리인 제도가 보급되는 과정에서 자유거래가 활발한 영국 시장에서의 이야기이다. 2차 세계대전 당시 일본 해운시장에는 소위 free market이 거의 모습을 감추고 용선계약은 같은 계열에 있는 선주 사이에 이루어졌으며, 선적 집화도 오퍼레이터와 화주가 직결되어 있는 상태에서는 broker가 활동할 여지는 매우 좁았다.

일본에 원래 갑중(甲仲, 갑종 해운중개업)과 을중(乙仲, 을종 해운중개업) 두 가지가 있었다. 전자는 운임률표에 따르지 않는 운송에 관계하는 중개업, 후자는 운임률표에 의한 운송에 관계하는 중개업이다.

2차 세계대전 이후에는 부정기선 화물의 운송은 오퍼레이터와 화주 간의 직접적인 연결이 일반적이어서 갑종 해운중개업이 개입할 여지가 거의 없어지고, 겨우 존재가 남아 있는 것은 을종 해운중개업이었다. 하지만 을종 해운중개업도 예전의 모습을 찾아보기는 어렵다. 1959년 10월 20일부터 개업한 도쿄해운거래소도 거의 개점휴업 상태였다. 이러한 정세로부터 해운 중개업자들은 자신들이 해야 할 기능의 변화를 찾았는지 '을종 해운중개업'은 잘못된 호칭으로 이후에는 '선적업자(船積業者)'로 불러달라고 요청하였다.[40] 중개업은 1951년 제정된 항만운송사업법에 따라 운영되는 항만운송사업의 종류를 봐야 한다는 것이 논거인 것 같지만 '선적업자'를 곧바로 '을종 해운중개업' 업무와 머릿속에서 연계시키는 사람이 일본에는 드물었을 것이다.

'broker'는 어디까지나 '중개인, 주선업자'이다. 유흥가 등의 유객꾼(match maker)도 broker이다. 영국에 원래 'man broker'가 있었다. 이것은 여자가 아닌 남자를 소개하는 broker였다. 젊은 사람들을 꾀어서 어부 또는 수병으로 판매하는 악덕업자로 여러 항구에서 볼 수 있었다. 많은 사람들이 해상노동을 기피한 때문이었다. 젊은 사람들에게 해상은 여자에게 홍등가와 마찬가지로 힘들고 어려운 세계였던 것이다.

---

40 이러한 요청의 전문은 日本海事新聞(1959. 11. 6)에 게재되어 있다.

Cancel 계약 취소

영어로 'chancel'은 '교회 내부의 본당'을 의미하는데, 교회당의 동쪽 끝에 성가대와 목사가 자리를 잡는 곳이다. 이 장소는 원래 격자(라틴어 cancellus, 복수형은 cancelli)로 구분되어 일반 사람들과 구분되어 있었다. 그래서 'chancel'은 '격자 사이'가 원뜻이다. 영어의 'chancery'(대법원), 'the Chancellor of England'(대법관)도 이와 같은 배경으로 생겨난 단어로, 무역용어 'cancel'(계약 취소)도 마찬가지다.

Cancel

Monks produced practically all the written materials of the

Middle Ages. They worked under many difficulties; parchiment was expensive and hard to get, and there were no erasers. When a man made an error in copying, he dared not try to scrape off the ink with a knife-that might ruin his parchiment.

So it became customary to draw crossed lines through matter in which an error occurred. Such lines bore a strong resem- blance to a lattice; hence, the learned monks called them cancelli (Latin for "Lattices"). Introduction of modern writing materials has made many changes in civilization, but our terms cancel and cancellation commemorate the little lattices of medieval scribes.[1]

Cancel

중세에는 수도사들이 대부분의 문서 재료와 문방구를 만들었다. 그들은 여러 가지 어려운 상황에서 이러한 작업을 수행하였다. 즉, 양피지가 고가이고, 손에 넣기가 어려웠으며 잉크 지우개도 없었다. 따라서 필사하면서 틀렸을 경우에는 고가의 양피지가 손상될 수 있기 때문에 감히 칼로 틀린 부위를 지우려하지 않았다.

그래서 잘못 쓴 경우에는 그곳에 십자 형태의 마크를 붙이는 습관이 생기게 되었다. 이러한 십자는 격자 모양에 매우 흡사하여 학문이 깊은 수도사들은 '격자'를 의미하는 라틴어의 'cancelli'라고 부르게 되었다. 이후 근대적인 문서 재료와 문방구가 도입되어 문명에 큰 변혁을 주었지만, 우리들이 현재 사용하고 있는 '계약취소'를 의

---

1 Garrison, W. B., *Why You Say It*, New York, 1947, p.414.

미하는 *cancel* 및 *cancellation*은 중세의 서법에 볼 수 있는 격자형 십자를 기념하는 것이라 할 수 있을 것이다.

'cancel'은 꼭 해사용어로만 볼 것이 아니라 오히려 일반적인 무역 용어이다. 다만, 해운, 조선, 해상무역에 자주 보이는 친숙한 용어이 기 때문에 위에서와 같이 흥미로운 어원을 기록하게 되었다.

Cargo 화물

현재 cargo는 육상, 해상에 관계없이 운송화물에 사용되고 있지 만, 이것은 원래 라틴어의 carrus(車, 차)에서 유래한 것으로 발상지 는 육상이다. 지중해 각 나라로부터 스페인에 들어가서 스페인어 cargo가 생겨났고, 영국 선원을 통해 영어가 되었지만 스페인어 그 대로이다. 더불어 스페인어에서 직접 영어로 들어간 해사용어는 아 래와 같이 아주 많다.

finnacle(나침반 상자), flotila(소함대), cargo(화물), embargo(출항금 지), stevedore(하역), tornado(회오리바람) 등

한편, cargo와 어원을 같이 하는 영어로서는 car(차), career(경력), carry(옮기다), carriage(운송), charge(적재하다), discharge(짐을 부리다),

chariot(사륜 경마차), carpenter(목수, 배대목) 등이 있다.

> The loss occasioned by throwing overboard of the human cargo
> of an overloaded slaver, in order to avoid a scarcity of water, was
> a loss for which the underwriters were liable as an ordinary peril of
> the sea.[2]
>
> "선내의 잡용수가 부족해지는 경우를 피하기 위해 과적했던 노
> 예를, 즉 인간 화물을 바다로 버려서 발생하는 손실은 보험자가
> 해상고유의 위험으로서 담보해야할 손실이었다."

이에 의하면 노예는 '인간 화물'(human cargo)로 여겨졌다. 아울러 Arnould의 *Marine Insurance*, 제13판, § 781-782에도 'the jettison of human cargo'(인간 화물의 투하)라는 용어가 있다.

Cat 고양이

"고양이가 각국에 퍼진 이유의 하나는 각 나라에서 선적한 화물이 쥐로 인한 피해를 입지 않도록 하기 위해 고양이를 배에 태워 항해하였기 때문이다. 영국의 해상보험법에서는 화물선에서 고양이를

---

2 Arnould, *Marine Insurance*, 8th ed.

키우지 않으면 선장이 고의로 쥐로 인한 피해를 방지하지 않은 것으로 되어 보험금 지불이 거절되었던 시대도 있었다.

일본에 불교가 전파될 때 대장경을 수호한 고양이가 건너왔다. 소슈카나자와문고(相州金沢文庫)가 중국으로부터 문서와 경전을 수입할 때도 고양이를 데리고 왔다. 그래서 그 고양이를 가나자와(金沢) 고양이라고 불렀다.

닛코(日光)의 잠자는 고양이는 잘 모르겠지만, 사천왕사(四天王寺)의 태자당(太子堂) 문에 고양이 조각이 있고, 아즈마사(東寺) 외부에도 고양이 조각이 있는 것은 불경 수호의 고사로 인한 것이라고 한다."3

이러한 이야기로 고양이와 해상운송과는 깊은 인연이 있다.

Finally, one humble but essential member of the ship's crew must not be forgotten; the ship's cat. Edward I's famous law of 1275 laid down that if any living thing, be it man or dog or cat, escaped from a stricken vessel, it was no wreck; a provision which suggests that cats were commonly found on shipboard. The Catalan code, the Consolato del Mare, which probably dates from the fourteenth century, proclaimed that the "senyor" of a ship was responsible for damage by rats if it could no be proved that he had provided an adequately skilful cat. In England again the charter-

---

3 園江稔, ネコは 魔物にあらず, 日本經濟新聞, 1958.6.18.

party of the Anne of Hull, existing among the Isle of Man she was to carry "a doge and a cat with all other necessaryes". The point need not be laboured further, since the usefulness of a cat in a ship's hold is self-evident.[4]

"마지막으로 비천하지만 아주 중요한 뱃사람도 잊어서는 안 된다. 즉, 선내의 고양이다. 1275년에 만들어진 에드워드 1세의 유명한 법률에 의하면, 사람이든, 개든, 고양이든 조난선에 타고 있던 생물이 살아있는 이상 그것을 조난선(wreck)이라고 간주하지 않게 되어 있다. 이 법규는 고양이를 선내에 키우는 것이 일반적이었던 당시의 사정을 알려주는 것이기도 하다. 카탈로니아 해사법전인 Consolato del Mare는 14세기에 제정되었을 것으로 생각된다. 이 법전에도 선장이 숙련된 고양이를 선내에 키웠다는 것을 증명하지 못할 경우에는 쥐에 의한 피해에 대해서는 선장이 배상해야할 책임이 있다고 정해져 있다. 다시 영국에 대해 이야기할 것 같으면, 해사재판소의 기록에 보이는 Anne of Hull 호의 용선계약서에는 맨 섬(Isle of Man)으로 향하는 항해에서 선박은 모든 필요한 조건과 더불어 개와 고양이를 반드시 태워야 한다고 규정하고 있다. 고양이가 선창 내에서 어떻게 유용한 일을 하는지는 잘 알고 있을 것이므로 이에 대해서는 더 이상 언급할 필요가 없을 것이다."

예를 들어 인간이 아닌 개나 고양이일지라도 생물이 선내에 살아 있는 이상 그 조난선은 난파선으로 간주할 수 없다는 규정은 언급한 1275년의 법률만이 아니라 *The Black Book of the Admiralty* §42에도 나타나 있다. 다만, 고양이의 경우 애완용으로 선내에서

---

4 Burwash, D., *English Merchant Shipping 1460-1540*, London, 1947. p.40.

사육했다기보다는 쥐에 의한 선내피해를 방지하기 위한 실용적인 목적에서 연유했던 것 같다.

Consolato del Mare, 즉 Les Costumes de la Mar(바다의 관습)에서 고양이에 관한 규정을 소개하자면,

Si haver sera gastat per rates en la nau, e no ha gat en la nau, lo senyor de la nau sear tengut de esmenar.[5]

If goods shall be damaged by rats on board a ship, and there be no cat in the ship, the managing owner of the ship is bound to make compensation.[6]

"적화가 선내의 쥐에 의해 손해를 입고 해당 선박이 고양이를 키우지 않은 경우에는 관리선주는 그 손해에 배상을 해야 한다."

Si haver sera gastat per rates, e que la nau no haia gat, lo senyor lo deu esenar; mas no declara, si en la nau haura gats en aquell loch ou la dita nau stibara, e com d'aqui seran partits los dits gats morran o seran morts, e rates hauran gastat algun haver, ans que sien en loch que gats pusquen haver;[7]

If goods be damaged by rats, and there is no cat on board the ship, the managing owner of the ship ought to make compensation; but it has not been declared in the case where a ship has had cats on board in the place where she was laden, and after she

5 Les Costumes de la Mar, §22, in Twiss, *Black Book of Admiralty*, III. p.98.
6 The Customs of the Sea, §22, in Twiss, *Black Book of Admiralty*, III. p.99.
7 Les Costumes de la Mar, §23, in Twiss, *Black Book of Admiralty*, III. pp.98, 100.

has sailed away the said cats have died, and the rats have damaged
the goods before the ship has arrived at a place where they could
procure cats;[8]

"만약 적화가 쥐로부터 피해를 입고 선내에 고양이가 사육되고
있지 않을 경우에는 관리선주는 이에 대한 배상을 해야 한다. 다
만, 짐을 실은 선적지에서는 고양이가 있었지만 출항한 이후 고양
이가 죽고 대신할 고양이를 실을 수 있는 곳에 도착하기 전에 적
화가 쥐에 의한 피해를 입었다면 그렇지 않다."

상당히 상세하고도 엄중한 규정을 만든 것 같다. 마치 고양이를 선
박의 필수불가결한 부속도구와 같이 생각하고 있는 것처럼 보인다.

그럼 현재는 어떤지 살펴보면, 쥐에 의한 피해는 우선 선하증권에
서 선주의 책임에서 제외되어 있다. 그렇다면 고양이는 업무에서 해
방되었다고 할 것이다.

7. (General Immunities) The Carrier shall not be responsible
for loss, damage or delay arising or resulting from:

4) Chemical action, fermentation, discolouration or change in
quality, ould, mildew, dampness, sweat, evaporation, liquefaction,
rust, decay, rotting, soiling, of package, stain, country damage,
injury caused by other cargo in contact or proximity and/or smell
from other goods, insufficient ventilation, dust, fuel oil, vermin,

---

8 The Customs of the Sea, §23, in Twiss, *Black Book of Admiralty*, III. pp.99, 101.

rats, wastage in bulk or weight, germination, or any other loss or damage arising from inherent defect, quality or vice of the goods.[9]

이렇게 해서 쥐에 의한 피해는 해상운송책임 문제 이외의 것으로 되었지만, 쥐는 페스트와 다른 질병을 보균하고 있어 선내 보건상 방치해 두어서는 안 된다. 따라서 1926년 파리에서 성립된 국제위생협약(International Sanitary Convention of Paris, 1926)에서는 일반 외항선에 대해 구서조치(驅鼠措置)를 의무화하여 구서증명서(Deratization Certificate; Deratting Certificate, Certificat de Dératisation)를 소지하여야 한다고 규정하였다. 일본 국적선박에서 사용하고 있는 구서증명서(서식)에 의하면 우선,

issued in accordance with Article 52 of the International Sanitary Regulations, under the provision of Article 26 (a) of the Japanese Quarantine Law

'국제위생규칙 제52조 및 일본 방역법 제26조 (a)에 근거하여 발행된 것'이라고 되어 있으며, 선명, 순톤수, 구서조치일, 구서조치항 등에 대해 기입하는 것 이외에 다음 항목들에 대해서도 상세한 기입을 하도록 되어 있다.

---

9 Shinnihon Steamship Co., Ltd. J. I. P. Line, Bill of Lading.

COMPARTMENTS	RAT INDICATIONS		DERATTING				
			By fumigation. Fumigant Hours exposure			By catching, trapping, or poisoning	
	discovered	treated	space	quan tity used	rats found dead	traps set of poisons	rats caught or killed

특히, 이러한 조치가 요구된 곳은 아시아 수역이다. 기타 모리오 (北杜夫)의 『맘보박사항해기』(『どくとるマンボウ航海記』)에 다음과 같은 문장이 보인다.

"수에즈에는 12월 17일 저녁에 도착했다. 싱가포르를 출항한 지 18일이 되었다. 검역도 간단하게 끝났다. 서류는 전염병이 발생했는지? 쥐가 있는지? 등 위압감을 주는 질문들이 나열되어 있지만, 결국 NO로 정리해버렸다. '쥐가 있었지만 먹어버렸다'고 쓸 필요는 없다."

Charter base   차터베이스

'charter base'는 'hire base'와 같이, 일본 해운업계 고유의 용어로 다른 외국의 해운업계에는 이러한 용어가 보이지 않는다. 'charter base' 또는 C/B 개념은 업계 관계자라면 다 알고 있겠지만, 공식을 이용한 계산방법을 간단하게 설명한다.

$$(1) \quad \frac{(F-S) \times \frac{30}{n}}{t} = C/B$$

여기에서,

F: 이번 항해에서 얻는 운임수입 총액

S: 이번 항해에 필요한 운항비 총액

n: 이번 항해에 필요한 항해, 정박일수

t: 선박 중량톤수

단, 운항비 S는 특별비, 직접비, 가변비라고도 불리고, 일량(여기서는 거의 해상운송 톤·킬로에 상당한다)에 의해 정해지는 비용임. 따라서 운송이 없으면 필요치 않은 비용이다. 해운에서는 연료비, 하역비, 항비 등이 주요한 구성비목이다. 따라서 식 (1)에서 $(F-S)$는 직접 원가계산방식에 의한 운항이익으로, 이것에 $30/nt$를 곱한 것이 차터베이스, 즉 (C/B)이다. $30/nt$는 일본 업계에서 이야기하는 '가동연톤'(稼働延屯): 선박의 적재가능한 화물중량기준 톤수를 기준으로 일정기간(한 달) 가동규모를 계산하는 방법"인 $nt/30$의 역수이다. 따라서

(2) 운항이익 / 가동연톤 = 차터베이스가 성립한다.

여기에서 가동연톤의 역수는 해당 항해일수 n기간에 비용을 들여 $(F-S)$의 운항이익이 얻어지는 경우 이것을 1개월(30일)의 항해로 환산하면

$$n : (F-S) = 30 : x$$

$$x = (F-S) \times \frac{30}{n}$$ 이 얻어진다.

이것을 해당선박의 중량톤수 t로 나누면 중량톤당 계산식 (1)이 된다.

그러면 항해이익에 가동연톤을 곱한 것을 왜 특별히 '차터베이스'라고 부를까? 상관습으로 중량톤당 월간 계산치인 기간용선료(time charterage)에 운항이익을 비교하는 것이 가능하기 때문이다. 가동연톤으로 나눔으로써 중량톤당 월간 운항이익을 계산해 놓으면, 같은 방법으로 중량톤당 월간 계산치인 기간용선료와 비교가능하다. 즉, 선주로서는 어떤 항해로 얻을 수 있는 항해이익이 당시의 시장 용선료보다 크다면 운송계약을 통해 운임을 벌고, 반대로 항해로 얻어질 수 있는 이익이 시장 용선료보다 작다면 기간용선 계약을 통해 용선료를 벌고자 할 것이다. 즉, 운임 계약(선주가 직접 운영)이 유리한지 아니면 다른 선주에게 기간용선으로 내놓는 것이 유리한지를 결정하는 선택의 지표 또는 거래결정 분기점으로 해서 차터베이스

라는 것을 제안하게 된 것이다. 가동연톤으로 나눔으로써 운항이익은 용선료와 대비가 가능하고 따라서 이것이 용선료(charterage)와 비교되는 기준(base)이 될 수 있으므로 '용선료 기준'(charter base)이라고 부르게 된 것이다.

일(운송)에 필요한 비용으로서는 직접비(가변비) 이외에 일의 유무나 다소에 상관없이 비용이 든다. 일반비, 공통비, 간접비, 불변비라고 부르는 것으로 해운업에서는 상각비(償却費), 이자, 세금, 선원비, 선용품비, 수선비 등이 이에 속한다. 항해에 할당되는 불변비 총액을 C라고 하면, 총비용 K는 불변비 총액 C와 가변비(운항비) 총액 S와의 합이므로

(3) $K = C + S$이 성립한다.

다음으로 식 (1)을 변형하여

$$\frac{30}{nt} F - \frac{30}{nt} S = C/B \text{에}$$

$$\frac{30}{nt} F = f, \frac{30}{nt} S = s \text{ 라고 놓으면 식 (1)은}$$

(4) $f - s = C/B$가 얻어진다.

여기에서

$\begin{cases} f : \text{중량톤 당 운임수입 월환산치} \\ s : \text{중량톤 당 운항비 월환산치} \end{cases}$ 이다.

마찬가지로 K, C를 환산치로 고치면

$$\begin{cases} \dfrac{30}{nt}K = k : \text{중량톤 당 총비용 월환산치} \\ \dfrac{30}{nt}C = c : \text{중량톤 당 불변비용 월환산치} \end{cases}$$

라고 하면, 식 (3)은 환산치를 이용하여

(5) $k = c + s$가 얻어지고, 이것으로부터 $s = k - c$를 식 (4)에 대입하면

(6) $C/B - c = f - k$가 된다.

따라서 다음 관계가 성립된다.

$$(7) \quad \begin{cases} C/B > c, f > k & \text{이익} \\ C/B = c, f = k & \text{수지균형} \\ C/B < c, f < k & \text{손실} \end{cases}$$

여기에서 c는 일(운송)을 전혀 하지 않고 필요로 하는 비용(불변비)이고, 식 (7)에서는 불변비 환산치와 차터베이스(C/B)가 대비된다. 즉, $C/B = c$가 기준으로 이때는 $f = k$, 즉 수지가 균형을 이루고 있지만 $C/B > c$에서는 $f > k$, 따라서 이익이 생기고, $C/B < c$이면 $f < k$, 즉 손실이 생기게 된다.

이러한 방법을 통해 불변비용 환산치를 차터베이스와 대비함으로써 운항채산의 유·불리를 일반적으로 판단할 수 있다. 이러한 의미

로도 이것은 '용선료 기준'이다.

　　"운임수입에서 운송에 할당해야하는 특별비용, 즉 연료비, 보일
　러 등의 관수비, 톤세, 등대세 등을 뺀 잔액은 일반비에 충당되어
　야 하는 금액으로 하고, 그것을 운송 소요일수로 나누어 일당 일
　반비를 구한다음 1개월(30일)당 금액을 산출하여 해당하는 선형의
　용선료와 비교함으로써 차익의 많고 적음을 알 수 있고, 또한 운
　임의 유·불리를 판정할 수 있으므로 차터베이스(용선료기준) 채산
　인 것이다."10

　요컨대 식 (1) 또는 식 (2)에서 알 수 있는 것처럼, 운항수익은
가동연톤을 가지고 나눔으로써 단순하게 운항에서 기대할 수 있는
이익만이 아니라 기간용선료와 곧바로 대비할 수 있는 기준인 용선
료 기준, 즉 '차터베이스'를 알 수 있다. 해운시장에서는 운임과 용
선료가 상호 밀접한 관계이므로 운임의 고저가 곧바로 용선료에 영
향을 미치고, 또한 용선료 율의 고저가 바로 운임에 작용하므로 채
산이라는 현실적인 요청으로부터 두 개를 서로 대비하기 위해 '차터
베이스' 방식이 생긴 것이다.
　이것은 다른 선주로부터 기간용선을 하여 선박운항업을 할 수 있
는 소위 오퍼레이터가 순수한 형태로 존재할 수 있는 일본해운시장
특유의 구조에서 기인한 것이고, '차터베이스'가 일본에서 생겨난 고

10　松本一朗,「海運原價について」, 辰馬海事記念財團,『海事研究年報』, 第1号,
　　1943. 8, pp. 183-184.

유의 해사용어라는 역사적인 사실이 매우 흥미롭다. 나에게는 이 용어 하나에 특별히 중요한 요인이 포함되어 있다.

"차터베이스(charter base) 방식이 일본 해운업계에서 처음으로 사용된 것은 1차 세계대전이 계기였다는 사실도 매우 흥미롭다. 내가 알고 있는 바로는 다음 문장들이 용어 '차터베이스'를 사용한 최초의 문헌으로 일자는 1919년 10월이다. 단, 여기에서 'Charter Basis' 또는 'Charter Base'라고도 하는 것을 보면 당시에 'charter base'라는 용어는 업계에서도 충분하게 자리를 잡은 것은 아닌 것으로 생각된다.

모리오카(守岡木材) 부장
Charter Base로 계산할 경우에 Charter base 보다 좀 더 싸게 할 수 없을까요?

후루카와(古川近海) 계장
거래 당시의 Charter Base보다 싸게 한다고 말씀하시면 기쁘게 처리할 수 있습니다. 선박부는 운임이 올라갈 기미가 보일 경우에도 당시의 Charter Base 채산운임에 사선(社船)을 임시로 빌린다고 예상하여 금액을 훨씬 싸게 해서 Offer를 내고 있습니다.

가와무라(川村) 선박부 직원
이것은 필요에 따라 시세에 의한 것으로 Charter base보다 낮추면 도저히 운임(freight)에 맞출 수 없습니다. 따라서 선박부에서는 부득이하게 수정을 하지 않으면 안 되고 이것으로 인해 선박부의

이익이 적어지게 됩니다.[11]

마츠모토 이치로(松本—朗, 전 新日本汽船) 씨가 설명한 것에 의하면, 그 이전의 일본 해운업계에서는 부정기선의 경우 "이 선박으로 그 항해에는 이 정도의 비용"과 같이 일괄(lump sum) 운임계산 방식이었지만, 1차 세계대전이 발발하여 선복량이 매우 부족하게 되어 선창 공간이 매우 귀중하게 되자 지금까지의 대략적인 일괄 운임방식보다는 '중량톤당 비용' 표시, 더욱이 그것을 1개월 기준으로 고쳐서 채산하는 형태로 바뀌었다. 또한 선주로서 직접 운항(自營運航)하는 것이 유리한지 아니면 용선으로 다른 선주에게 내 놓는 것이 유리한지를 결정할 수 있는 지표 혹은 시장용선료와 비교할 때 최소한의 기준 운임을 비교하기 위한 유력한 자료로 '차터베이스'가 제안되었다. 다시 말하면, 1차 세계대전 당시 선복량 부족에 따라 운항채산이 엄격하고 치밀해져, 소위 세상이 각박하게 되어 차터베이스 방식이 생겨나게 된 것이다.

시기는 조금 뒤의 것이지만 마츠모토(松本—朗) 씨의 초기 논문에도 다음 문장이 있다.

"오른쪽 표에 의하면 선주는 운임 4달러를 취득하지 않으면 차터베이스 1엔 90전에 배선을 할 수 없다. 따라서 원칙적으로 적어도 4달러를 주장하지 않을 수 없는 상태이다."[12]

---

11 三井株式會社 船舶部 第一回船舶部打合會 議事錄, 1919년 10월, pp.99-100.

이와 같이 차터베이스는 일본 해운업계 특유의 용어, 특유의 채산방식으로 그것은 순전히 직접원가계산방식(direct costing method)이다. 직접원가계산방식이 일본 업계에서는 최근에야 겨우 문제가 되고 있는 실정과는 전혀 다르게, 일본 해운업계에서는 이미 40년 이전부터 이 방식이 널리 보급되어 있었다. 이것은 실로 주목해야 할 사실로 나는 이것을 앞에서 언급한 바와 같이 다른 외국과 달리 일본 해운시장이 가진 고유의 구조(단적으로 말하면 전업 오너, 전업 오퍼레이터의 존재)와 깊은 관련이 있을 것으로 생각한다.[13]

Clause 약관

라틴어 claudere(닫다)의 완료분사 clausum으로부터 유래하였는데, 여성형 clusa는 '폐쇄, 포위, 완료'의 뜻이다. 1609년 H. Grotius가 제시한 『자유해론』(Mare Liberum)에 대항해서 J. Selden은 1639년 『폐쇄해론』(Mare Clausum)을 지었지만, 여기에서 mare clausum은 '폐쇄된 바다', 따라서 '영해'로 옮길 수 있다. oratio clausa는 '완결된 변

---

12 松本一朗,「小麥 運賃の 研究」(上), 海運業組合, 『海運月報』, 1925년 6월호, p. 23.
13 홋타 쇼조(堀田庄三, 스미토모은행 회장) 씨에 따르면, 'over loan'은 일본 은행원들이 만든 단어라고 하지만 미국 등에서 상당히 통용되고 있다. 日本經濟新聞, 1963. 3. 19.

론'. clausum에서 파생된 라틴어가 clausula(폐쇄, 약관)이다.

더불어 영어 clause(약관)은 '폐쇄된', '단락이 되어 있다'가 원뜻이고, 영어 close(닫다)와 어원은 완전히 같다. 발음도 clause와 close는 거의 같다.

또한 clause는 문장에서 '절', '종속문'으로 많든 적든 '단락 지어진', '완결된' 부분이다.

Coinsurance   공동보험(共同保險)

해상보험시장을 본질적으로 조직 지워주는 연결고리로 재보험(re-insurance; Rückversicherung; reassurance)과 공동보험(coinsurance; Mitver-sicherung; coassurance) 두 종류가 있다.

```
재보험:   보험계약자  ── 원보험자 ── 재보험자

공보험:   보험계약자 ┌ 공동 보험자
                     ├ 공동 보험자
                     └ 공동 보험자
```

재보험에서는 보험계약자에 대한 보험자 상호 관계가 이시적(異時的) 또는 선후적(nacheinander)인 것에 비해, 공동보험은 동시적 또는 양립적(nebeneinander)이다. 이에 대한 추가적인 설명은 생략한다.14 다만, 일본을 포함하여 세계 각국의 해상보험시장이 위의 두 가지 방법을 중요한 마디로 해서 조직되어 있다는 사실은 매우 깊은 생각을 필요로 한다. 세계해상보험시장의 중심으로 유명한 런던의 로이즈(Lloyd's)가 적절한 예일 것이다.

그런데 여기에서 'coinsurance'를 다룬 것은 일본에서는 이것을 '공동보험'이라고 번역하여 지금까지 '공동보험'으로 통용되고 있는 것에 아무도 항의를 하지 않고 있기 때문이다.

1950년 문부성 학술용어심의회의에서 보험관계용어 통일에 대해 논의할 때 'coinsurance'의 번역어로 통용되고 있는 '공동보험'에 이의를 제기하고, 이것을 '공보험'(共保險)으로 바꾸는 것을 제안하였지만 다수의 찬성을 얻지 못했다. 따라서 다수결 원칙에 따라야 했고, 직후 나의 저서 『보험학강안』(保險學講案)」에도 어쩔 수 없이 '공동보험'을 사용하였다. 하지만, 대부분 '공동보험' 보다 '공보험'이 어느 정도 좋은 용어인지에 대해서는 잘 모른다. 아래에서는 그 주요한 이유를 들어보고 지식인들의 동의를 얻고 싶다.

1) 영어에서도 'reinsurance', 'coinsurance'와 같이 어조가 맞고 있으므로, 일본어 번역에서도 '재보험', '공보험'처럼 어조를 맞추고 싶

---

14 상세한 것은 佐波宣平, 『再保險の 發展』, 有斐閣, 1939; 佐波宣平, 『保險學講案』, 有斐閣, 1951년 참조.

다. 통계학에서도 'covariance'는 '공분산'으로 통용되고 있다.

2) 'coinsurance'의 'co'는 발음이 '共'(일본음 'きょう', 한국음 '공')과 비슷하다. 아마 독자의 실소를 받을지 모르지만, 언어를 지극히 사랑하는 나로서는 이와 같은 관련이 있음에도 불구하고, 언어로는 제대로 설명할 수 없는 중요성을 발견하고자 한다. 19세기 말(메이지 초기)에 유럽으로부터 수입된 수학 전문용어를 일본어로 번역한 선배들은 어원이 갖고 있는 발음을 가능한 일본어로 옮기기 위해 노심초사 했다. 예를 들어 'function'을 '함수'라고 번역하고, 'derived function'을 '도래함수'(한국어 도함수)라고 번역한 것과 같이 이러한 고심에 나는 커다란 경의를 표하고 싶다.

3) 'coinsurance'를 현재와 같이 '공동보험'(きょうどう, 共同保險)으로 부를 때는 협동조합에서 판매하고 있는 '협동보험'(きょうどう, 協同保險)과 발음상 혼동하기 쉽다. 전쟁이후 '협동보험'이 점점 성대하게 발전할 때, 이것과의 혼동을 피하기 위해서도 'coinsurance'는 '공보험'(共保險)이라고 해야 한다.

Common carrier 공중운송인, 공공운송인

"The Dutch had, by their aptitude for seafaring, their skill ship building, become the common carriers of the world."15

"네덜란드인들은 해상 생활에 적합한 능력을 가지고 있고, 아울러 조선기술이 뛰어나 세계의 공공운송인이 되었다."

자국 관계의 수출입 화물만을 운송하는 것이 아니라 어떤 나라의 화물일지라도 국적에 관계없이 운송하는, 즉 운송을 위해 운송을 전업으로 하고 있어 'common carrier'라고 한다. 여기에서 'common carrier'는 전문용어로 사용되고 있는 것은 아니지만, 해사전문용어 'common carrier'(공중운송인)의 역사성을 살펴보면 흥미로운 사실이 있다.

같은 선박 또는 선박소유자일지라도 운임 수익을 목적으로 해서 타인 또는 타인화물을 운송하는 경우와 자기소유의 화물을 운송하는 경우가 있다. 전자를 carrier for hire 또는 paid carrier, 후자를 private carrier라고 한다.

paid carrier는 세 가지, 즉 affiliated carrier(전속운송인), contract carrier(특약운송인), common carrier(공중운송인)로 구별된다.

$$
carriage\,(운송)
\begin{cases}
private\,carriage\,(자기운송) \\
paid\,carriage\,(타인운송)
\begin{cases}
affiliated\,carriage\,(전속운송) \\
contract\,carriage\,(계약운송) \\
common\,carriage\,(공중운송)
\end{cases}
\end{cases}
$$

---

15 McFee, W., *The Law of the Sea*, London, 1951, p.130.

private carriage는 상인이 본인이 취급하는 상품을 자기소유의 운송기관을 통해 운송하는 경우와, 생산자가 자신의 원재료 또는 제품을 자기소유의 운송기관으로 운송하는 경우에 따라 merchant carriage와 industrial carriage로 구분된다.

한편, 위의 affiliated carriage는 운송인이 자신과 자본참여기관을 가진 화주(모회사)의 화물만을 운송하고 다른 화주의 화물은 운송하지 않는 경우이고, contract carriage는 소수 화주 또는 운송인을 위해 운송용역을 제공하는 것으로 부정기선에 의한 계약화물과 인수화물의 용선운송이 이에 속한다. 마지막의 common carriage는 일반대중(the general public)에게 운송용역을 제공하는 운송인을 의미한다.

common carriage에 종사하면서 한편으로는 contract carriage를 행하는 운송인을 미국에서는 dual common carriage and contract carriage라고 한다. common carrier의 운임 단속을 맡고 있는 미국의 해사관청에서는 이러한 운송경영형태는 contract carriage 관련 소수 화주를 유리하게 하고, common carriage에 관련된 일반화주(대중)를 불리하게 하는 차별운임을 책정할 우려가 있다고 하여 엄중하게 단속하고 있다.

• common carrier : private carrier는 현재 해운업계에서는 아주 중요한 범주로 되어 있지만, 40년 이전 일본의 체신성(遞信省)

107

선박관리국이 미국의 《해운법》(Shipping Act, 1916) 전문을 번역한 것을 보면, common carrier는 직역으로 '보통운송인'으로 되어 있다. 이것으로도 무슨 의미인지 알 수 없지만 당시에는 이것으로도 통용되었던 것 같다. 아울러 같은 법의 번역에서 해운동맹이 아웃사이더에 대항하기 위해 이용하는 fighting ship(투쟁선, 경쟁억압선)이 '경쟁선'으로 번역되어 있다. 실로 실소를 금할 수 없다.

Consolato del Mare 《콘솔라토 델 마레》

《콘솔라토 델 마레》는 12세기에서 14세기에 걸쳐 바르셀로나를 중심으로 유럽 지중해 국가들에서 행해진 해사상관습(海事商慣習)의 요약판이다. 처음으로 세상에 등장한 것이 1370년경으로 카탈로니아의 방언으로 기록되어 있었다. 인쇄물로서는 1494년 바르셀로나 판이 최초이다. 단, 그 본질적인 내용은 그리스법과 로마법에서 찾을 수 있다.

보통 이것을 《콘솔라토 델 마레》라고 하는 것은 최초의 이탈리아어 번역판(1519년)의 표제 *Consolato del Mare, Roma*에서 기인한 것이다. 이러한 이탈리아어 명칭이 세계에 보급된 이유는 이 해사관습법을 담은 책으로 Giovanni Pattista Pedrezano, *Libro di Consolato Nubvamente Stampato e Coretto* etc.(Venezia 1539, 1549)가 유럽에서 널리 보급되었기 때문이다. 네덜란드의 저명한 해사법 연구자인 휴고 그로티우스(Hugo Grotius)도 그의 저서『전쟁과 평화의 법』(*De Jure belli ac pacis*, 1625)에서 ≪콘솔라토 델 마레≫의 원본을 이탈리아어 판이라고 잘못 적었다.

그런데 Consolato del Mare를 직역하면 '바다의 집정관', '해사 관리관(奉行)', '해사 영사관'이고, '해상상업교통 질서를 보호·감독하는 사람'이 원뜻이다. 하지만 이것으로는 법규집 명칭으로 적합하지 않았다고 생각했는지 'Consolato del Mare'는 약칭이었고, '스페인어로 인쇄된 최초의 인쇄물에는 *Lo Libro de Consolato del Mar*(1494년판 표제) 즉,『해사 영사관의 책』이라고 불렀다'라고 말하는 사람도 있다. 예를 들어, 스에가와 히로시(末川 博) 편,『법학사전』(法學辭典, 日本評論社, 1951, p.348)에는 "콘솔라도 델 마레라고 부르지만, 이것을 기록한 책이『리브로 디 콘솔라토 델 마레』(해사영사관의 책)라고 불렀기 때문이다."[16]라고 쓰고 있다. 하지만 이것은 옳지 않다. *Consolato del Mare*와 *Lo Libro de Consolato del Mare*와는 내용적으로 완전하게 같은 것이 아니기 때문이다.

1494년 발행된 스페인어판 *Lo Libro de Consolato del Mare* (일본에서는『해사재판소예규』로 알려졌다)의 주요 내용은 아래와 같이 구성

---

16 하지만 잘못된 것을 인지했는지 같은 책의 개정판(1956년 6월)에는 이 부분이 삭제되었다.

되어 있다.

제1부 제1절 발렌시아 해사재판관의 선임, 소송절차, 마요르카 해
사재판소 변호사 선임형식, 알렉산드리아 화물적재
계산규정 등

제2절 (고유의) Consolato del Mare(스페인어로는 Consolat del
Mar)

제3절 사나포선

제2부 아라곤, 바르셀로나에 관한 포고 11개

따라서 *Lo Libro de Consolato del Mare*는 그것에 ≪콘솔라토 델
마레≫를 포함하고 있지만, 두 개가 꼭 같은 것은 아니다.

현재까지 스페인에서는 고유의 ≪콘솔라토 델 마레≫를 위의 해
사재판소예규와 구별하기 위해 앞의 것에는 정관사를 붙여 *El
Consolat*라고 부르고 있다. 이것은 독일도 마찬가지여서 고유의
≪콘솔라토 델 마레≫(Konsulat del See)는 Der Konsulat라고 부른다.

요약하면, ≪콘솔라토 델 마레≫에는 두 개(광의와 협의)가 있어
보통 말하는 ≪콘솔라토 델 마레≫는 협의(고유)의 것을 의미한다.
따라서 엄밀하게는 두 개를 구별하여야 한다.[17]

---

17 寺田四郎,「海法淵源史論」(1)(2),『損害保險研究』, 第4卷 第4号, 1938. 11 & 第5
卷 第1号, 1939. 2; 樋貝詮三,『海の 慣習法』, 良書普及會,1943.

Constructive total loss 추정전손, 해석전손

actual total loss는 '현실전손'이고, constructive total loss는 '추정전손, 해석전손'이다. 영어 construct는 보통 '건축하다'라는 의미로 사용되기 때문에 해상보험용어 constructive total loss가 '추정전손, 해석전손'이라고 하면 이상하게 들릴지도 모르지만, 원래 construct는 라틴어 construere(누적하다, 건축하다)의 완료분사 constructus로부터 온 것으로 현대영어 construe(해석하다)는 라틴어 construere를 그대로 전달하고 있다. 따라서 constructive에 '해석의, 추정의'란 의미가 있더라도 전혀 이상하지 않다. 아울러 construere는 라틴어 cum(같이) + sturere(누적하다, 건축하다)에서 유래한 것이다.

영어로 construction은 문장 구조로서 '문맥', 또는 소설의 구성으로서는 '소설의 흐름'이다. 그런데 문장은 문맥으로부터, 소설은 소설의 흐름으로부터 해석되는 것처럼, 구성은 문장구성, 개념구성으로 '해석'이기도 하다. broad construction(광의의 해석), strict construction(엄밀한 해석) 등이 그 예다. 법규의 해석도 construction이다.

따라서 constructive total loss는 실제 선박이 침몰 멸실되어 전손(全損)이 되는 actual total loss(현실전손)과 달리, 당사자의 해석 또는 추정에 의해 전손이 되었다고 판단하는 경우이다. 선박이 현실전손을 피할 수 없는 상태에서 정당하게 위부(委付)된 경우, 보험가격 이

111

상의 비용을 투입하지 않으면 현실전손을 막지 못하는 경우가 '추정전손', '해석전손'이다.

아주 오래된 일본의 해상보험법 관련 번역서인 Parsons(巴孫私)의 『해상보험법』(『海上保險法』)(秋吉省吾 역, 1878)에 의하면 'constructive total loss'는 '승조원 전원 사망'으로 번역되어 있다.

> 보험법에서는 두 종류의 전손(全損)을 포함한다. 하나는 현실전손(actual tortal loss)이고, 다른 하나는 추정전손(contructive total loss)이다. 현실전손은 선박 또는 물품이 모조리 침몰하거나 화재로 모든 것이 소실된 것을 말한다. 추정전손은 선박 또는 물품의 일부가 손실되었지만 법률에 의해 피보험자에게 허용되는 물품 및 구조조치 등을 보험자에게 부담시켜 전손실로 상환토록 하는 것이다.

Cross trades   3국간 항로, 3국간 무역

여기에서 cross는 명사로서는 '교차, 십자가', 형용사로는 '가로지르는, 교차하는'을 의미한다. 그림에서 1 ↔ 2 방향에 대해 3 ↔ 4의 방향이 cross direction이다. cross section은 '횡단면'을 의미한다.

외국무역에서 A국이 B국에 대해 돈을 지불할 때 직접 B국과 외

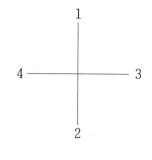

환거래를 하지 않고, 제3국인 C를 경유하여 간접외환 거래를 하거나 간접외환시장을 형성하는 것을 cross exchange 또는 cross rates라고 한다. 따라서 '제3국간 항로'를 cross trades라고 하는 것은 설득력이 있는 것이다.

There was also many 'cross-trades' of importance between ports abroad; notably the traffic between the West Indies and British North America, and the trade of Newfoundland with Spain and Protugal, who sent cargoes of wine and salt in return for supplies of salt fish.[18]

"또한 외국 항구간에서 이루어지는 다수의 '제3국간 항로'도 중요하였다. 특히 서인도제도와 영국령 북아메리카와의 수송, 뉴펀들랜드와 스페인·포르투갈 간 무역이 대표적인 것으로 후자의 경우 스페인, 포르투갈에서 포도주와 소금이 수출되고 반대로 뉴펀들랜드로부터 염장 생선이 운송되어왔다."

"일본을 중심으로 한 부정기선항로를 볼 것인가, 소위 세계적인 제3국간의 부정기선, 크로스 트레이드를 생각할 것인지에 따라 크게 달라집니다."[19]

18 Fayle, C. E,, *A Short History of the World's Shipping Industry*, 1933. p.222.
19 松本一朗, 『海運經營と 運賃研究』, 海事文化硏究所, 1962, p.21.

아울러 이 문헌의 같은 곳에 'cross-voyages'가 있고, '제3국간 항해'라는 뜻으로 사용되고 있다.

이와 관련하여 현재 일본에서 발행되고 있는 일간 영자해운신문 *Shipping & Trade News*에 활발하게 기고를 하고 있는 친구 고미나토 켄이치(小湊健一) 씨에게 "요즘 일본운수성에서 제3국간 항로 보상제도를 시행하려 하고 있는데, '제3국간 항로'를 영어로 어떻게 표현하고 있습니까?"라고 질문하자 1959년 2월 13일자 편지로 "cross trade service 또는 service between foreign ports라는 용어로 표현하고 있다"는 답장을 받았다.

단, 영국 상무성이 1차 세계대전 종료 직전에 발표한 보고서 *Shipping and Shipbuilding Industries after the War*(London, 1918)는 1차 세계대전으로 인한 영국 해운의 항로 변화에 대비하기 위해 연구 조사한 것으로 각종 항로를 대상으로 아주 면밀한 조사를 하고 있는 문헌이지만 '제3국간 항로'에는 'trade between foreign countries'가 사용되고 있고, 'cross trades', 'cross service'는 보이지 않는다.

Demurrage 체선료

용선자가 용선계약에 정해진 기간 내에 선적 또는 양륙을 완료하지 못하고 일정기간을 지나 항내에 어쩔 수 없이 정박해야하고, 이에 따라 생긴 선주의 손해에 대해 용선자가 선주에게 지불하는 배상금을 체선료(demurrage)라고 한다.

demurrage의 어간 'mur'는 라틴어 mora(저지, 방해, 정지, 속박)에서 유래한다. 즉, 은행이 예금자에게 비상조치로 행하는 지불정지(모라토리엄, moratorium)와 완전히 같은 계열의 단어이다. 단, 체선료도 모라토리엄도 좋은 것으로는 받아들여지지 않는다.

다니엘 디포(Daniel Defoe)의 『로빈슨 크루소』(*Robinson Crusoe*)의

속편 *The Father Adventures of Robinson Crusoe* (1719)에 다음 문
장이 있다.

> I agreed to be allow'd twelve Days here, and if I stay more, I
> must pay 3 *l*. Sterling per Diem Demurrage, nor can I stay upon
> Demurrage above eight Days more, …
> "나는 이곳에 12일간 선박을 정박하는 허가를 받았다. 만약 그
> 이상 머물고자 한다면 하루당 3파운드의 체선료를 지불해야 한다.
> 하지만, 이러한 비율로 체선료를 지불하고자 하더라도 8일을 초과
> 할 수는 없다."[1]

한편, 디포가 당시로서는 상당한 해사통이었다는 것은 『로빈슨
크루소』의 속편에서도 그 편린(片鱗)이 잘 나타나 있다. 좀 더 상세
한 것은 그의 논문집 *Essay upon Project*(1697) 및 G. H. Healthy
편저, *The Letters of Daniel Defoe*(Oxford, 1955)를 참고하기 바란다.

Despatch money 조출료

용선계약에 정해진 기간 보다 빨리 선적 또는 양륙을 완료한 경

---

1 野上豊一朗 譯, 『ロビンソン・クルーソー』, 岩波文庫版, 201쪽에는 위의
demurrage가 '체선비'로 되어 있다.

우 선주가 용선자에게 지불하는 일종의 보수 또는 하역촉진 장려금을 despatch money라고 한다. 즉, 체선료에 반대되는 것으로 체선료의 반액으로 정하는 관습이 있다.

despatch는 라틴어 pas(다리)에서 유래한다. 이것만으로는 추측이 어렵겠지만 라틴어 문법에서 매우 중요한 것은 단수 속격이다. 단수 주격을 단수 속격으로 격변화 시키지 않으면 어간이 정해지지 않기 때문인 것이다. 따라서 pes를 격변화하면 단수속격이 pedis(다리의)가 되고, pedis로부터 ped가 어간인 것을 알 수 있다. 이렇게 보면 영어를 알고 있는 사람은 누구라도 pedestrian(보행자), pedal(자전거 페달, 발판), centipede(지네, cent 100 + ped 다리) 등 다리(足)와 관계된 단어를 곧바로 연상할 수 있을 것이다.

그런데 라틴어의 pes 또는 pedis로부터 생겨난 라틴어로 pedica(족쇄)가 있고, 이것이 이탈리아에 전해져 접두어 dis(제거하다)가 붙어 dispacciare로 되고, 스페인에 가서는 despacher(모두 영어의 despatch와 완전히 같은 의미)라는 단어가 되었다. 즉, despatch의 원뜻은 '족쇄를 채우다'지만, 이것으로부터 '일을 촉진하다, 발송하다, 파견하다'란 의미로 사용되었다. 단, 종종 dispatch라고 쓰기도 했다.

이리하여 despatch money는 해운용어로서 하역을 예정시간보다 빨리 마쳐 본선의 정박기간을 단축시키고, 일찍 출항하도록 하는 행위에 대해 지불되는 보수를 의미하는 것이다. 다만, 이러한 행위에 대해 항상 despatch money가 지불된다고는 할 수 없다. 'free despatch' 같은 특별계약을 맺은 경우에는 보통 용선계약에서는 선주가 부담하여야 할 조출료 지불이 면제된다.

Donkey engine   보조기관

선박의 프로펠러를 움직이는 출력장치인 주기관이 아닌 보조기관을 속칭 donkey engine이라고 한다. 즉, 보조기관은 정박 중 발전기를 운전하거나, 돛이나 닻을 올리거나 내리기 위한 데릭을 움직일 때, 키를 조종하기 위해, 통풍장치를 구동할 때에 필요한 출력장치이다.

여기에서 don은 dun(회갈색, 회갈색의 말) 또는 '당나귀', 다른 의미로 '둔함, 얼간이, 바보'를 의미한다. key는 애칭에 사용되는 접미사. monkey(원숭이) 등의 어조로부터 don이 donkey가 되었다. 주기관이 아닌 보조기관을 경멸적으로 donkey engine이라고 한 것이다.

한편, donkey boiler(보조 보일러), donkey pump(보조 펌프), donkey man(보조화부, 조관수), donkey's breakfast(선원용 짚 매트) 등의 용어가 있다.

"최근, 남편은 이제 막 동키(조관수)가 되었다. 지금과는 달리 정박 중에도 꼭 일이 있다."[2]

donkey man의 본연의 업무는 항해 중 보다는 오히려 정박 중이라고 해야 할 것이다.

Dunnage 던니지, 깔개, 끼우개

선박의 요동에 의해 적화에 생길 수 있는 파손 또는 한유(汗濡)[3], 누설(漏泄)[4]을 방지하기 위해 적화물 아래 또는 화물과 화물 사이에 넣는 깔개, 돗자리(dunnage mat), 판(dunnage board), 톱밥 또는 이와 같은 목적으로 이용되는 값싼 화물. 선원들 사이에는 속어로 'dunnage'는 '선원의 의복 또는 신변 주변 물품'을 뜻한다.

독일어로 dünn은 '가는, 마른, 얇은 옷', Dünnbier는 '알콜 성분이 약한 맥주', 네덜란드어로도 dun은 '얇은, 조금', 영어의 thin, slight와 같은 의미다. 이 네덜란드어의 형용사 dun으로부터 부사 dunnetjes(얇게, 조금, 영어의 thinly, slightly)가 된다. 영어 dunnage는 직접적으로는 dunnetjes에서 유래한 것이다. 따라서 '적화물의 아래 또

---

2 福浦さやか, 『生活の 記録』(海上の 友, 1959. 3. 11)
3 옮긴이 주 : 물방울이 떨어져서 화물에 발생시키는 유손. 해상운송에서, 선창 내에 습기가 차거나 악천후, 통풍과 환기 부족 등으로 인하여 발생하는 화물의 손해로 유손(濡損:wet damage)의 일종임.
4 옮긴이 주 : 어느 한정된 공간에 보존되어 있는 유체(기체, 액체, 고체)가 그 공간의 외부로 유출되거나 또는 반대로 외부로부터 다른 유체가 유입되는 현상.

는 적화와 적화 사이에 조금 끼워 넣는 얇은 것'이 원뜻이다. 이것
이 현실적으로 어느 정도 얇은 지는 적화의 종류, 항로에 따라 달라
져서 항상 일정한 것은 아니다.

"갑판에는 적화에 사용되었던 1만장 정도의 던니지가 사용할 수
없게 되어 산처럼 쌓여 있었다. 연안을 항해하고 있을 때에는 바
다에 버릴 수가 없기 때문에 갑판 곳곳에 쌓아두었다가 연안으로
부터 수 마일 떨어지면 버린다. 북미 동부 해안에서 회항할 때처
럼 협수로, 연안만을 항해하면서 양륙을 계속하게 되면 던니지 산
은 점점 커지게 된다. 던니지라고 하더라도 너푼 널(四分板)과 대
부분이 각재여서 막상 버리려고 하면 갑판부원이 총동원되어 상당
한 시간을 소비하게 된다."5

---

5 海上の 友(海上勞働協會), 1962. 3. 1.

freight ton   운임톤

겐큐샤(研究社)가 자랑하는 출판물 『신영화대사전』(新英和大辭典, 제1판, 1953)에서는 'freight ton' 항목에 '용적톤'으로 번역되어 있지만, 엄밀하게는 잘못된 것이다. '용적톤'이라면 'measurement ton'이라고 해야 한다.

'freight ton'은 별칭으로 'shipping ton'이라고도 하며 운임계산 단위가 되는 적재톤으로 어떤 경우에는 용적톤, 어떤 경우에는 중량톤이 적용되고, 그 선택은 주로 선주에 의해 이루어진다. 따라서 별칭을 'Bill of Lading ton'; 'B/L ton'이라고도 한다. 구체적인 예를 보이자면 'per ton of 40 cubic feet or 2240 lbs. at steamer's option'

과 같다.

이것은 K. Giese, *Seefrachttarifwesen*(Berlin, 1919); J. Bes, *Chartering and Shipping Terms*(Holland, 1951); E.F. Stevens, *Dictionary of Shipping Terms and Phrases*(London, 1953) 등의 해사용어사전 모두에 일치하고 있는 것을 보면 틀림이 없을 것 같다.

한편, 여기에서 'freight ton'을 '운임톤'이라고 부르는 것은 Giese 의 상기 저서의 일본어 번역본인 우스키 춘스이(臼杵春水) 역, 『해운 임률론』(海運賃率論, 森山書店, 1932)에 따른 것으로 과연 일본 업계관 계자들이 그렇게 부르고 있는지는 확실치 않다. 친구 두세 사람을 통해 한신(阪神) 방면의 업계 관계자에게 물어 보았지만 유감스럽게 도 정확한 정보를 얻을 수는 없었다.

예를 들어, *Shipping & Trade News*(1955, 6.30)에는 광고란에 Japan/Persian Gulf/Japan Conference에서 나왔던 다음의 기사가 있다.

Notice to Shippers

The Member Lines of this Conference wish to advise Shippers that the current scale of extra charges on heavy lifts will be revised with effect from 1st September, 1955. The revised scale of extra charges is as follows and it will be noted that any pieces or packages weighing more than one ton will be subject to the extra charges:-

---

Scale of Extra Charges on Heavy Lifts

The following to be added to the applicable rate per ton W/M

	per 20 cwts.	per 40 cu.ft.
Package of 1 ton & under 2 tons ···	13/6	5/6
″ 2 tons ″ 5 ″ ···	17/6	13/6
″ 5 tons ″ 8 ″ ···	45/-	33/-
″ 8 tons ″ 10 ″ ···	49/-	37/-
″ 10 tons ″ 15 ″ ···	74/-	62/6
″ 15 tons ″ 20 ···	96/-	82/6
Over 20 tons	137/6 per ton	

For instance, for a package of cargo which weights 1.5 tons and measures 4 tons:-

(a) When ordinary freight is applicable on WEIGHT BASIS the additional should be

$$13/6 \times 1.5 = 20/3$$

(b) When ordinary freight is applicable on MEASUREMENT BASIS the additional should be $5/6 \times 4 = 22/-$

즉, 할증운임(extra charges) 계산방법이지만, 대체적으로 'freight ton'의 관행의 한 예라고 보면 될 것 같다.

사실, 이 해운동맹은 외항할증료를 다음과 같이 규정하고 freight ton이란 용어를 사용하고 있다.

Outports Rates quoted are for shipment from Yokohama, Shimizu, Nagoya, Osaka, and Kobe. Rates from other ports will be quoted on application. For direct loading at Hokkaido ports, Aomori, Kamaishi, Yokkaichi, Hirohata, Kure, Moji and Yawata an additional charge of 10/- per freight ton will be made.

하지만, Trans-Pacific Freight Conference of Japan에 따르면, 외 항 할증료는 다음과 같이 정해져있고, 이곳에서는 revenue ton이란 용어가 사용되고 있다.

Direct loading is permitted at the following outports for the cargoes listed and at the arbitrary stated:

Hirohata	Iron & Steel	$1.25 per revenue ton
Kagoshima	Cold Storage Cargo	$3.00 per revenue ton
Kamaishi	Iron & Steel	$1.25 per revenue ton

하지만, 위의 두 개는 같은 내용의 개념이다. 즉, 영국의 세력이 강한 스털링권에서는 'freight ton', 미국의 세력이 강한 달러권에서 는 'revenue ton'이란 용어가 사용되는 것에 지나지 않는다.

𝔊allant　가안

'gallant'라고 쓰고 [garn]이라고 발음한다. 'topgallant mast'라고 쓰고 [t'garn mast]라고 발음하는 것은 해사용어에 친숙하지 않은 사람들에게는 이상하게 느껴질지 모르지만 이것에는 오래된 관습이다. 그 관계를 찾아보면 topmast에 이어서 똑바로 위쪽을 향해 서 있는 돛대를 topgallant mast라고 하는 이유도 알게 되므로 정말로 흥미롭다고 할 수 있다.

"Garland- A ring of rope placed round a spar for the purpose of moving it, as, for instance, when swaying a heavy mast.

Otherwise a collar of rope wound about the head of a mast to keep the shrouds from galling. A garland in ancient days was a rope used in swaying the topmasts. Hence, when a mast was added to ships above the top masts, it was called a garland mast; and the word becoming corrupted, eventually resolved itself into 'gallant' in writing, though the original pronunciation 'garn' has been preserved amongst seamen in speaking to this day."[1]

"Garland- 이것은 돛대 등의 원재(圓材)를 이동시키기 위해, 예를 들어 무거운 돛대용 목재를 이동시키기 위해 원재 주변에 감는 밧줄걸이용 고리이다. 또한 돛대 밧줄을 마찰로부터 보호하기 위해 돛대 꼭대기에 감는 로프 고리도 garland이다. 고대에는 탑 마스트를 이동시키기 위해 사용했던 밧줄도 garland이었다. 이러한 이유로 탑 마스트 위에 똑바로 연결해서 세우는 돛대를 garland mast라고 불렀다. 그러다가 'garland'가 변하여 최종적으로 'gallant'라고 쓰게 되었다. 하지만 선원들이 이야기를 할 때에는 본래의 발음 [garn]이 그대로 남아서 지금까지 전해지고 있다."

"Top gallant(pronounced t'garn) : This term has a considerable use at sea. It is derived from top 'garland'; a garland being

---

1 Ansted, A., *A Dictionary of Sea Terms*, Glasgow, 1951, p.101.

originally a rope used for swaying a topmast."2

"Top gallant(발음은 t'garn) : 이 단어는 해상에서는 곧잘 사용된다. 이것은 top garland에서 온 용어이다. 왜냐하면 garland는 원래 topmast를 이동시키기 위해 사용된 밧줄이었던 것이 그 이유이다."

2 Ansted, A., *A Dictionary of Sea Terms*, Glasgow, 1951, p.289.

H

$\mathfrak{h}$ire base   하이어 베이스

charter base는 다른 항에서 설명한 것처럼 운항이익을 중량톤당 월 환산치로 표시한 것이다. 이렇게 함으로써 같은 중량톤당 월계산 치인 기간용선료에 운항이익을 대비할 수 있어 해당 운항이 당시 시장의 용선요율과 비교하여 유리한지 불리한지를 쉽게 판단할 수 있다. 이에 비해 'hire base' 또는 H/B는 선주가 자신의 선박을 hire (즉 time charter, 기간용선)에 내 놓을 것인지 아닌지를 결정하는 하나 의 기준이다.

hire base의 계산식을 나타내면

(1) ··· $\dfrac{C}{11t} = H/B$이다.

여기에서 C는 연간소요 불변비용 총액이고, t는 선박의 중량톤수이다.

불변비용 C는 감가상각비, 이자, 과세, 선원비, 선용품비, 수선비, 대리점비, 기타 비용으로 구성된다. 또한 식 (1)의 분모 11은 연간 1개월은 선박정기검사, 수리 등에 필요한 휴항기간으로 제외하여 연간취항가동월수를 11개월로 간주한 것이다.

상기 (1)식으로부터 알 수 있는 바와 같이, H/B는 불변비용의 중량톤당 월환산치를 나타낸다. 불변비용은 선박이 가동되는 것과 관계없이 선주로서는 피할 수 없는 비용이다. 따라서 이것을 넘어서는 기간용선료(월계산치)가 얻어진다면 선주로서는 이익이 되고, 반대로 불변비용보다 낮은 기간용선료(월계산치)를 얻는다면 선주로서는 손실이 된다. 그래서 (1)식은 선주가 hire(기간용선)에 선박을 내놓을 것인지 여부를 결정하는 하나의 base(기준)을 얻는다. 그런 의미로 'hire base'라고 부른 것이다.

여기에서 (1)식의 좌변을 c라고 놓으면

(2) ··· $H/B = c$가 된다.

c는 중량톤당 불변비용 월환산치로 charter base 계산식 $\dfrac{30}{nt}C = c$

와 같다(pp.97-98, CB (4)식 참조).

여기에서 charter base 계산식 (6)식에 (2)식을 대입하면

(3) $\cdots C/B - H/B = f - k$가 얻어지고, 따라서

(4) $\cdots$ $\begin{cases} C/B > H/B, & f > k & \text{이익} \\ C/B = H/B, & f = k & \text{수지균형} \\ C/B < H/B, & f < k & \text{손실} \end{cases}$

이 얻어진다.

업계 관계자들이 종종 "차터베이스가 하이어베이스보다 낮으므로 적자 운항이다"라고 하는 것은 상기 (4)식의 마지막 부등식 관계를 가리키는 것이다.

그런데 hire base 계산은 상기 (1)식과 같이 단순히 불변비용의 중량톤당 월계산치에 지나지 않는다. charter base 계산식에 비해 매우 간단하다. 그래서 hire base 계산식은 선주에게는 자명한 것으로 특별히 내세워서 말한 정도의 것은 아니다. 이것이 용어 'hire base'가 'charter base' 보다 현저히 늦게 출현하게 된 원인이다.

이와 관련하여 'hire base'도 일본 해운업계 고유의 용어로 외국에서는 찾아 볼 수 없다. 다만 제2차 세계대전 이후에 등장한 용어인 관계로 그 이전에는 업계 관계자 누구도 'hire base'를 이야기 한 사람은 없다.

하지만, 'hire base'란 용어 자체를 사용하지는 않았지만, 이것과 똑같은 내용의 것을 선주의 원가계산 기준으로 상당히 오래 전부터 사용하였다. 예를 들어,

"비용은 1개월 중량 1톤당 몇 원 몇 전이라고 나타내는 방법으로 톤당 선비(船費)를 산출하기 위해서는 1개월간 선비 합계를 그대로 중량톤으로 나누는 것이 아니라 정기검사와 다른 일로 인한 휴항기간을 1개월로 보고 12개월 선비를 11개월로 나눈 것을 1개월간의 실제 선비로 하였다. 그래서 도출된 톤당 선비보다 용선료가 높으면 선주는 자신이 선박을 운항하지 않고, 용선 시장에 선박을 내 놓았다."[1]

태평양 전쟁기 접어들어 이것과 좀 다르게 앞서 언급한 기업이윤을 포함한 것이 선주가 자기 선박을 기간용선에 내 놓을 것인지에 대한 채산기준으로 정해졌다. 다만, 전황이 매우 어렵고 해운통제 실시에 따라 선주에게는 기간용선을 선택할 자유가 없이 선박의 운항은 모두 선박운영회(1942. 4. 1)에 의해 결정되고, 선주는 일정 선박사용료를 보상으로 자기소유선박을 선박운영회에 용선으로 내 놓는 것 외에는 다른 선택의 여지가 없었다. 즉, 1943년 1월 1일부터 실시된 해무원(海務院)[2] 공정 용선료가 이것으로, 법규에 의해 다음

---

1 畝川鎭夫, 『海事讀本』, 海事彙報社, 1937, p.297.
2 옮긴이 주 : 일본 정부가 1941년 12월 19일 체신성의 외국(外局)으로 설치한 관청으로 체신성 내국의 관선국(管船局)과 외국의 등대국을 통합하였음.

요소들로 구성되었다.[3]

1) 기준 선가
2) 상각 방법
3) 선비, 대리점비
4) 이윤, 이자
5) 사내 유보금, 세금

즉, 해운기업은 이것을 계기로 해서 단순한 선박소유자로 모습을 전환하고, 운항업무 측면(화물 영업)에서는 완전히 배제되어 있었으므로, 선주의 입장에서는 그들이 취득해야 할 공정용선료에는 당연히 기업이윤이 포함되어 있어야 했다. 그것을 당시의 인용예로 나타내면[4]

```
계산기준   중량톤   6500톤형 화물선
선가   1톤 300엔   유동자본 5%   경영자본 1톤당  315엔
자기자본 2/3      1톤당 210엔   배당 7%        14.70
타인자본 1/3      1톤당 105엔   이율 4.5%      4.725
경영자본에 대한 사내유보금 2.5%               7.875
배당금, 사내 유보금에 대한 과세               9.45
선가상각비   4.5%                            13.50
   소계(선가대비 16.78%의 경우)              50.25
```

3 日本海運集會所,『海運』, 1943. 2, 자료 (2)
4 松本一朗,「海運原價について」,『海事硏究年譜』第1号, 辰馬海事記念財團, 1943, pp.203-204.

이것을 연간 11개월 가동할 경우 1개월당	4.56
선비 1개월당	
	3.80
대리점비 1개월당	
	0.50
합계 1개월 용선료 원가	8.86

즉, 선주는 지금 이야기 하고 있는 'hire base'에 적정이윤을 포함한 것을 공정(公定)용선료로 받았던 것이다.

하지만, 전쟁 상황이 가열되면서 이러한 기간용선방식도 1945년 1월 1일부터 정부사용 나용선 방식으로 바뀌고 선주는 글자 그대로 선박소유자로 전락하였고, 종전까지 소유선박 대부분이 격침되었다. 그래도 남아있던 선대는 전후 질서회복과 더불어 선주에게 반환되었고, 1949년 4월 1일 이후부터는 선주가 자기선박을 선박운영회에 기간용선으로 내놓는 민영방식으로 되돌아갔다. 이른바 '해운의 민영 환원'이다. 다만 이 경우 기간용선료의 산정방식으로 원가주의가 채택되었고, 지금까지 실시되었던 나용선료에 선원비, 윤활유비, 수선비, 선용품비, 오프-하이어(off-hire) 기간 중 선주가 부담해야할 연료비 및 관수비 이와 더불어 잡비를 가산하여 '정기용선료'가 책정되었다. 하지만 선주의 기업이윤은 용선료에 포함되는 것이 허락되지 않았다. 선주 측에서는 기업이윤의 산입을 요청하였지만, 국가재정에 여유가 없어서 그러한 요청을 받아들이지 못했던 것이다.[5] 따라서, 이러한 경우의 '정기용선료'는 현재의 업계에서 말하는 'hire base'의 내용과 일치하고 역사적으로도 '정기용선 전환'을 계기로 'hire base'가 생긴 것으로 생각된다. 선주가 소유 선박 거의 대부분을 기간용선에 내놓고, 더불어 용선료가 일률적으로 정해져있는 특수한 상황은 선주의 경영에서 매우 중대한 의미를 가진다. 이에 따라 수입원이 되는 기간용선료 기준, 즉 'hire base'가 특히 커다란 관심을 모았기 때문이다.

용어 'hire base'가 상기의 '정기용선 전환'(1949. 4)을 계기로 해서 그 이후에 생겨났다고 하는 나의 판단에는 상당히 근거가 있다.

(1) 당시 선박운영회에서 적정원가 계산에 종사했던 경험이 있는 하마사키 히로시(浜崎洋至, 甲南汽船) 씨의 말에 따르면6, 1949년경 야마사키기선(山崎汽船)으로부터 하마사키 씨에게 전화로 '하이어 베이스'의 의미에 대해 문의했지만 당시 하마사키 씨는 '하이어 베이스'의 용어 및 개념에 대해 전혀 몰랐다는 것이다. 하마사키 씨의 기억이 맞는다면, 1949년 즈음에 '하이어 베이스'라는 용어가 생겨났던 것 같다. 다만, 당시 해운업계의 일반 관계자들은 'hire base'에 대해 거의 몰랐을 것이다. 선박원가계산에 전문적으로 일했던 사람조차도 몰랐기 때문이다.

(2) 해운원가계산을 다루었던 저자로서 아마 태평양전쟁이후 간행된 최초의 단행본으로 생각되는 해상임률연구위원회(海上賃率研究

5 船舶運營會, 調査月報 第31号, 1949. 4, 「定期傭船契約書にについて」; 秋山龍, 「船舶運營會の 定期龍船への 切替に就いて」, 日本海運集會所, 『海運』, 1949. 4
6 高田正(新日本汽船) 씨가 佐波 씨에게 보낸 편지(1960. 2. 29)

委員會)의 『해운의 실무』(『海運の實務』, 壯文社, 1949. 2. 15 발행)에는 '차터 베이스'에 대해서는 상세한 설명이 되어 있지만, 'hire base'에 대해서는 용어 자체도 보이지 않는다.

(3) 지금까지의 조사에 의하면, 용어 '하이어 베이스'가 처음 문헌에 출현한 것은 1952년이다. 이것은 용어 '차터 베이스'가 문헌에 처음 등장한 1919년으로부터 33년이 지난 것으로 주목해야할 사실이다.

> "5차 신조선으로 1만 톤급 선박이라면, 진수 비용(乘出し 費用, 선원을 태워 나가는 비용)을 포함해 선가가 4억 6천만엔 정도이므로 '하이어 베이스'는 같은 비율로 4불, 2차선이라면 2불이므로 공단(公團)의 몫이 대체로 공짜에 가깝게 된다."7

> "화물선의 항로가 잡다해서 운임수입 전망과 운항경비의 견적도 너무 번잡해서 여기에서는 운항자 측의 '차터 베이스'와 선주 측의 '하이어 베이스'와의 차를 가지고 화물선의 손익을 고려했다. 즉, 운항자 측의 손익(차터 베이스와 charterage와의 차이)과 선주 측의 손익(charterage와 하이어 베이스와의 차이)으로 나누어 각각을 계산한 것이다."8

---

7 「藤解儀一氏(三光汽船)の 談話」, 日本海運集會所, 『海運』, 1952. 6, p.41.
8 松尾進, 「海運收支に關する試算」, 日本海運集會所, 『海運』, 1952. 11, pp.23-25.

honour policy 명예보험증권

honour(명예)는 라틴어 honos 또는 honor(경의, 명예)의 단수속격 honoris에서 유래했고, 영어 honest(정직)과 같은 계열이다.

별도의 증인을 세울 필요 없이 해당 인물, 해당 물건의 존재 자체로 아주 훌륭한 증거가 되는 경우 말을 않더라도 자연히 경의를 표하게 된다. 이러한 경우가 본래 의미의 honour(명예)이고, 인간도 자신의 행동 일거수일투족에 대해 주석이나 해명이 필요하다면 결코 명예스럽다고 하지 않는다.

해상보험의 경우, 피보험이익의 존재를 증명하는 것이 해당 보험증권 자체를 말하는 경우 이것을 'policy proof of interest' policy라고 부르지만, 이 경우에는 보험자도 피보험이익의 존재에 대해 보험증권 이상의 것을 요구할 수 없는 것만이 아니라 당사자의 합의에 의해 결정된 평가액이 그대로 보험가액으로 통용된다. 즉, full interest admitted이다.

하지만, 이처럼 다른 증인이 필요하지 않는다면 사람은 우쭐해져서 실수를 범하게 된다. 장관, 국회의원, 지사, 시장 등의 명예직에 있는 사람들이 오히려 의혹 사건의 중심인물이 되기 쉽다. 이름만 대면 어떤 여관이라도 드나들 수 있었던 구니사다무라(国定村)의 추지(忠治)는 동시에 도박꾼의 대부이기도 했다.

단, 어느 나라에서도 도박은 금지되어있는 이유로 honour policy
(명예보험)는 종종 wager policy(도박보험)이며, 피보험이익을 객관적
으로 입증할 수 없는 관계로 법률에 금지되어 있다.

Lay days 정박일

　여기에서 lay는 '(선박을) 옆으로 눕히다'라는 의미로, lay days는 하역을 위해 비교적 단기간 선박을 항내에 정박시킨 경우의 '정박일' 이다. 하지만 같은 lay일지라도 to lay up a ship 또는 laying up은 선박을 상당히 장기간에 걸쳐 휴항 또는 계선(繫船)시키는 것이다.

　선박이 화물을 적재 또는 양륙하기 위해 정박해야 할 일수는 선박자본의 회전율에 크게 영향을 준다. 따라서 용선계약에서는 선박 정박기간 및 산정방법에 대해 미리 상세한 약정이 이루어진다.

(1) weather working lay days

(2) customary quick despatch

(3) running lay days

등이 정박일수 산정 방식이다. 이것은 해운인이라면 이미 알고 있는 것으로 새롭게 설명할 필요는 없을 것이다. 여기에서는 다만, 다음과 같이 흥미로운 민요를 소개하고자 한다.

"A rough hardy seaman,
Unused to shore's-ways,
Knew little of ladies,
But much of lay-days."[1]

"거칠고 강한 뱃사람은,
육지의 격식 따위는 아랑곳하지 않고,
여자에 대해서도 아는 게 없지만,
정박일수에 대해서는 아주 잘 안다."

한편, 다카하시 마사히코의 『해운사전』에 의하면,

"선박이 하역을 위해 필요한 정박일이 곧 정박기간이고, 영어로는 일반적으로 Laydays 또는 Laytime 이라고 부른다. 그리고 Lay는 희랍어 λαικοϛ(laikoz)에서 유래한 것으로 되어있고, unspiritual (세속적인), worldly(속세의)라는 의미이다. 바꾸어 말하면, Laydays는 Holi- days(성스러운 날, 안식일)에 반대적인 '세속적인 날', '일하는 날'

---

1 Smyth, *Sailor's Word-book*, p.435; Ansted, Dictionary, p. 152.

에서 바뀌어 해사용어로서는 '선박이 하역을 하기 위해 정박하는 일수'라고 한 것이므로 Laydays가 Sunday 또는 Holiday를 제외하는 것은 지극히 당연하다고 할 것이다."2라고 되어 있다.

하지만, 이를 모두 수긍하기는 힘들다. 그 이유로는

(1) laydays가 일요일, 경축일을 제외한 다른 주일을 의미한다는 것에 대해서는 'running laydays'(날씨의 좋고 나쁨, 일요일 경축일, 밤낮 등의 구별 없이 달력상에 계속해서 경과되는 일수로 정박일수를 계산하는 방식)라고 하는 것과 이치에 맞지 않는 것 같다.

(2) 독일어에서는 '정박일수'를 'Lade-tag'(선적일수)라고 한다.

(3) 옥스퍼드대학출판사의 NED(New English Dictionary)에서는 lay-day의 'lay'는 lay의 동사 제1(verb 1)의 예로 기록되어 있다.

그러므로 laydays는 일반적으로 해석해서 선박이 항내에 '체재하는(lay)' 일수가 원뜻이라고 생각한다.

Lloyd's 로이즈

영국의 런던에 있는 보험단체로서 세계적으로 유명한 로이즈(Cor-

---

2 高橋正彦, 『海運事典』, 海運研究會, 1955, pp.160-170.

poration of Lloyd's)는 다시 상세하게 설명할 필요가 없다고 생각되지만 실제로는 그렇지 않다. 여기에서는 겐큐샤(研究社)의『신영화대사전(新英和大辭典)』과 이와나미서점(岩波書店)의 『서양인명사전(西洋人名辭典)』을 인용하여 Lloyd's가 어떤 것인지에 대해 설명하고자 한다.

(1) 겐큐샤가 1953년에 획기적인 대사업으로서 편집, 출판한『신영화대사전』에 의하면, 'Lloyd's'는 '로이드 해상보험회사'로 되어 있다.

영국이 자국 최대의 자랑거리의 하나로 삼고 있는 Lloyd's에 대해 일본에서 권위 있다는 영일대사전이 심한 무지(無知)를 보이고 있다. 나는 곧바로 편집책임자인 이와사키 민페이(岩崎民平) 선생에게 상세한 항의서한을 보내 시정해 줄 것을 요청했지만 결실은 없었다. 1960년에 나온 대사전 제2판은 'A New Edition; Revised and Enlarged'와 같이 이름을 쓰고 있음에도 불구하고, 'Lloyd's'라는 항목에 대해서는 구태의연하게 '로이드 해상보험회사'로 쓰고 있다.[3]

우선, 'Lloyd's'는 '로이즈'이지, 결코 '로이드'가 아니다. 나는 지금까지 기회 있을 때마다 'Lloyd's'는 '로이즈'로 '로이드'라고 읽어서는 안 된다고 이야기를 하지만, 일본의 일반 신문, 잡지만이 아니라 해사관계 전문 신문, 잡지에서도 거의 대부분이 '로이드'로 잘못 쓰고 있다. 하지만, 'Lloyd's'는 글자그대로 '로이즈'라고 쓰고 읽어야지 결코 '로이드'라고 해서는 안 된다. Lloyd's 관련 저서로서는

3『新英和大辭典』, 研究社, 1960, p.1050.

Martin, F., *The History of Lloyd's and of Marine Insurance in Great Britain*, 1876.

Grey, H. M., *Lloyd's*, London, 1926.

Fayle, C. E. & Wright, C., *A History of Lloyd's*, London, 1928.

Straus, R., *Lloyd's*, London, 1937.

Gibb, D. E. W., *Lloyd's of London*, London, 1957.

등이 있지만, 여기에서 보이는 'Lloyd's'는 그대로 '로이즈'로 읽어야 한다.

　"Lloyd's Coffee-House의 주인은 로이드이지만, Lloyd's Register의 로이즈는 '로이즈'로 읽고 쓰는 것이 올바른 것이다."4

다음으로, 여기에서 말하는 Lloyd's는 Corporation of Lloyd's이지 결코 겐큐샤의 『신영화대사전』에 기록된 것과 같은 '로이드 해상보험회사'가 아니다. 'Corporation'은 직역하면 '회사'가 되지만 Lloyd's에 한해서는 그리 간단하지 않다. 보험 또는 해사 관계에 잘 모르는 일반인에게는 무리가 있을지도 모르지만 Lloyd's의 성격은 단순히 '회사'라고 표현하기에는 너무나 특이한 조직이기 때문이다. 하지만, Lloyd's의 성격과 조직을 설명하기 가장 적합한 표현으로 다음과 같은 문구가 있다.

Individually we are underwriters, collectively we are Lloyd's.5

---

4 岸上格之助, 「船級 初期の 歷史あるエピソ-ド」, 日本海運集會所, 『海運』, 1952. 6, p.61.

"우리들은 개인으로서는 보험업자이지만, 단체로서는 로이즈이다."

이것은 W. Farant가 Lloyd's을 참관하러 온 어느 부인으로부터 "What is Lloyd's?"라는 질문에 대해 답한 것이다. 간단히 말하면, 로이즈는 개인 보험업자 다수가 각각의 기업의 독립성을 유지하면서 회원(member)으로 모여 공동보험(co-insurance)을 통해 아무리 위험성이 크더라도 즉시 떠맡는 특유의 보험단체이다. 해당 보험을 소액으로 나누어 책임지는 것이 각각의 개인보험업자이므로, 각각의 보험 거래를 본다면 각 개인 보험업자 집단이 Lloyd's라고 하는 것이 되지만, 결콘 단순한 보험업자 집단은 아니다. 회원 상호간 에이전트(agent)가 있고, 또한 에이전트 사이에도 리더(leader)가 있으며 각 회원이 책임지는 보험계약에 대해서는 Lloyd's 전체로서의 도의적 실질적 책임이 주어진다. 오히려 하나의 긴밀한 경제단체인 Lloyd's로 세계보험시장의 중심으로서 거의 예외 없이 대부분의 위험을 소화 가능한 절대위력을 갖추고 있는 것이다. 이것은 단순한 회사조직인 보험회사로서는 불가능한 것이다.[6]

한편, 위에서도 언급한 것과 같이 겐큐샤의 『신영화대사전』에서는 Lloyd's를 '로이드 해상보험회사'로 설명되어 있지만, 현재 Lloyd's가 책임지는 보험은 해상보험(marine insurance)에 한정되어 있지 않다.

---

5 Fayle & Wright, *A History of Lloyd's*, London, 1928. p.420.
6 Lloyd's 조직 활동에 대한 상세한 것은 安達晉一朗, 「ロイズの 海上保険活動について」, 『海運研究小報』, No. 7, 1962년 10월 참조.

Lloyd's의 영업종목은 정식적으로는 1911년 이후 비해사분야(non-marine)에도 확대되어있다.

(2) 이와나미서점에서 1956년 출판된 『서양인명사전』(제 1판), p. 1722를 보면 다음과 같이 되어 있다.

"Edward Lloyd : 1688~1723년경에 활동한 영국의 커피점 경영 자, '로이드 선급협회'(Lloyd's Register) 창시자. 1688년 2.18-21일 자 London Gazette에 처음으로 이름이 나타났지만 생년월일은 불분명하다. 처음엔 런던 타워 가(Tower Street)에서 커피점을 경영하고 있었지만, 롬바드(Lombard) 가로 옮긴 후부터(1692) 로이드 커피점은 해운업자, 선박중개인, 해상보험업자 등의 집합소가 되었다. 로이드는 Lloyd's News라고 하는 해운, 무역신문을 발간(1696), 잠시 휴간하였다가 다시 Lloyd's List라는 이름으로 복간(1726), London Gazette에 이어 영국에서 오래된 신문으로 지금에 이르고 있다. 사업은 계속해서 발전하였고, 사무소는 Royal Exchange 내로 이전하여(1774), 세계의 선박 검사, 등록, 해상보험, 선명록의 발행 및 기타 사업 등, 현재의 Lloyd's란 이름으로 널리 알려져 세계적 권위를 가진 조직의 기초를 만들었다."7

여기에도 몇 가지 잘못된 것이 보인다.

우선, Lloyd's의 창시자 Edward Lloyd의 이름이 처음으로 나타난 London Gazette의 발행 연월일을 '1688년 2월 18일-2월 21일'이라

---

7 『西洋人名辭典』(제1판), 岩波書店, 1956, p.1722.

고 한 것이다. 하지만, 이것은 일본의 출판물만이 아니라 외국의 문헌에서도 종종 보이는 잘못이다.

이렇게 말하면, Edward Lloyd의 이름이 처음 등장한 *London Gazette*의 발행 연월일 정도는 틀리더라도 큰 문제없을 것으로 생각되지만 그렇지만은 않다. 당시 Edward Lloyd가 해운, 보험 분야에 어느 정도 세계적으로 유명한 인물이었는지에 상관없이 커피점을 열기까지 그의 경력에 대해서는 명확하지가 않다. Canterburg Faculty Office의 고문서에 의하면, 그가 1648년 태어난 것 같지만 확실한 근거는 없다. 따라서 Lloyd's 연구자들에게 Edward Lloyd의 이름이 처음 등장한 *London Gazette*의 발행 연월일이 어떻게 되는지는 아주 중요한 것이다.

처음 Edward Lloyd의 이름이 나타난 *London Gazette* 발행 일자는 이와나미서점의 『서양인명사전』에 기재된 것과 달리 "February 18-21, 1688"이다. 이와나미서점의 『서양인명사전』에서는 이것을 '1688년 2월 18일-21일'이라고 하고 있지만, 이것이 잘못된 것이다. 이와나미서점의 『서양인명사전』에서는 이렇듯 다른 생각을 하고 있어서 Edward Lloyd가 활동한 시대도 '1688-1713년'으로 하고 있어 말하자면 이중의 과오를 범하고 있는 것이다.

*London Gazette*에서는 2429호, 즉, February 18-21, 1688 판에 어떤 도난사건과 관련하여 사람을 찾는 공고문을 싣고 있고, 그 광고문에는 당시 Tower Street에 커피점을 경영하고 있었던 Edward

Lloyd의 이름이 나오고 있다. 이것으로부터 Edward Lloyd가 당시 런던 Tower Street에서 커피점을 경영하고 있었다는 것은 확실하다. 하지만 이 *London Gazette*, No. 2429호 발행일자는 실은 "February 18-21, 1688/89"로 기록되어 있지만, 이것은 서력(西曆)으로는 당연히 '1689년 2월 18일 - 21일'로 해석해야 한다. 영국에서는 1750년까지는 신년을 3월 26일부터 시작하는 관습이 있어서 예를 들어 *London Gazette* 발행일자가 "February 18-21, 1688"이라고 기록되어 있다 하더라도 서력으로는 당연히 '1689년 2월 18일 - 21일'로 해석해야 하는 것이다.

"It will be remembered that, down to 1750, the year began on March 26th, so that document issued in February, 1689, bears the date February, 1688. As this has frequently led to much confusion, the double date will be always be given in quoting from contemporary documents."8

"주의해야 할 것은 1750년까지는 새해가 3월 26일부터 시작하였다는 점이다. 따라서 1689년 2월에 발행된 문서에는 모두 1688년 2월 날짜가 붙어 있다. 자주 이러한 혼동이 발생하므로 이 시대의 문서를 인용할 때에는 항상 일자에 두 개 연도를 같이 기입하도록 되어있다."

이미 말한 것처럼, 이러한 과오는 단순히 일본 문헌에 한정된 것

8 Fayle & Wright, *A History of Lloyd's*, London, 1923, p.11.

이 아니다.9 당시 영국에서도 종종 볼 수 있는 과오이다. 예를 들어 Lay, H. G.의 *Marine Insurance*(London, 1925, p.245)를 보면, 다음과 같이 되어 있다.

> 1688··· Lloyd's Coffee House first mentioned (*in London Gazette*)
> 1688년··· 로이즈 커피점 명칭이 처음 문헌에 등장한다
> (단, *London Gazette* 지에서)

자료 : Gibb, D.E.W., *Lloyd's of London*, 1957, f.6.

---

9 森野亮, 『ロイズの 話』, 損害保險評論社, 발행년 불명, p.24에서는 "1689년 2월 18일 런던 가제트지"라고 되어있다. 하지만 좀 더 정확하게는 "1689년 2월 18일~21일자 런던 가제트지"라고 기록해야 한다.

Edward Lloyd의 이름이 처음 등장한 *London Gazette* 광고문(물건 관련)을 게재한다. 사진의 우측에 보이는 것이 그것으로 판독하기 어려울 것으로 생각되어 타이핑하였다.

Stolen the 10th Instant, from Edward Bransby in Darby, five Watches; one was a Pin case, and a Silver Box, with a Silver Dyal Plate, hours cut Harts, it was a five Wheel chain, the Watch Makers Name was Wilkins of Leicester; The Second was a plain Silver Box, with a Glass, the Dyal had a Pot of Flowers, the Makers Name was William Corder in Darby; The third had a Silver Box with a close Silver Case, a Pearst Dyal Plate, with the day of the Month; The fourth had a Silver Box and Pin Case, many of the Pins being come out, so that the Brass was seen; The fifth Watch had a Silver Box and Pin Case, long Hours of the Dyal Plate, and frosted, it was a 5 Wheel Chain Watch: Supposed to be taken by a middle sized Man, having black curled Hair, Pockholes in his Face, wearing an old Brown Riding Coat, and a black Bever Hat. Whoever gives Notice of them at Mr. Edward Lloyd's Coffee House in Tower-street, or to Mr. Edward Brandy in Darby as above, shall have a Guinea Reward.

"1689년 2월 10일, Darby의 Edward Brandy라는 사람이 은으로 된 회중시계 다섯 개를 도난당했다. 시계 다섯 개의 명세는 이러이러하고, 이것을 훔친 남자는 키는 중간키에 머리칼은 검정색의 고수머리, 얼굴에는 살짝 곰보자국이 있으며 갈색의 중고 승마복을 몸에 감고 검은색 비버 가죽 모자를 쓰고 있었다. 이 시계에 대해 심증이 가는 사람은 Tower Street에 있는 Edward Lloyd 씨가 경영하는 커피점 또는 Darby의 Edward Bransby 씨에게 알려주기 바란다. 사례로써 1기니10를 드린다."

더불어 상기의 이와나미 서점의 『서양인명대사전』에서는 Edward Lloyd의 생년월일을 잘 모른다고 하였지만, 적어도 사망 연월일은 명확히 알려져 있다. 1713년 2월 15일이다. 이와나미 서점의 『서양 인명대사전』에서는 위에서 인용한 것과 같이 그의 활동기간을 1688-1713년으로 하고 있지만, 1713년은 Edward Lloyd가 사망한 해이다.

"…in this Flying Post of 14-17 February 1712/13, there appeared announcement; " London. On Sunday last[February 15th] Died Mr. Lloyd the Coffee-Man in Lombard Street."

This is the sole item of London news appearing in that issue, and its appearance shows clearly that Lloyd was not merely the proprietor of flourishing business, but a man of some mark in his day: for any obituary notice of a private person is, at this date, exceedingly rare.[11]

"1712/13년 2월 14일-17일자의 Flying Post 지에 다음과 같은 기사가 보도되었다. "런던. 지난 일요일(2월 15일), 롬바드가의 커피점주 Lloyd씨가 사망했다." 단, 이것을 이 날짜의 Flying Post지에 보이는 런던 관련 뉴스의 유일한 기사로 이것은 바꿔 말하면, Lloyd가 단순히 번창한 어떤 사업의 소유경영자였던 것만이 아니라 당시 주목할 만한 인물이었다는 것을 알려주는 것이다. 왜냐하면 단순한 개인의 사망을 신문에서 보도하는 것은 그 시대에는 극히 드물었던 것이기 때문이다.

10 옮긴이 주 : 영국의 구 금화. 21실링(shillings), 현재의 1.5파운드에 해당함.
11 Fayle & Wright, *A History of Lloyd's*, London, 1928, p.33.

앞에서의 Lay, H. G.의 *Marine Insurance*(London, 1925)는 Edward Lloyd's의 사망년도에 대해 과오를 범하고 있다. 즉,

Little known of Edward Lloyd, except that the published 'Lloyd's News', and died in 1712. p. 232
"Edward Lloyd에 대해서는 그가 Lloyd's News를 발행한 것과 1712년에 사망했다는 것 이외에는 거의 알려진 것이 없다."

1712···Edward Lolyd died. Succeeded by William Newton, p. 245.
"1712년···Edward Lloyd 사망. 윌리엄스 뉴턴이 인계함"

이러한 과오는 아마 당시 매년 1월 1일부터 3월 25일까지의 기간은 서력보다 1년 작은 연도로 표현한 관습 때문일 것이다.

위의 이와나미 서점의 『서양인명대사전』에 의하면, "로이즈는 '세계 선박의 검사, 등록, 해상보험, 선명록 발행 및 기타 사업'을 하는 조직이다"라고 기록되어 있지만 선박 검사에 종사하고 선명록을 발행한 선급협회로서의 로이즈선급(Lloyd's Register of British and Foreign Shipping)과 보험을 담당하는 단체로서의 로이즈(Corporation of Lloyd's)는 현재에는(아니 약 200년 전부터) 별도의 조직으로 명확하게 구분되어있다. 이것도 Lloyd's에 대해 잘 모르는 일반인들이 종종 범하는 과오의 하나이다.

마지막으로, 독자에게 참고가 되도록 간략한 로이즈 관련 연표를

I

정리하여 소개한다.

로이즈 연표

1601년	엘리자베스 1세 보험법(43 Eliz., c. 12) 반포
1652년	어느 터키인이 런던 최초의 커피점을 Cornhill의 St. Michael's Alley 에 개업함
1689년	2월 18일(월)-21일(목)일자 London Gazette(No. 2429)에 Tower Street 소재 Edward Lloyd's Coffee House가 언급된 현상수배범 광고 가 나옴
1691년	Lloyd's Coffee House가 Tower Street에서 Lombard Street로 이전함
1696년	Edward Lloyd가 News Sheet(주 3회)를 발행. 이것은 이후 Lloyd's News로 이어짐. 9월 17일자 Lloyd's News(No.8)가 발행됨. No. 8가 현재까지 발견된 가장 오래된 Lloyd's News임
1697년	2월 23일자 발행 Lloyd's News에 생사(生糸) 수입에 관해 귀족원 비판문을 게재하여 발행 정지됨
1713년	2월 15일, Edward Lloyd 사망
1720년	남해포말사건(South Sea Bubble)이 발생하여 6월 10일자 Bubble Act(6 Geo. I, C. 18.)에 의해 같은 해 6월 22일, Royal Exchange Corporation과 London Assurance Corporation이 설립됨
1726년	격주간 Lloyd's List 발행
1760년	Lloyd's Register of Shipping(Green Book) 발행
1774년	Lloyd's Coffee House가 Royal Exchange로 이전함. John Julius Angerstein이 관리함
1779년	1월 12일, Lloyd's 표준보험증권 서식이 정해짐
1811년	Government of Lloyd's가 재편성됨
1824년	특허보험회사의 특권이 정지됨
1834년	Lloyd's Register of British and Foreign Shipping 발행

1871년	5월 25일, Lloyd's Act(34. Vict. c. 21)에 의해 Lloyd's는 법인체로 인정받아 Corporation of Lloyd's가 됨
1888년	Lloyd's Act(51. Vict. c. 2)에 의해 Lloyd's가 출판, 사상 보급 등의 사업이 해사관계 분야에 국한되지 않게 됨
1906년	Marine Insurance Act(6. Edw. vii. c. 41) 반포
1911년	Lloyd's Act(1&2. Geo. V. c. 62)에 의해 로이즈 보험업자의 업무가 해상 보험 뿐만 아니라 다른 비해사보험(non-marine) 및 일반보증업무에도 정식적으로 확장됨
1918년	로이즈 보험업자는 Lloyd's Anchor Seal이 찍힌 보험증권만을 사용하기로 결정함
1925년	5월 23일, 영국 국왕이 Leadenhall Street의 신축 Lloyd's 빌딩 정초식(定礎式)에 참가함

Lloyd's Register of Shipping 로이즈선급, 로이즈선명록

Lloyd's Register of Shipping에 대해 언급할 때 주의해야 할 것은 우선 개인보험업자가 다수 모여 공동보험(co-insurance) 형식으로 원보험 및 재보험을 취급하고 있는 보험업자 단체로서 세계적으로 유명한 런던의 로이즈(Corporation of Lloyd's)와 여기에서 언급하는 Lloyd's Register of Shipping과는 전혀 다른 별개의 단체라는 것이다.

 • Corporation of Lloyd's : 보험영업, 영리단체

- Lloyd's Register of Shipping : 선급사업, 공익단체

두 단체 모두 Edward Lloyd(1648?-1713)의 Coffee House에 기원을 가지고 선박, 해상운송, 해상보험, 조선에 관계가 깊은 단체이다. 따라서 양자를 혼동하여 이것을 하나의 단체가 경영하는 두 개의 다른 사업 분야로 종종 착각을 하지만 결코 그렇지 않다. 이미 200년 전부터 두 단체는 엄연히 서로 다른 두 단체로 구별되었다.

또한 'Lloyd's Register of Shipping'은 로이즈 선급이라는 사업단체의 명칭이기도 하지만, 이 선급협회가 매년 1회 정기적으로 편집, 발행하는 『로이즈 선명록』도 마찬가지로 Lloyd's Register of Shipping이라고 한다. 하지만 두말할 필요 없이 두 가지는 당연히 구별해야 한다.

여기에서 『로이즈 선명록』이라고 하는 것은 알고 있는 바와 같이 영국을 비롯해 외국의 선박(총톤수 100톤 이상의 철강선)에 대해 선명, 등급, 종류, 구조, 선장 이름, 톤수, 길이, 폭, 흘수, 속력, 건조연월일, 건조자, 현소유 선주명, 주요 기기 등의 주요 명세를 선명의 알파벳 순서대로 기재하여 배열한 리스트이다. 이 리스트로부터 선주, 해상보험업자, 무역업자 등 해사관계자가 간편하고 정확하게 해당선박에 대한 지식을 얻을 수 있어 거래에 큰 편익을 제공해 준다.

한편, 선급으로서의 'Lloyd's Register of Shipping'에 대한 것이지만 이것이 언제 설립되었는지는 정확하지 않다. 현존하고 있는 세계

최고의 선명록은 1764-65-66년대를 말하지만, 이것이 과연 세계에서 최초로 발행된 선명록인지에 대해서는 의견이 분분하다. 다만, 모든 사람들의 고증이 거의 끝난 상태에서 1760년에 로이즈 커피하우스를 본거로 무역을 겸한 보험업자들과 별개로 독립하여 보험을 전업으로 한 보험업자 79명이 New Lloyd's라는 단체를 설립하여 선명록을 작성한 것으로 되어있다.

로이즈 커피하우스를 본거로 한 보험업자들로부터 분리되어 별개의 보험단체로 New Lloyd's가 왜 설립되었는지를 보면, 커피하우스를 본거로 한 보험업자들은 보험을 업으로 하면서 보험뿐만이 아니라 무역을 겸업 또는 본업으로 하는 이른바 '상인보험자'(merchant underwriter)여서 보험을 전업으로 하는 보험업자들과 이해관계가 항상 일치하지 않았기 때문이다. 달리 말하면, 보험전업자는 선주, 상인에게 속임을 당하는 경우가 종종 있어 이러한 사기행위에 대항하기 위해 무역을 겸업으로 하는 상인보험자와는 별도로 독립하여 단체를 조직하였고, 보험 대상이 되는 선박에 대해서 정확한 자료에 근거하여 거래하기 위해 또는 보험전업자가 자발적으로 선명록을 작성했던 것이다. 따라서 보험전업자들에 의해 작성된 선명록(표지 색깔로부터 'Green Book'이라고 부름)도 공개적인 간행물이 아닌 보험전업자 사이의 한정판이었다. 현존하는 선명록으로 세계최고의 선명록인 1764-65-66년 *Green Book*을 보면 다음과 같다.

Former	Present	Master	Port	To Port	Tons	Guns	M	Built & Year	Owners	64	65	66
(전선명)	(현선명)	(선장)	(선적항)	(목적항)	(톤수)	(포)	(승조원수)	(건조지 건조년)	(선주)	(선급)	(선급)	(선급)
	Daking	Wm. Taylor	Lond.	Cork	150	SDBb	12	Liverp. 1760	Daking & Co.	EM	EM	
	Dalrymple	James Berry	Liverp.	old. C. & Am.	140	4 B	35	French 57	Davenport		EM	

Green Book에서의 선급(classification)은 선체와 의장 두 개로 나누어 다음 기호를 이용했다.

선체	A	E	I	O	U
의장	G	M	B		

여기에서, A, E, I, O, U는 각각 제1급, 제2급, 제3급, 제4급, 제5급을 의미하고, G, M, B는 각각 good, middling, bad를 의미한다. 따라서 예를 들어 'EM'은 '선체 제2등급, 의장 중급', 'AG'는 '선체 제1등급, 의장 상급'을 뜻한다.

그런데, 현존하는 선명록으로서 세계에서 두 번째로 오래된 것이라고 하는 1768~69년의 선명록을 보면 이것도 위의 것과 마찬가지로 전업 보험업자 사이의 한정판인 선명록이지만 항목을 보면 'Guns'(포)가 빠져 있고, 선급기호는

선체	a	b	c		
의장	1	2	3	4	

로 되어 있다. 더불어 현존하는 세 번째로 오래된 것이라고 하는

1775~76년 선명록(이것도 보험전업자 사이의 한정판)에서는 선급은

선체	A	E	I	O	
의장	1	2			

로 고쳐져 있다. 위의 1775~76년 선명록 일부를 표시하면 다음과 같다.

(번호)	(선명)	(선장)	(톤수)	(건조지)	(건조년)	(선주)	(승조 원수)	(항로)	1775	1776
7	Calvert S	Wm. Sewell	350	Marylnd	72	M. Molleson	16	Lo. Mryld	A.1	A.1
8	Camberwell	P. Ogilvie	150	Shorham	64	Al. Brander	13	Lo. Lisbon	E.2	E.1
9	Cambletown	D. Stewart	305	River	45	Walker & C.	14	Lh. Grnld	I.2	I.2

현재 우리들이 호텔, 찻집, 과자 가게 등 고유명사로 종종 볼 수 있는 'A.1'은 1775~76년 『로이즈 선명록』에서 '선체 제1급, 의장 상급'을 의미한다. 선급의 'A.1'에서 기원(起源)한 것으로, '그 분야에서 최고등급'이 된 것을 과시하는 용어이다.

그런데 이전부터 보험업자단체(New Lloyd's)의 선급결정 기준이 런던 중심으로 이루어지고 있어 선박의 건조지로 템즈 강변을 선호하

고, 또한 건조연대에 집착하는 경향이 있었다. 이에 불만을 품고 있었던 상인과 선주들이 소위 본질적인 선질(船質)에 의한 선급기준을 주장하며 New Lloyd's의 선급 결정기준을 개정해달라고 요청하였다. 하지만 요청은 거절되었다.

이후 몇 번의 협의를 거쳐 마침내 1799년 A Society of Merchants, Shipowners and Underwriters라는 단체를 조직하여 'The New Register of Shipping'이라는 『선명록』('Red Book'이라 함)을 출판하고, 이것을 공개적으로 출간하여 일반인에게도 공유하였다. 출자자 125명의 대부분은 상인과 선주로 구성되어 있고, 보험업자 출자자는 말할 수 있을 정도의 숫자가 되지 않았다. 선급기호로서는 당시 보험업자 선명록(*Underwriters' Register; Green Book*)과 마찬가지로

선체	A	E	I	O	
의장	1	2			

을 사용하였다. 이 선명록은 'Red Book' 이외에 'New Book', 'Shipowners' Register', 'Long-shore Book' 등으로 불려졌다.

하지만, 상인, 선주 중에는 Green Book과 Red Book에 어쩔 수 없이 2중으로 등록을 해야 하는 경우가 종종 발생하여 경비와 불편을 초래하였다. 또한 양 협회 사이에 경쟁이 격화되어 양쪽 모두 경영에 지장을 초래할 지경에 이르렀다. 그래서 상당히 시간이 지난 후지만 1823년 12월 11일, 선주과 상인들의 모임이 개최되었고, 선

주 중 John Marshall이 주창(主唱)한 보험업자 선급협회와 선주 선급 협회를 통일하자는 의견이 제출되었다. 다행히 이 안이 채택되어 양 협회의 합병을 위한 조사위원회가 설치되게 되었다. 하지만, 오랜 전통을 고수하는 보험업자 선급협회에서는 쉽게 이에 동조하려 하지 않았고, '통합조사위원회'에 대표를 파견하는 것에 지극히 소극적 이었다. 그렇지만 대세를 거스를 수 없었는지 다음 해인 1824년 3월 16일, 보험업자 선급협회는 352표: 327표로 '통합조사위원회'에 대표를 파견하기로 하였다.

이후, '통합조사위원회'에서는 계속해서 노력을 하였지만, 보험업자 선급협회측의 보수적 태도가 사태의 진전을 거부하여 쓸데없이 시간만 흘러갔다. 통합조사위원회에서 양 선급협회를 해산하고, 새로운 선급협회를 설립하자는 결의가 결정된 것은 1833년 8월 14일이고, 이것이 실제로 신 선급인 'Lloyd's Register of British and Foreign Shipping'가 창립된 것은 다음해인 1834년 10월 21일(트라팔 가르 해전 30주년 기념일)이다. 새로운 선급이 현재의 'Lloyd's Register of Shipping'의 전신으로 처음에 본부는 No. 2, White Lion Court, London에 두었지만, 곧 No. 71, Frenchurch Street, London E. C. 3 번지로 옮겨 현재에 이르고 있다.

이렇게 해서 양 선급의 합병이 성사되었지만, 새 선급이 평탄하게 발전한 것은 아니었다. Liverpool Register of Shipping과 British Corporation 등 두 개의 선급 단체에 대해 언급하지 않을 수 없다.

새 선급의 설립 취지서를 보면 '영국 전국 모든 항구의 상인, 선주, 보험업자의 찬성과 지지가 없이는 새 선급의 발전을 기대할 수 없다. 따라서 각 방면의 이해와 지원을 얻기 위해 본 선급은 결사적인 노력을 경주한다.'고 선언하였다. 하지만 새 선급이 설립되고 얼마 지나지 않아 선덜랜드, 이어서 리버풀, 다른 외항(outport)으로부터 새 선급에 대한 항의가 발생했다. '새 선급이 구태의연하고 뿌리 깊이 보수적인 런던중심주의가 지배하고, 관리위원회(Committee of Management)의 대표자는 모두 런던에서 독점하고 있다'는 편중된 조직운영에 대한 항의였다. 이러한 항의 운동은 상기의 새 선급이 설립된 다음해 1835년, Liverpool Register of Shipping의 신설을 유도하였고, 리버풀을 선적항 또는 입출항하는 선박을 대상으로 하는 선명록을 발행한 데 이어 1838년에 두 번째 선명록이 출판되었다. 다만, 그 기재내용은 대부분 Lloyd's Register of British and Foreign Shipping을 모방 또는 옮겨 쓴 것에 지나지 않아 실제적인 이익은 찾기 어려웠다. 이후 많은 과정을 거쳤지만 결국, 1845년 4월 28일, Liverpool Register of Shipping은 런던의 Lloyd's Register of British and Foreign Shipping에 합병되었다.

Lloyd's Register of British and Foreign Shipping 신설 후의 발전에 대해 한 가지 더 이야기 할 것은 British Corporation이다.

Samuel Plimsoll이 전개한 만재흘수선 설정 운동은 그의 오랜 기간에 걸친 노력과 분투가 마침내 결실을 맺어 ≪1876년 상선법≫을 제정하게 되었지만, 이 상선법에서는 만재흘수선 표시를 선주 각자의 자유에 맡겨 강제화하지 않았다. 그러므로 플림솔이 간절히 바랐던 해양사고 방지라는 본래의 목적을 충분하게 달성했다고 할 수 없다. 다만, 로이즈선급에서는 선급의 조건으로 만재흘수선의 표시를 아주 엄밀하게 요구하여 1882년에는 항행선에 대해 예비부력 비율을 기초로 한 건현표를 공시하였다. 그래서 로이즈선급은 건현 설정 기관으로 법률에 의해 지정받을 수 있었다.

하지만, 스코틀랜드의 Clyde Side의 선주와 조선업자들은 이러한 로이즈선급의 방식에 격렬하게 반감을 나타냈다. 선급 그 자체에는 특히 큰 관심을 보이지 않았던 그들은 만재흘수선이 엄격한 구속력을 갖는 것에 대해 심히 걱정하였다. 그 중에서도 특히 만재흘수선의 설정과 표시가 런던의 로이즈선급의 독점사업으로 되는 것을 경계하였고, 이것에 맹렬하게 반대하였다. 이러한 운동은 상무성과 다른 정부기관을 움직이도록 하여 법률 개정에 성공했다.

즉, 만재흘수선법규를 실효 있게 하기 위해 발령된 ≪1890년 상선법≫에서는 선급사업을 Lloyd's Register of British and Foreign Shipping의 독점으로 하지 않고 다른 단체에도 이것을 인정하는 것을 규정하였다. 따라서 같은 해 10월 28일, 글래스고에 British Corporation이 건현과 다른 기술적 특색을 가진 선급단체로 창립 발족하게 되었다. 이 선급단체가 발행한 최초의 선명록은 1893년 Register Book and Rules이고 이것에 참가한 선주는 50인, 선박은

463척, 98만 5천톤에 달했다. 선급에서 사용한 기호 중 주요한 것을 소개하자면,

BS^*	British Standard에 합격한 최고급 선박으로 건조 과정에서부터 소정의 검사를 받은 것
BS	British Standard에 합격한 최고급 선박이지만 건조 과정에서 소정의 검사를 받지 않은 것
MBS^*	제작 과정에서 소정의 검사를 받았고, 아울러 British Standard에 합격한 최고급 기기, 기관
MBS	제작 과정에서 소정의 검사를 받지 않았지만, British Standard에 합격한 최고급 기기, 기관

다만, 같은 국가 내에 두 개의 선급단체가 있는 것은 상인, 선주, 조선업자, 보험업자에게는 무언가 불편하였다. 두 개를 합병하고 통일하려는 움직임은 제1차 세계대전 중인 1911년에 이미 런던의 Lloyd's Register 측에서 시도하였다. 아직 시기가 무르익지 않아 이렇다 할 성과는 없었지만, 1932년에는 양측 사이의 합병 협의체로 Joint Aviation Advisory Committee가 설립되었다. 더욱이 제2차 세계대전이 끝나갈 무렵에는 Lloyd's Register 측으로부터 합병, 통일 요청이 나와 Joint Negotiating Body가 설치되고, 합병과 통일에 대해 열심인 Lloyd's Register에서는 General Committee에서 1945년 8월 9일 양자의 합병 및 통일이 찬성될 때까지 열심히 노력하였다. 다만, 이것보다 8일 전에 개최된 British Corporation측의 회의에서는 대의원 총수의 2/3이상의 찬성을 얻지 못해 두 선급의 합병 및

통일은 곧바로 성공을 할 수 없었다. 하지만, 합병 및 통일 운동은 좌절되지 않았다. 도중에 다양한 어려움을 맞았지만 어쨌든 이것들도 극복되었고 두 선급의 합병과 통일이 실현되었다. 1949년 3월 28일의 일이다. 그리하여 창립 이래 60년 역사를 가진 British Corporation은 Lloyd's Register of British and Foreign Shipping과 합병하게 되었고, 새로운 선급으로서 'Lloyd's Register of Shipping'이 설립되었다. 이것이 일본에서 말하는 로이즈선급이고, 현재 런던에 있다.

이상은 영국의 선급사업단체에 대한 간략한 역사이지만, 영국에서 이 같은 선급사업의 생성발전은 다른 해운 국가들에게도 영향을 미쳤다. 여기에서는 세계 주요해운국가의 선급단체 명칭과 창립연도를 소개하고, 각각의 생성발전에 대해서는 설명을 생략한다.

	(선급단체)	(창립연도)
프랑스	Bureau Veritas	1828
이탈리아	Registro Italiano Navale	1861
미국	American Bureau of Shipping	1862
노르웨이	Norske Veritas	1864
독일	Germanisher Lloyd	1867
일본	일본해사협회	1899

참고 자료

Lay, H. G., *A Text Book of the History of Maine Insurance, including the Functions of Lloyd's register of Shipping*, London, 1925.

Wright, C. & Fayle, C. E., *A History of Lloyd's*, London, 1928.

Rene de Kerchove, *International Maritime Dictionary*, New York, 1948.

Blake, G., *Lloyd's Register of Shipping*, London, 1960, pp.1760-1960.

谷山新良,「ロイズ船級協會」,『經濟論叢』 第77卷 6号, 1956

日本海事協會, 船級について(Arnott, D., *Classification of Ships* 초역), 1951.

$\mathcal{L}$utine Bell   뤼텡호의 종

THE "LUTINE" BELL AT LLOYD'S.

18세기말 네덜란드와 교전 중이었던 영국은 원래 프랑스 소유였던 포획선 La Lutine이라 불리는 1척의 프리깃함 (포 32문 탑재)을 Skinner 함장의 지휘 하에 야머스 항에서 출항하여 함부르크까지 항해하도록 지시하였다. 1799년 10월 9일의 일이다. 선내에는 약 100만 파운드에 달하는 화폐와 다른 귀금속이 적재되어 있었다. 당시 유럽 대륙에 출동해있던 영국 군대에 필요한 봉급과 다른 지불을 보충하기 위해서라고 하지만, 그 항해의 목적은 명확하지는 않

다. 하지만 Lutine호는 북해를 가로지르는 강풍과 만나 Zuyder Zee
에 진입하기 전에 침몰되었다. 조난자 약 200명 중 단 1명이 구조
되었지만, 그 사람도 영국에 도착하기 전에 사망하였다.

이 소식은 10월 19일 영국 해군성에 전해졌지만, Lloyd's는 그보
다 4일 먼저 이미 정보를 입수했다. 화폐와 기타 귀금속이 모두
Lloyd's에 부보되어 있었기 때문이다. 따라서 Lloyd's의 보험업자들
은 곧바로 그것을 전손으로 결정하고 보험금 전액을 지불했다. 피보
험 물건이 부패성이 있는 것과 달리 바다 속에서도 변하지 않는다
는 것을 알고 있는 Lloyd's 보험업자들은 어떻게든 침몰선으로부터
화폐와 귀금속을 인양하여 손실을 경감하려 하였다. 불행하게도 당
시 영국은 네덜란드와 교전 중이어서 뭔가 조치를 취하기 어려웠다.
게다가 네덜란드 정부는 난파선과 만재한 물건을 정당한 전시포획
물이라고 선언하였다.

하지만 이듬해 봄, Lutine호가 선체의 일부를 수면에 드러내자
Tershelling 및 Villand 부근의 네덜란드 어민들이 그것을 인양하려
고 기획하여 1800년 6월부터 1801년 11월까지 18개월에 걸쳐 8만파
운드를 건지는 데 성공하였다. 인양성과의 3분의 1은 그들의 소유
가 되는 것을 정부가 인정하였다.

그러던 중 배가 심하게 모래를 뒤집어 써 작업이 매우 어려워지
자, 어민들도 일을 중지하여 이후 약 15년간은 그대로 방치하였지
만, 나폴레옹전쟁이 끝나고 평화로워지자 다시 Lutine호가 화제로

떠올랐다. 그래서 네덜란드 구난업자는 회사를 만들어 이후 약 40
년간 금화 인양작업에 종사했다. 약간의 성과를 얻었던 것 같지만,
Lloyd's는 1857년에 사업 참여를 결정하여 참여하였고, 1857~1861
년 사이에 4만파운드의 금화를 인양하는 데 성공하였다. 그렇지만,
Lutine호가 조난당한지 이미 60년이 지났고, 당초 보험을 책임졌던
Lloyd's 보험업자는 이미 사망하였으며, 해당 보험증권도 찾기 어려
운 상황이었으므로 영국 정부는 특별법을 제정하였다. 즉, Lloyd's가
인양 물건의 소유자가 되는 동시에 인양 물건과 관련하여 발생할
수 있는 클레임에 대한 책임을 지는 것이었다. 그리고 인양작업은
곧 종료가 되었다.12

　　Lutine Bell은 Lloyd's의 명물 중 하나로 룸(Room)의 연단(Rostrum)
위에 걸려있으며, 바로 위의 Lutine호로부터 인양한 종이다. 어떤
특정 보도를 할 경우 이것을 한 번 울리고, 기일을 지나서도 도착하
지 않아 걱정하던 배가 무사히 도착할 때의 공지는 두 번 울리며,
안부가 걱정되었던 배가 전손이 되었다는 것을 알릴 때는 세 번 울
리는 관행이 있다. 즉, 일종의 조종(弔鐘, Totenglocke)이다.

---

12 Martin, F., *The History of Lloyd's and of Marine Insurance in Great Britain*, London
　1876, Chapter XI; Lay. H. G., *Text Book*, pp. 58-59; Grey. H. M., *Lloyd's*, pp.
　71-74.

ℳanaging owner　관리선주, 선박관리인

　선박소유방식으로는 (1) 소유자가 개인 단독 또는 회사인 경우(단
독 소유), (2) 2명의 개인 또는 두 개의 회사인 경우(공유), (3) 다수의
개인 또는 회사인 경우(분유, 分有)와 같이 세 가지다. 하지만 각 시
대를 통해 선박이 상당히 거액의 자본을 필요로 하는 관계로 선박
건조에는 다수의 출자자로부터 자금을 모으는 방식으로 세 번째의
지분소유(분유)가 선택되었다. 그것은 중세 이탈리아의 해상도시(베네
치아)에서 확립되어 근세에 이르기까지 유럽 일원에 보급된 선박기
업 특유의 제도이다.

　현재 우리들이 귀금속, 보석 등에 사용하는 형량 단위 '캐럿'

(carrot)은 중세 아말피 타불라(La Tabula de Amalfa)에서는 선박지분을 의미했고, '지분(持分)선주'는 당시 'patronus de caratis'라고 불렀다. 선박을 1/24 지분으로 나누는 것이 당시 가장 일반적인 형태였다.

하지만, 지분소유(分有)에는 원래 여러 불편이 뒤따르고, 신속한 상거래 기회를 중요시하는 선박경영에는 최적의 조직이라 할 수 없다. 운영관리 측면에서 무엇보다 적합한 것은 운항자가 신속하게 판단하고 결정할 수 있는 단독소유이다. 선박지분제도(1/64지분)가 세계에서도 유달리 널리 보급되어있다고 하는 영국에서도 지분소유는 그다지 실질적으로 이루어지지 않고 있다. 그러면, 영국 해운업계의 현황은 어떤지를 보면, 물론 P & O, Royal Mail, Cunard, Ellerman, Furness Withy(이것이 영국의 Big Five라고 함) 등의 거대 선박회사에 의한 단독소유가 보인다. 하지만 이것만이 전부가 아니라 이것을 제외하고 영국에서 활발하게 행해지고 있는 것은 소위 managing owner(관리선주) 조직이다. 즉 중세와 근세로부터 전승되어 온 선박지분제도에 근거하여 단유(단독소유)경영이 가지는 장점을 살리면서 한편으로는 철저한 유한책임, 다른 측면에서는 절대적인 대인신용이라는 언뜻 보면 심하게 모순된 두 개의 사상에 의해 이루어진 것으로 영국인 특유의 기질을 유감없이 보여주고 있어 흥미롭게 느껴진다.

지금 선박경영에 재능이 있거나 경험이 있는 갑이 있어 선박업을 경영하고자 할 경우 이전에는 직접 선박지분으로 일반 출자자를 모으는 방식을 취했다. 하지만 현재에는 갑이 우선 비교적 소액의 금액을 보증금으로 준비하고, 이것으로 조선소와 새로운 선박건조계약을 체결하거나 다른 선주와 중고선 구입계약을 체결한다. 그리고 갑은 선박을 인도받기 전에 계약에 근거하여 새로운 선박회사를 설립하기 위한 창립취지서 또는 창립계획서를 작성 및 발행하여 일반인들로부터 주식 또는 지분을 모집한다. 다만, 이 경우 설립된 새로운 선박회사는 갑을 관리선주(managing owner)로 선임하고, 선박관리 일체를 갑에게 맡기는 것을 새로운 회사의 정관에 명기한다. 그래서 갑의 재능, 경험, 사람 됨됨이를 신용하는 사람들이 이것에 대해 출자를 하고, 선박회사로서의 새로운 회사가 설립되어 선박의 소유운영이 이루어진다. 즉, 이렇게 선박 1척 마다 선박회사가 설립되므로 이것을 'single ship company'라고 부른다. 유능한 managing owner의 경우 수십 척 때로는 100척이 넘는 선박을 한 사람이 책임지고 운영하는 것도 드물지 않다. managing owner로서는 이와 같은 관리에 대해 일정금액의 보수를 고정급으로 받는 경우와 수입운임총액에 대한 일정비율을 성과급으로 받는 두 가지가 있다. 하지만 어느 것이라도 그의 재능, 노력에 대한 보수로 설령 회사에 결손이 생기더라도 보수는 기대할 수 있다. 물론, 회사가 이익을 남긴 경우, 주주 또는 지분소유자에게는 주식 또는 지분에 대한 이익배당이 이루어진다.

그런데 managing owner 자신은 자기가 선박관리를 하고 있는 선박회사의 주주 또는 지분소유자인지를 보면 실제 대부분의 경우 주주 또는 지분 소유자이다. 하지만, 항상 모든 'managing owner'가 그렇다고는 할 수 없다. 따라서 'managing owner'(관리선주)라고 하지만 owner가 아닌 managing owner도 있게 된다. 일본 상법 §699 (2)에도 선박공유자 전원의 동의가 있을 경우에는 공유자가 아닌 선박관리인을 선임하는 것이 가능하도록 되어 있다. 주식 또는 지분을 가지지 않은 managing owner는 때론 'ship's husband'(선박관리인)으로 불린다. 단, ship's husband의 직무 범위는 항상 정해져 있는 것이 아니라 운항관리를 제외한 다른 업무, 예를 들어 선박 의장, 수리, 보수, 양도, 위부, 선내 저장품 등에 관한 관리를 담당하는 관리인을 종종 'ship's husband'라고 부른다.[1]

"일은 처음 생각했던 것처럼 복잡하지는 않다. 지금 Abel 및 Baker라고 하는 두 사람의 선박중개인이 있어, 자신의 지분선박을 가지고 일을 할 수 있을 정도로 선박경영에 충분한 경험과 자금이 있다고 하자. 이 두 사람이 1척의 소형 부정기선을 운영하기 위해 조합을 만든다고 한다면, 선박은 Abel 및 Baker 명의로 등기될 것이다. 그런데 두 사람이 자신들의 자금 한도를 넘어서 사업을 확대하고자 한다면 어떻게 될까? 아마 두 사람은 주식회사를 설립하

---

1 Scrutton, T. E., *Charter Parties and Bills of Lading*, 15th ed., pp.44-46; Huebner, G. G., *Ocean Steamship Traffic Management*, pp.46-48, 1920; Layton, C. W. T., *Dictionary of Nautical Words and Terms*, p.226, 1955; Stevens, *Dictionary*, p.59; 高橋正彦, 『海事辭典』, pp. 109-110, 1955; 前田義信, 「運賃と 傭船料との 關係」, 『甲南論集』 5, 1954, pp.32-33.

여 대중 또는 친구 및 지인들로부터 주식을 모집하게 될 것이다.
만약, 이 회사이름을 Crackpot Steamship Company라고 하다면 새
로운 회사의 정관에는 Abel 및 Baker를 회사의 관리 선주에 임명
한다는 것을 명기하고, 선박은 Crackpot Steamship Company(관리
선주는 Abel 및 Baker)의 소유로 등기된다. 이렇게 해서 선박 및
선박에 관련된 법률상 의무에 대해서 책임을 지는 사람은 Crack-
pot Steamship Company의 주주가 아닌 Abel 및 Baker이다.

이후 점차 Abel 및 Baker가 부정기선의 관리운영에 유능하다는
것이 알려지면 다른 선박회사도 Abel 및 Baker를 자신들의 관리선
주에 임명하게 될 것이다."2

managing owner의 성격(특성)을 찾는 것은 아무래도 그것의 기원
인 ≪아말피 타불라≫(La Tabula de Amalfa) 또는 ≪바다의 좋은 관습≫
(Les Bones Costumes de la Mar)을 찾아보는 것이 좋을 것 같다.

*Black Book of Admiralty*를 보면, ≪아말피 타불라≫의
'patronus', ≪바다의 좋은 관습≫의 'senyor de nau'가 모두 'man-
aging owner'로 번역되어 있다. 이것들이 현재 영국의 managing
owner 제도에 매우 흡사해서 이렇게 번역되었고, ≪바다의 좋은 관
습≫에서 'senyor de nau'가 'managing owner'로 번역된 이유는 그
주석에서 다음과 같이 밝히고 있다.

"여기에서 managing owner라는 번역어를 사용하고 있지만, 용

---

2 Duff, P., *British Ships and Shipping*, London, 1949, p.185,

어 managing owner는 선박에 대한 소유권을 전혀 가지지 않은 선장에게 선박의 관리가 맡겨지기 이전의 항해시대에 'senyor de nau' 또는 'dominus navis'라고 불렀던 것을 표현하기 가장 적합하다."3

이 주석만으로는 이해하기 어려운 독자들이 많을 것으로 생각되기 때문에 설명을 추가한다면,

(1) 중세 지중해 지역에서 관리선주는 항해선장과 함께 승선하여 항해 중 선주 업무의 제반 관리를 맡았다. 항해선장은 단지 항해업무 담당자에 지나지 않았다.

(2) 당시 관리선주 대부분은 선박 지분소유자였다.

당시 관리선주는 승선하여 바다를 항행하고 항해, 적화 및 제반 관리 업무를 맡았던 점은 현재의 선장과 비슷한 점이 있지만, 선박 지분소유자라는 점에서는 현재 선주의 단순한 사용인인 항해선장과는 확연히 다른 점이 있었다. 관리선주가 항해 중에 사망한 경우에도 항해선장이 그를 대신할 수가 없었다. 선내에 지분선주가 있을 경우에는 그가 우선 사망한 관리선주를 대신할 수 있다고 정해져 있었다(Les Bones Costumes de la Mar, §219). 이와 같은 관계로 중세의 관리선주는 선박업의 역사에서 중대한 존재라고 이야기 할 수 있을 것이다.

그런데 중세의 관리선주와 현재의 관리선주와의 차이점을 보면

---

3 Twiss, *Black Book of Admiralty*, III. 1874, p. 51, note 1.

중세 관리선주가 승선하고 현재 관리선주가 승선하지 않는 점을 제외하면, 위의 *Black Book of Admiralty*의 주석에서 언급한 것처럼 몇 가지의 유사점을 찾을 수 있다.

≪바다의 좋은 관습≫ 제1조에 의하면, 이 법은

"관리선주(senyor de a nau)가 상인(merchaders), 선원(mariners), 승객(pelegri) 및 다른 승선자에 대해 행해야 할 의무 및 상인, 선원, 승객이 관리선주에 대해 해야 할 의무를 정한 것이다."

라고 규정되어있어 이 법에서의 '관리선주'가 현재의 선주 또는 관리선주에 해당하는 것이라는 것을 명확히 알 수 있다. 사실 이 법을 보면 관리선주는 의장, 화물선적, 매선, 선박 개조, 체선료와 기타 화주에 대한 소권(訴權), 운항수지계산 등 현재의 선주와 거의 차이가 없이 매우 광범위한 업무를 담당하고 있었다.

또한, 선박기업의 설립에서 관리선주가 취해야 할 조치를 보면 ≪바다의 좋은 관습≫ 제2조에

"관리선주가 선박의 건조를 기획하고 이것을 지분으로 나누고자 할 경우, 지분을 어떻게 분배할까? 선박의 크기를 어떻게 할까? 몇 톤으로 할까? 선창의 깊이는 어느 정도로 할까? 들보 재료는 무엇을

사용할까? 용골은 어느 정도 길이로 할까? 등등에 대해 지분소유자에게 설명하고, 납득시키지 않으면 안 된다."

이것도 현재의 managing owner가 선박 한 척을 소유하는 회사를 설립하는 경우에 취해야 할 절차와 매우 비슷하다.

또한 관리선주가 해당선박에 대해 지분을 가지는지 아닌지를 살펴보면, 중세의 해상법에서는 이 점이 분명하지 않다. 관리선주는 지분선주이어야 한다는 규정은 보이지 않는다. 오히려 다음에 나타낸 ≪아말피 타불라≫ 제7조에 지분선주는 누구라도 좋고, 적당하다고 생각되는 사람을 관리선주로 선택할 수 있다고 되어 있다.

> "Item statim quod patroni de caratis de navigio constituunt et ordinant aliquem patronum in eorum navigio, dictus constitutus patronus potest capere ad accomandum a quocunque persona, a qua ei meli년 videbitur."
> "지분선주들(patroni de caratis)이 누군가를 자신들의 선박의 관리선주(patronus)에 지명하고 결정하였다면 이렇게 임명된 관리선주는 그들로부터 업무에 대한 위임을 받을 수 있다. 지분선주들이 바람직하다고 생각하는 사람이라면 누구든 관리선주에 임명할 수 있다."

여기에서, 'aliquem'은 'aliquis'(어떤 사람, any one)의 단수대격(單數

對格)으로 이것은 꼭 지분선주로 한정된 것이 아니고 누구라도 가능
하며, 적당하다고 생각되는 사람을 관리선주로 고를 수 있다는 것이
다. 따라서 이 점(관리선주는 해당선박의 지분소유자가 되는지 아닌지)에
대해서도 현재 영국의 관리선주 제도와 유사한 것 같다.4

마지막으로, 관리선주가 받는 보수에 대해 살펴보면, 중세 관리선
주는 항해선장(notxer)과 같은 금액의 보수를 받았다.5 그러면 항해
선장과 같은 임금노동자였느냐고 하면 그렇지 않다. 대개 당시의 선
원은 현재의 선원과 달리 고정급을 받고 고용되는 것이 아니라 "관
리선주는 취득하는 운임 액수에 비례하여 선원에게 임금을 지불하
여야 한다"6라고 정해져 있는 것처럼 선원 임금은 운임 수입의 많고
적음에 따라 달라졌다. "예를 들어 선원들이 임금을 관리선주에게
요구하더라도 관리선주는 운임이 없는 것을 이유로 선원에게 임금
을 지불하지 않는다. 선원은 이로 인해 상당한 손실을 입지만, 관리
선주로서는 시간과 선박뿐만이 아니라 비용에도 손해를 입어 막대
한 손실을 받고 있기 때문이다."7 즉, "운임이 임금의 어머니"(Fracht

---

4 제7조에 대해 *Black Book of Admiralty*가 붙인 주석은 관심을 가져야 할 중요한 것
이다. "여기에서 protronus(관리선주)는 로마법의 magister navis와 달리 말 그대로
managing owner를 의미한다. 즉, 항해업무가 담당인 항해선장(nauclerus, sailing
master)과 함께 배에 승선하여 해상을 항행한 managing owner를 가리키고 있는
것으로 선장이 지분선주로부터 임명된 지분선주의 재산을 수탁하였다. 한편, 이
규정은 지분선주인 어떤 사람이 관리선주, 선장에 지명되는 것을 막기 위한 것
은 아니었다." Twiss, *Black Book of Admiralty*, IV, 1876, p. 7. note 3.
5 Les Bones Costumes de la Mar, § 181.
6 Les Bones Costumes de la Mar, § 190.
7 Les Bones Costumes de la Mar, § 147.

ist die Mutter der Gage[8])라는 법안이 그대로 행해진 것으로 선원 임금 및 관리선주의 보수는 어떤 의미로는 성과급의 측면도 가지고 있었다. 그렇다면 이 점도 현재 영국의 관리선주 보수제도와 약간 비슷하다고 볼 수 있을 것이다.

중세의 관리선주는 자신이 반드시 승선한 것에 비해 현재의 관리선주는 승선하지 않는다는 점을 제외하면 두 직책은 상당히 유사한 점을 가지고 있다. 실은 '승선한다, 승선하지 않는다'라는 것이 아주 중대한 것으로 중세의 관리선주가 어느 정도 사용인적인 요소를 가지고 있는 것에 비해 현재의 관리선주는 기업경영자적인 색채가 농후하다는 것, 또한 전자의 경우 자신이 승선하는 단 1척의 선박 밖에 관리하지 않는 것에 비해 후자는 한 사람이 동시에 수십 척, 때로는 100척이 넘는 선박을 관리할 수 있다는 것, 즉 위의 것들이 관리선주가 선박에 승선하는지 하지 않는지에 따른 차이라고 볼 수 있을 것이다. 두말할 필요 없이 현재의 관리선주 방식은 국제무역기구의 정비, 통신기관(특히 해저케이블)의 발달 등에 따른 것으로, 관리선주가 선박에 승선하지 않게 된 시기는 상인(화물 선적 상인)이 선박에 승선하지 않게 된 시기와 궤를 같이 한다.

관리선주에 관한 나의 고증으로 몇 가지 추가할 것이 있지만 너무 길어지므로 부족하겠지만 이 정도로 매듭을 짓고자 한다. 요약하면, '관리선주'(managing owner)라고 하는 것이 꼭 글자그대로 '선

---

8 Wagner, R., *Handbuch des Seerechts*, 1 er Band, Leipzig, 1884, s.24.

주'(owner)가 되어야 하는 것이 아니라는 것은 위에서와 같이 명확해 졌다. 다만, '선주'가 반드시 '선박소유자'에 한정되지 않는다는 것은 일본 해운업계에서 말하는 '선주'가 의미하는 바에 대해 살펴볼 필 요가 있다는 것을 뜻한다. 따라서 '관리선주' 또는 managing owner 를 글자 그대로 생각하는 것은 오히려 맞지 않는다고 이야기할 수 있다.

ℳanifest   적화목록

세관, 영사관 등에 제출하는 서류 및 기타 필요한 경우 증거서류 로서 일목요연하게 일람표로 기재되어 있는 적화명세서. 기재사항 은 적화 종류, 수량, 선하증권 번호, 수화주의 주소 성명, 화표(cargo mark), 적화번호, 운임액, 운임지불 등등.

일본어로 '손바닥을 가리키는 것 같다(掌を指すがごとし)'9는 말이 있다. 독일어에서도 '손바닥 위에 있다(Es Liegt out der Hand)'라고 하 면 '명백하다'라는 의미이다. manifest가 거의 이것에 상당한다. 라 틴어 manus(손) + fendere(치다), 즉, '손으로 치다(struck by hand)'가 원뜻으로 손으로 잡아보는 것처럼 확실한 것은 없다는 의미로부터

---

9 옮긴이 주 : 사물이 아주 명백하여 의문의 여지가 없는 것을 의미함

manifest(자명한, 표명하다, 적화목록)란 단어가 생겨났다.

fendere의 완료분사 fedtus로부터 영어 manifest의 접미사 -fest가 만들어졌다. 아울러, fendere로부터 생긴 영어로 defend(방어하다)가 있다. de(아래에) + fendere(치다), 즉, '쳐서 떨어트리다', '쳐부수다'를 의미함.

일본의 가이센(廻船)의 시키모쿠(式目)[10]인 세키닛키(積日記)가 거의 이것에 해당한다. 아래의 조문은 배의 선박임대차의 경우로 세키닛키(積日記)는 화주 측에서 작성하였다.

'세키닛키(積日記)'를 뱃머리에 넘길 때 화물관리인은 모든 화물명세를 기입하고 확인하여야 한다. 누락된 화물에 대해서는 해상사고 시 해손(海損)에 포함시키지 않는다. 다만, 선내점검을 해서 남아 있는 화물은 '세키닛키(積日記)'에 기입되어 있지 않더라도 해손에 포함시킬 수 있다. 버린 화물은 해손에 포함시킬 수 없다.

이것을 간단히 설명하겠다. 화주가 작성하여 뱃머리에 넘기는 '세키닛키(積日記)'에는 화주 대리인으로 화물과 같이 승선한 화물관리인(supercargo)이 직접 적화명세를 기입하고 서명하여 도장을 찍어야 했다. 만약 그것을 게을리 했을 때는 해상사고로 인해 공동해손(共同海損)이 발생했을 경우, 이러한 해손(海損)에 포함되지 않게 되더라

---

10 옮긴이 주 : 법규, 제도를 조목별로 쓴 것

도 어쩔 수 없다. 다만, 실제로 선내를 점검해서 화물이 발견될 경우에는 설령 해당 화물이 '세키닛키'에 기재되어 있지 않더라도 공동해손에 포함시키는 것이 허락된다. 무엇보다 이미 해상에 던져 버린 화물은 현재 없으므로 증거로 제시할 수 없기 때문에 이것은 공동해손에 포함시킬 수가 없다.

marine policy 보험증권

고등학교 3학년 때 경제학 교과서가 Seager, H. R.의 *Principles of Economics*(1913)이었는데, 그 안에는 운송서류(shipping documents)의 하나로 'marine policy'라는 것을 담당 야마구치(山口) 선생이 '해상보험증권'으로 해석한 것에 대해 구보타(窪田) 군이 "이것은 잘못된 번역이다. '해상정책'이라고 해석해야 한다."고 항의한 적이 있다. 그 때 구보타 군은 자기의 생각을 철회하려하지 않고 1시간 가까이 자신의 의견을 주장했다. 덕분에 우리들은 재미없이 무미건조한 강의로부터 해방되어 유쾌한 시간을 보낼 수 있었다.

지금 나도 대학에서 해운과 해상보험 강의를 하게 되어, 교실에서 종종 marine policy에 대해 이야기를 하지만, 동급생과 같이 생기발랄한 학생을 만난 적이 없다.

물론, 구보타 군이 억지를 부린 것이지만, 야마구치 선생도 단지 "이것은 '해상보험증권'이라고 번역한다"라고만 하고 그 이상의 설명은 하질 않아 언제까지 승부가 나질 않았던 것이다. 여기에서는 야마구치 선생을 대신해서 내가 조금 더 상세한 설명을 하고 싶다. 다만, 건강했던 구보타 군은 대학을 졸업하고 얼마 되지 않아 심장병으로 사망해서 나의 설명을 들려줄 수 없는 것이 매우 안타깝다.

문제는 marine policy의 'policy'이지만 '정책'을 의미하는 영어의 policy가 그리스어 πολιτια(politia, 시민권, 정치, 정체) 또는 πόλια(polia, 도시)에서 유래한 것은 확실하다. 하지만 이것이 '보험증권'을 의미하는 policy로 되었다고 생각하기는 어렵다. '정책'을 의미하는 policy와 '보험증권'을 의미하는 policy가 어원을 달리한다는 것은 언어학자들 사이에서 거의 일치된 의견이다.

대개 영어 policy가 완전히 같은 글자로 전혀 다른 두 개의 의미를 가지게 된 연유는 프랑스어의 police가 '경찰, 치안' 이외에 '증권, 보험증권'를 의미하고, 이것이 영국에 들어가서 마지막 자모 e가 y로 바뀐 것이다. 그렇지만, 프랑스어에 대해 이와 같은 설명을 한 것으로는 이 단어의 어원에 대한 설명이 되질 않는다.

따라서 Kluge · Götze, H. G. Lay, W.W. Skeat 등에 의한 여러 가지 설을 다음과 같이 소개하고자 한다.

(1) 라틴어 police[pollex(엄지손가락)의 단수탈격, 따라서 '엄지손가락으로'의 뜻]에서 왔다. 초기 보험계약에서는 보험업자가 위험을 인

수할 때 증권에 자신의 서명을 하지 않고, 일본에서처럼 도장을 찍었다. 그래서 보험증권을 pollice 따라서 police 또는 policy라고 부르게 되었다.

(2) 이탈리아어 polizza 또는 스페인어 poliza(증서, 상품증명서, 일정 금액을 받아야 한다는 증서)로부터 왔다. 이러한 이탈리아어와 스페인어가 어디에서 유래했는지는 명확하지 않지만, marine policy의 직접적인 계보를 잇는 유력한 것으로 보인다.

(3) 그리스어 πολύ(poly, 많은)과 πτύγμα(ptygma, 층, 주름, 영어의 fold)에서 유래한 라틴어 polyptycha(로마의 비망록, 토지대장, 일반적으로는 출납부, 명부)로부터 왔다.

(4) 라틴어 pollicitatio(약속)으로부터 왔다.

(5) 후기 라틴어 apodissa, apodixa(금전영수증)으로부터 왔다.

이상과 같이 어원의 소개를 마치고 다음으로 'marine policy'라는 단어가 영국에서는 처음으로 '보험증권'의 의미로 사용된 당시의 사정을 전달하는 문장으로 Thomas Blount의 *Law Directory*(1670)로부터 다음과 같이 인용하고자 한다. 현재에는 보험에 대한 상식으로 누구나 알고 있는 사실이 실제로 상세하게 설명되어 있어 매우 흥미롭다.

"Policy of Assurance(asseruratio) is a course taken by those who adventure ware or merchandise by Sea; whereby they, unwilling to hazard their whole adventure do give some other person a certain rate or proportion as 6, 8, or 10 in the hundred, or such like, to secure the safe arrival of the Ship and so much Wares at the place agreed on. So that, if the Ship and Wares miscarry the Assures or Insurers make good to the Venturer so much as they undertook to secure; if the Ship arrive safely, he gaines that clear which the Venturer agrees to pay him. And for the more certain dealing between them in the effect of their agreement, called Policy, to prevent any difference that might afterwards happen between them. This terme is mentioned Anno 13 Eliz. ca. 12 and thereby allowed and established"…11

"보험의 계약(asseruratio)은 화물 또는 상품을 해상운송하는 사람들에 의해 이루어지는 하나의 방식이다. 그들은 그들 기업 전체를 위험에 빠트리는 것을 바라지 않아서 이러한 보험계약을 통해 선박과 소정화물의 안착을 담보하기 위해 어떤 다른 사람에게 6부, 8부, 1할에 해당하는 금액을 지불한다. 그래서 선박과 화물이 조난될 경우 보험자는 해당 기업자에게 위험에 대해 맡은 금액을 보전해준다. 만약 당해 선박이 무사히 도착한 경우에는 기업자가 보험업자에게 지불하겠다고 약속한 전액을 이득으로 취한다. 이러한 경우 당사자 간의 거래를 좀 더 확실하게 하기 위해 정해진 서기 또는 공증인이 당사자 간의 합의 결과를 기록으로 남긴다. 이 합의 계약서는 보험증권(policy)이라고 부르지만, 이것은 후일 그들 사이에서 생길 수 있는 의견 차이를 방지하는 데 도움이 되는 것

---

11 Lay, H. G., *A text Book of the Marine Insurance Including the Functions of Lloyd's Register of Shipping*, London, 1925, pp.18-19.

이다. 보험증권이란 호칭은 엘리자베스 여왕 즉위 제13년 법률 제12호에 기록되어있고, 이것에 의해 법률상 효력이 부여된다."…

m̲ariner's portage　선원의 무임 화물 반입

영어의 다른 명칭으로 seaman's venture(선원 모험 화물), sailor's carriage(선원 반입화물), free stowage(무임 적재화물), tonnage free of freight(무임 화물), freight privilege(무임화물 반입권), private trade(사무역) 등이고, 독일어로는 Führung(반입화물)이라고 한다.

현재는 해상에서 근무하는 선원이 제공하는 노무에 대해 선주 측이 행하는 반대급부로는 화폐 임금 지급이 일반화되어 있지만, 이전에는 항상 그렇지만은 않았다. 화폐임금에 의한 지급 방법 이외에 일정수량의 화물을 무임으로 선내에 가져올 수 있는 특권을 선원에게 부여하였다. 다만, 선원 자신의 책임하에 반입하는 화물로 인해 발생하는 손익에 대해서는 선주측은 전혀 관여하지 않았다. 이것은 중세로부터 근세에 걸친 해사관행의 하나였지만, 나의 고증에 의하면 고대 또는 중세에 선원도 선주, 출자자(상인)와 함께 해상기업의 일원으로서 기업의 일정 지분을 부여받았던 것이 이후에도 지속적

195

으로 남았던 흔적, 즉 현재와 같은 화폐임금에 의한 지급방법이 해상 승무원에게 전면적으로 채용되기까지 볼 수 있었던 과도기적인 형태였다고 생각된다.

세계의 가장 오래된 해상법으로 유명한 고대 그리스의 로도스(Rhodos) 해상법에서 선장은 항해기업 참가자의 일원으로 지분을 가지고 선원을 고용하며, 선주와 선원은 어느 정도의 지분을 가진다고 되어 있다. 로도스 해상법의 제2부 제7조에 의하면 선장과 선원의 지분은 다음과 같다.

선장(船長, master)	2
타수(steersman)	$1\frac{1}{2}$
선장보(master's mate)	$1\frac{1}{2}$
배대목(船匠, carpenter)	$1\frac{1}{2}$
갑판장(boatswain)	$1\frac{1}{2}$
갑판원(sailor)	$1\frac{1}{2}$
조리수(cook)	$\frac{1}{2}$

해상운송이 매우 영리적인 업무로 운영되었던 고대 로마시대 이후 아말피 해상법에서는 선원은 항해기업의 참가자로서 지분이 주

어졌다. 다만, 화폐(pecunia; money)로 지급하는 것도 가능했다(제 2조
에 근거). 그리고 시간이 흐름에 따라 기업에서는 자본의 소유와 관
리의 분리, 고용자와 피고용자와의 분리가 이루어졌고, 해상기업에
서도 단순한 임금노동자로서 선원제도가 발생하여 발전되었다. 물
론, 그 과정은 점진적인 것이었고, 그 와중에 선원에 대한 보수지급
방법으로 다양한 형태들이 공존하였다.

중제의 대표적인 해상법의 하나인 ≪바다의 좋은 관습≫(Les
Bones Costumes de la Mar)에서 이것을 보면, 당시 선원을 고용할 때
행해졌던 보수지급 방법은 아래와 같은 6가지가 있었다.

(1) 1 항차마다 일정 임금이 지급된다(acordat en viatage; for the
voyage at a lump sum)

(2) 1 개월마다 일정 임금이 지급된다(acordat en mesos; for so much
a month; by the month)

(3) 항해거리에 따라 임금이 지급된다(per rao de millas; for so much
a mile of distance; by the mile)

(4) 관리선주의 재량에 따라 임금이 지급된다(a cosiment; at the
discretion of managing owner)

(5) 본선에서 얻는 운임의 다소에 따라 임금이 지급된다(a la
particio entre los mariners e l'senyor de la nau; for the share of the
freight)

(6) 화물의 무임 반입을 선원에게 허용한다(per les portades; for the
right to load goods on his own account)

위의 6가지 선원의 보수 지급형태를 기록한 규정을 ≪바다의 좋은 관습≫으로부터 골라 정리하였다. 단, 아래의 것은 대표적인 것으로 생각되는 약관을 포함한 규정에 지나지 않는다. 이외에도 같은 종류 또는 유사한 약관은 찾아볼 수 있을 것이다.

(1) Mariner qui sera acordat en viatge, e per voluntat de Deu mor, ans que la anu haia feta, vela, deu haver lo quart del loguer, e sia assignat e donat els hereus.[12]

The Mariner who shall be engaged for the voyage and shall die by the will of God before the ship has sailed, ought to have a quarter of his wages, which should be assigned and given to his heirs.[13]

"1 항차에 얼마라는 조건으로 고용된 선원이 출항 전에 불가항력적으로 사망했을 경우에는 약정한 임금의 1/4을 계산해서 사망한 선원의 상속인에게 지급해야 한다."(제84조)

(2) Si lo mariner s'es acordat a mesos e mor, si pagat e donat als seus, per co que haura servit.[14]

If the mariner is engaged by the month and dies, his heirs should be paid for all the time which he has served.[15]

"1 개월에 얼마라는 조건으로 고용된 선원이 사망한 경우, 상속

---

12 *Les Bones Costumes del la Mar*, § 84, *Black Book of Admiralty*, III, p.190.
13 *The Good Customs of the Sea*, § 84, *Black Book of Admiralty*, III, p.191.
14 *Les Bones Costumes de la Mar*, § 85, *Black Book of Admiralty*, III, p.190.
15 *The Good Customs of the Sea*, § 85, *Black Book of Admiralty*, III, p.191.

인은 선원이 근무한 일수에 따른 임금을 지급받는다."(제85조)

(3) Encara, es tengut lo mariner a la nau, qui si va per rao de millas, que la ha a seguir anant tro al cap del mon.16

Further, the mariner is bound to the ship, if he is engaged by the mile, that he accompany her to the end of the world.17

"항해거리에 따라 임금을 지급받는 조건으로 계약한 선원은 해당선박에 승선하여 끝까지 항해하여야 한다."(제115조)

(4) Senyor de nau o leny, qui menara ab si en viatge o en viatges lo notxer a cosiment, lo senyor de la nau deu donar de loguer al notxer, axi com pendra lo millor proer de la nau o altre des cominals: encara mes, segons bondat e valor que l'notxer haura.18

If a managing owner of a ship or vessel takes with him on a voyage or voyages a mate at discretion, the managing owner of the ship ought to give for wages to the mate as much as to the best sailor of the forecastle or any other of the crew, still further according to the good qualities and worth which the mate exhibits.19

"만약 관리선주가 자신의 자유재량으로 임금을 지급한다는 조건으로 선원을 고용한 경우, 관리선주는 항해사(mate)에게 선박에서 가장 뛰어난 선원의 임금 또는 어느 선원에게도 뒤지지 않는 액수의 임금과 더불어 항해사(mate)가 발휘하는 자질 및 가치를 고려

16 *Les Bones Costumes de la Mar*, § 115, *Black Book of Admiralty*, III, p.224.
17 *The Good Customs of the Sea*, § 115, *Black Book of Admiralty*, III, p.225.
18 *Les Bones Costumes de la Mar*, § 181, *Black Book of Admiralty*, III, p.342.
19 *The Good Customs of the Sea*, § 181, *Black Book of Admiralty*, III, p.343.

하여 임금을 지불하여야 한다."(제181조)

(5) Senyor de nau o leny, qui menara la sua nau a parts, ell es tengut de fer scrivre totes les convinences e empreniments, que ell fara o haura fetes ab tots aquells mariners que ab ell hauran anar a parts.[20]

The managing owner of a ship or vessel who shall navigate his vessel on shares, is bound to commit to wrighting all the contracts and agreements which he shall make or shall have made with all the mariners who have to sail with him on shores.[21]

"운임수익의 지분에 따라 지불한다는 조건으로 선원을 고용한 관리선주는 그 계약 및 약정을 문서로 약속해야한다. 이러한 계약, 약정은 지분에 따라 지불을 조건으로 고용된 선원 및 같이 출항하는 선원과 관리선주에 의해 작성되어야 한다."(제202조)

E si los mariners demanaran lo loguer al senyor de la nau, no l'ses tengut del loguer a donar pusque ell no guanya lo nolit, jat sia aco que los mariners hi haien molt maltret hagut, encara n'y ha mes lo senyor de la nau mes que ells, qui consuma si meteix e la nau e ha fer messio.[22]

And if the mariners demand their wages from the master of the ship, he is not bound to give them any, for he has earned no freight, for although the mariners have suffered much prejudice, the

20 *Les Bones Costumes de la Mar*, § 202, *Black Book of Admiralty*, III, p.416.
21 *The Good Customs of the Sea*, § 202, *Black Book of Admiralty*, III, p.417.
22 *Les Bones Costumes de la Mar*, § 147, *Black Book of Admiralty*, III, pp.256, 258.

managing owner of the ship has suffered much more, for he has wasted his time and his ship, and has had to incur expenses.[23]

"한편, 선원들이 선장에게 임금 지불을 요구할지라도 선장은 선원에 대해 임금을 지불하지 않는다. 왜냐하면, 선원들도 막대한 피해를 입었겠지만 관리선주가 받은 피해는 그것보다 크기 때문이다. 아마도 관리선주는 그의 시간 및 선박을 헛되게 소모한 것 이외에도 각종 비용을 지불해야 하기 때문이었던 것 같다."(제147조)

(6) Senyor de nau deu levar al mariner les sues portades, les quals li haura promeses de levar, e lo mariner deu les metre ans que la nau haia tot son ple. E si la nau ha tot son carrech e ell les hi vol metre, lo senyor no li es tengut de levarles;[24]

A master of a ship ought to take on board for the mariner his venture, which he has promised to take on board, and the mariner ought to put it on board before the ship has loaded her full cargo. And if the ship has taken on board all her cargo, and the mariner wishes to put his venture on board, the managing owner is not bound to take it on board;[25]

"선장이 선원에게 무임 화물반입을 약속한 경우, 선장은 선원의 화물을 선내에 반입할 수 있도록 하여야 한다. 이러한 경우 선원은 본선의 적화작업이 끝나기 전에(만재하기 전에) 자신의 무임화물을 적재하여야 한다. 단, 이미 본선에 화물을 만재한 이후 선원이 자신의 무임화물을 적재하고자 하는 경우 관리선주가 이것을

---

23 *The Good Customs of the Sea*, § 147 *Black Book of Admiralty*, III, pp.257, p.259.
24 *Les Bones Costumes de la Mar*, § 88, *Black Book of Admiralty*, III, p.194.
25 *The Good Customs of the Sea*, § 88, *Black Book of Admiralty*, III, p.195.

받아들여야 하는 의무는 없다."(제88조)

　(1), (2), (3)은 화폐임금으로 선원을 고용한 형태이고, (4)는 이것의 특수한 형태라고 할 수 있을 것이다. 이러한 경우에 선원은 원칙적으로 단순한 임금노동자이다. 하지만, (5), (6)의 경우 선원은 항해 무역업자였던 이전의 형태를 크게 또는 작게나마 전하는 것으로 소위 중세적(中世的)인 형태이다. 즉, (5)의 본질은 "운임은 임금의 어머니"(Freight is the mother of wages; Fracht ist die Mutter der Gage)라는 사상에 바탕을 둔 것으로, 항해에서 생각했던 운임수입을 얻지 못했을 때 선원은 자신의 노무에 대한 보수를 요구할 수 없었다. 선원의 노무에 대한 보수는 자신들이 갖고 있던 지분에 비례한 운임수입으로부터 산출되었다.

　(6)의 경우에도 단순한 화폐임금으로 고용한 형태가 아니다. 그들은 해상기업자와 마찬가지로 자신이 상품을 골라 값을 치르고(자신이 소유해서), 그것을 자신의 화물로 선적 후 양륙 및 판매하여 판매상의 이익(운임에 해당하는 것을 포함)을 얻을 수 있었다.

　'선원의 무임 화물 반입'은 이러한 배경을 가지고 있다.

　이것 이외에 중세 각지의 해상법에서 선원의 무임화물 반입에 관련된 규정을 살펴보면, 아래와 같다.

　　Ung mestre duna nef loa ses mariners en la vila don't la nef, est, et les loa les uns a mareatge, les autres a deniers, et ilz voyent que la nef ne pue trouver fret a venir en ses parties, et leur covient aler plus loings, seus pui vont a mareatge la devent servir, mas ceus qui vont a deniers le mestre est tenu a leur croistre leurs loers veua per vena et cors, per la rason que il les avoit loues atermine loer,[26]

A master of a ship hires his mariners in the town whereof the ship is, and hires some of them for the venture, and others for money, and they see that the ship cannot fined freight to come in those parts, and they agree to go further, those who go for a venture ought to follow, but those who go for money, the master is bound to increase their wages, kenning by kenning, and course by course, by reason that he has hired them ⌈to go⌋ to a certain place.[27]

"선장은 본선이 소속되어 있는 소재지에서 선원을 고용하지만, 그 중 어떤 사람은 선내 화물 선적권을 주는 조건으로 고용하고 다른 사람들은 임금을 지불하는 조건으로 고용한다. 그런데 선박이 목적지에 입항했지만 화물을 적재하지 못했을 경우에는 선원은 다른 목적지에 가는 것을 동의한다. 단, 무임 화물 반입 조건으로 고용된 선원은 그대로 본선에 따라 가지만, 임금지급 조건으로 고용된 선원은 원래 정해진 목적지까지 가는 것으로 선장이 고용했으므로 그들의 임금은 경유하는 곳의 다소, 경로에 따라 증액되어야 했다."(제20조)

---

26 *Les Costumes d'Olerou et deu Jutgameu de la Mar*, § 20, *Black Book of Admiralty*, II, p.234.

27 *The Customs of Oleron and the Judgements of the Sea*, § 20, *Black Book of Admiralty*, II, p.235.

Ceu qui est charge en nef au lops de lestorment de a nef ne dait paier negune codume, ne li portages dau malineaus ausi.[28]

That which is laden on board a ship on account of the stores of the ship ought to no to pay any customs, nor the ventures of the mariners in like manner.[29]

"본선의 저장품으로 적재하는 물품은 관세를 지급하지 않는다. 선원이 무임으로 싣는 화물도 마찬가지이다."(제34조)

Ein iewellich schiphere schal voren eneme iewellicken schipmanne iiii. punt swares umme lant unde van Rotsel en vat wines unde ver hode soltes, van Enghelant unde van Irlande enen zack wullen van twen waghen, unde möth en schipman sine voringhe nicht sulven laden, de schiphere scal eme gheven dar he sine schipvracht upnimt, van deme punde also eme sulven to böret twischen demo minesten unde deme mesten.[30]

Every shipmaster shall allow to every one of the crew a free stowage of four pounds weight in the home trade, and from Rochelle a ton of Wine and four hods of salts, from England and Ireland a sack of wool of two weys; and if a mariner cannot load his free stowage for himself, the shipmaster shall give to him an equivalent, when he receives the ship's freight, in proportion to

---

28 *Les Bons Usages et les Bonnes Costumes et les Bons Jugemenz de la Commune d'Oleron*, § 34, *Black Book of Admiralty*, II, p.304.
29 *The Good Usages and the Good Customs and the Good Judgements of the Commune of Oleron*, § 34, *Black Book of Admiralty*, II, p.304.
30 *Jus Maritimun Lubecense, in Usus Osterlingorum Descriptum, Anno 1229*, § 10, *Black Book of Admiralty*, IV, p.364.

what he himself carries, at a rate between the highest and lowest freight.[31]

"선장은 모든 선원들에게 국내항로에서는 4파운드의 무임 화물 반입을 허가하여야 한다. 로셸 지역으로부터 귀항할 경우에는 포도주 1톤, 소금 4파운드를 영국 또는 아일랜드로부터 귀항할 경우에는 2weys[32]로 정해져 있다. 만약, 선원이 자신의 판단으로 무임 화물 반입을 하지 않을 경우, 선장은 해당 선원에게 허용되는 수량을 운임화물로 적재할 경우 얻어지는 운임과 같은 금액을 선원에게 지급한다. 이 경우 운임은 최고운임과 최저운임의 평균 금액으로 정해진다."(제10조)

Une nef arrive a sa charge a Bordeaux ou ailleurs, le maistre est tenu de dire a ses compaignons, Seigneurs, frettez vous vos mareez ou vous les lerrez au frett de la nef, ilz sont tenuz a respondre lequel liz feront, et silz eslisent au frett de la nef tel frett que la nef aura ilz auront, et silz veullent fretter par eulx ilz doivent fretter en telle maniere que la nef ne soit demourante pour leur deffaulte,[33]

If a shyppe be arrived to be charged at Burdewes or any other place, the mayster is holden to says to his felawes, Mates, wyll ye freygth by your selfe, or be alowed at the freyght of the ship? That is to be at theyr owne prouvysion. They must answere what they wyll do, yl they take at the fryght of the shyp, they shall have as

31 Code of Maritime Law, drawn up at Lubeck for the Use of the Osterlings, A. D 1229, § 10, Black Book of Admiralty, IV, p.365.
32 옮긴이 주 : 옛날 무게 단위. 양털로는 182파운드
33 Liber Niger Admiralitatis, Laws of Oleron, § 18, Black Book of Admiralty, I, p.112.

the shyp shall have, and yf they wyll freyght by them selfe they ought to freyghte it in suche wyse that the soyp do not tarry.[34]

"본선이 보르도 또는 다른 지역에 도착한다면, 선장은 여러분, 여러분은 각자 생각에 따라 화물을 실을 것인가? 아니면 본선의 화물적재를 원하는가? 라고 물어야 한다. 이것은 승조원 사이의 관습이 되어 있다. 선원은 자신이 원하는 것을 선장에게 답한다. 만약, 본선 화물적재를 원하는 경우 본선에 적재할 수 있을 때까지 화물을 싣고, 선원이 자신의 화물을 싣고자 하는 경우에는 본선의 출항일 이전에 화물을 적재하여야 한다."(제18조)

Item, est estably pour coustume de la mer que se les mariners dune nef soient a portage chascum deulx aura ung tonnel frac de frett,[35]

Item, it is established for a custom of the sea that if the mariners are hired for a share of the freight, each of them shall have a tonne free of freight.[36]

"만약, 선원이 화물 무임 반입 조건으로 고용되었다면, 선원 1명에 대해 1톤의 무임화물 반입이 허가된다. 이것은 해상의 관습으로 정해져 있다."(제28조」)

Item, between London and Newcastle-upon-tyne a mariner shall have four shillings wages and two quarters of coals free of bulke

---

34 *The Blacke Booke of the Admirality.* § 10, *Black Book of Admiralty. The Judgements of the Sea,* § 18, I, p.113.
35 *Liber Niger Admiralitatis, Laws of Oleron,* § 28, *Black Book of Admiralty,* I, p.122.
36 *The Blacke Booke of the Admirality. Black Book of Admiralty. The Judgements of the Sea,* § 28, I, p.123.

for carriage.37

"런던에서 뉴캐슬어폰타인까지의 항해에서 선원은 임금으로 4 실링, 무임화물로 2쿼터 분의 석탄을 반입할 수 있다."

이처럼 선원의 해상노무에 대한 보수로서 무임 화물 반입권을 인정한 중세로부터의 관행은 거의 유럽 전 수역에 보급되었고, 근세에 와서는 동인도 무역항행선에서 이러한 관행이 대규모로 행해졌다. 하지만, 이러한 무임 화물 반입권은 화폐임금에 대한 부수적인 것으로 인정되었다.

아래 사항은 18세기말 어느 동인도회사 선박(755톤)에 정해져 있던 선원 무임 반입 화물 톤수에 관한 보고이다.38

영국으로부터의 항해

직계	톤	피트	직계	톤	피트
Commander(선장)	56	20	Midshipman(견습사관)	1	10
Chief Mate(1등 항해사)	8	0	Coxswain(타수)		10
Second Mate(2등 항해사)	6	0	Quarter-Master(조타수)	1	10
Third Mate(3등 항해사)	3	0	Captain's Steward (선장 직속 사환)		10
Purser(사무장)	3	0	Ship's Steward(본선 사환)		10

37 *Black Book of Admiralty*, I, p.144.
38 Parkinson, C. N., *The Trade Winds*, London, 1948, pp.108-109; 東海林滋,「ナポレホン戰爭当時のイギリス船員」,『日本船長協會誌』 第21号 (1956年11月) ; 佐波宣平,『海運理論体系』, 1949年, pp.15-17.

직계			직계	
Surgeon(선의, 船医)	3	0	Captain's Cook (선장직속 조리수)	10
Surgeon's mate(선의보)	2	0	Carpenter's First Mate (배대목 제1보)	10
Fourth Mate(4등 항해사)	2	0	Cauker(뱃밥쟁이)	10
Fifth Mate(5등 항해사)	1	0	Cooper(통장이)	10
Sixth Mate(6등 항해사)		10	Armourer(병기공)	10
Boatswain(갑판장)	1	0	Sailmaker(돛제조공)	10
Gunner(포수)	1	0		
Carpenter(배대목)	1	0		

직계	중국으로부터의 복항	인도로부터의 복항	
	톤	톤	피트
Commander(선장)	38	30	32
Chief Mate(1등 항해사)	8	6	16
Second Mate(2등 항해사)	6	4	32
Third Mate(3등 항해사)	3	2	16
Purser(사무장)	3	2	16
Surgeon(선의, 船医)	3	2	16
Surgeon's mate(선의보)	2	1	24
Fourth Mate(4등 항해사)	2	1	24
Fifth Mate(5등 항해사)	1		32
Boatswain(갑판장)	1		32
Gunner(포수)	1		32
Carpenter(배대목)	1		32

이 경우 갈 때의 반입화물은 산호, 호박, 진주, 에메랄드 등 각종

귀금속류였고, 올 때는 도자기, 면, 사향, 아라크 주(酒) 등이 주된 화물이었다. 물론 이러한 반입화물에도 일반 관세, 회사 관세, 회사 창고 사용료 등과 같은 비용이 소요되었지만 승조원에게는 이 특권은 괜찮은 수익원이었다. 아울러 선장은 이것 이외에도 각종 명의로 무임 화물 반입이 허용되었다. 예를 들어 던니지(dunnage) 명목으로 등나무, 대나무와 같은 고가의 목재를 자신의 판단에 의해 적재할 수 있었다.

한편, 동인도회사의 활동범위가 확대되어 인도로부터 중국까지 늘어남에 따라, 즉 'Country trade'가 됨에 따라 이러한 mariner's portage는 그 규모가 더욱 커졌다.

Similar arrangements were made with other private merchants. Likewise, certificates for money payable in London at 90 or 365 days sight were guaranteed to the Company's captains and officers in the proceeds of their 'priviledge' trade if paid in to the Canton Treasury. The captain of an Indiaman was usually allowed 56 tons free of charge, later 99 tons, and the other officers 47 tons between them. (This space was often eagerly sought by private Country merchants at Canton for £20- £40 per ton)[39]

하지만 일반적인 화폐경제의 보급, 자본주의 경영의 발달에 따라

---

39 Greenberg, M., *British Trade and The Opening of China*, 1800-42, Cambridge, 1951, p.12.

해운산업도 private carrier(자화운송인)에서 common carrier(공공운송인)으로 발전되어, 해원(海員)은 점차 해상기업의 관리 측면에서 이탈하여 단순한 임금노동자로 변화되었고 무임 화물반입 관행도 자연적으로 사라졌다.

"화폐임금에 의한 방법이 이미 해원의 노무급부에 대한 고유의 반대급부로 정립되어 항해상의 운임수입과 상인적 투기 등이 해원의 보수와는 관계가 없어진 이후에도 선원이 가지고 있던 부수적인 권리로서 예전에 있었던 관행의 흔적이 오랫동안 없어지지 않고 행해졌다.

소위 '선원 무임화물 반입'(Führung)이 그것으로 항해에서 선원 자신의 사적인 투기 기회를 인정한 것이다. 즉, 선원은 이것으로 일정량의 상품을 자신이 판단하여 반입하는 것을 선원의 권리로 행사할 수 있다. 반입 수량의 다소는 이전에는 규칙에 의해 명확하게 정해졌고, 선원의 계급의 고하와도 관계가 되었다. 물론, 선원은 이것들에 대한 운임을 부담하지 않았다. 공동해손이 발생한 경우에도 이러한 선원의 반입화물은 해손(海損) 부담의 책임을 지지 않았다. 하지만, 반입화물의 멸실, 손실 위험은 선원 자신이 책임지는 것이 보통이었다. 이와 같은 권리가 인정되었기 때문에 이전 선원들은 상당히 행운이었다고 할 수 있다. 1299년 뤼벡 해상법에 의하면, 만일 선원이 화물을 무임으로 반입할만한 재력을 갖지 않을 경우 선장은 해당선원에게 그것에 상당하는 운임을 부여해야 하는 것으로 정해져 있다. 아울러 16세기에 나온 뤼벡의 어떤 법규에서는 '만약 출발항에서 선원이 반입화물의 입수 조달에 자금을 필요로 할 경우 선장은 그 돈을 먼저 빌려주고 해당 화물을 양육하는 항구에서 정산하여야 한다'라고 규정하고 있다. 이와 같은 제도가 경제적으로 어떤 의미를 가지는지 파악하는 데 아주 중요한 단서로 17세기 초 베네치아에서 "해상무역을 촉진하기 위해" 각 선원에게 허락되었던 무임 반입 화물 수량을 2배로 증대했던 것을 지적하고 싶다.

하지만 무임 화물 반입제도에는 많은 폐해가 따르므로 일찍부터 이것을 단속할지에 대한 문제가 생겼다. 선원들 사이에도 자신의 반입권을 제3자의 이익을 위해 남용하는 사람이 있었다. 그래서 화주 사이에 생긴 아웃사이더의 경쟁을 단속하기 위해 또한 화주 보호를 위해 이미 중세시대에 선원의 무임 화물 반입을 부분적으로 금지시켰다. 소정 수량을 초과하여 무임화물을 반입하는 선원이 있는가 하면 자신의 반입화물 입수 조달을 지체하여 본선의 출항을 늦추는 선원도 있었다. 이러한 불상사를 막기 위해 입법적인 조치가 필요하였다. 따라서 17세기 후반에는 선원의 무임 화물 반입은 대체적으로 법률에 의해 금지되었다. 그렇지만 이러한 법률은 선원에 의한 무임 화물 반입권 행사를 제한하는 최소한도에 그치고 있다.[40]

요약하면, 선원의 무임화물 반입 제도를 전면적으로 폐기했던 것

---

40 Pappenheim, M., *Die geschichtliche Entwicklung des Seehandels und seines Rechts, mit besonderer Berücksichtigung des Arbeitsevertrags, Schriften des Vereins für Sozialpolitik*, C III, Leipzig, 1903, s. 186.

은 일반적으로 산업혁명에 의한 임금노동제도의 확립, 해운측면에서는 해상운송의 무역업으로부터의 독립에 연유한 것이다. 이 중에서 후자에 대해 이야기하자면, 해상운송이 무역업자로부터 독립하여 private carrier(자화운송인)에서 common carrier(공공운송인)으로 발전함에 따라 선주는 더 이상 상인(무역업자)이 아닌 단순한 운임의 취득을 목적으로 타인의 화물을 싣는 운송인이 되어 버렸다. 선주가 이렇게 된 이상 선원들도 상인의 입장에서 자신의 판단으로 자신의 화물을 실었던 private trade가 허용되지 않았다. 이것은 어찌 보면 당연한 수순이었다.

19세기 해운입법으로서 주목해야 할 영국의 1894년 해운법(The Merchant Shipping Act, 1894)에서도 제157조에는 "선원의 임금 요구권은 취득 운임에 의존하지 않는다"(The right to wages shall not depend on the earning of freight.)라고 명기되었고, 더불어 "선장이 아닌 선원들에 대해 적용되었던 '운임은 임금의 어머니'라는 오래된 법리가 상기 조항에 의해 폐지되었다."(The old rule of law which this section abolished was that "freight is the mother of wages", though this did not apply to a master.)라고 주석을 붙였지만, 선원의 무임 화물 반입권에 대해서는 아무런 언급을 하지 않고 있다. 이 오래된 관행은 법률에서 특별히 언급을 할 가치가 없을 만큼 사실상 폐기되었기 때문일 것이다.

선원의 무임 화물 반입권에 대해서는 일본의 현행 선원법(1947년 9월)에서도 특별하게 규정을 하고 있지 않다. 규정할 필요 없이 이와 같은 옛 관행은 이미 모습이 사라졌기 때문일 것이다. 하지만 일본의 옛 상법(1890년) 제정을 위해 작성되었다고 하는 뢰슬러(Roesler, 독일인 고문, 1834~1894) 초안(1884년)에서는 다음과 같이 기록되어 있다.

제938조 선장 및 해원은 선박소유자의 승낙 없이 자신이 값을 치른 화물을 선박에 실을 수 있다. 이것이 어려울 경우 선박소유자는 운송요금과 화물로부터 발생한 이익을~

거의 유럽의 해사법을 직수입한 것으로 생각되는 실로 흥미로운 기록이다.

일본에서 최초로 해상보험을 사업으로 경영한 회사로 일컬어지는 굉맹사(宏盟社, 1873년 설립, 1877년 해산)의 「각 선하물 취급 규칙표」 제5호에는 '선원 자신의 화물취급' 항목이 있다.

1) Ashburner, W., *The Rhodian Sea-Law*, Oxford, 1909, pp.1, 57-59.

2) Twiss, *Black Book of Admiralty*, III, London 1874, p.191, no.1.

3) Parkinson, C. N., *The Trade Winds*, London, 1948, pp.108-109.

4) Pappenheim, M., *Die geshichtliche Entwicklung des Seehandels und seines Rechts, mit besonderer Berücksichtigung des*

Arbeitsevertrags, Schriften des Vereins für Sozialpolitik, C
Ⅲ, Leipzig 1903, s.186.

5) 葛城照三,「宏盟社(1873-1877)の危險弁償」, 損害保險事業硏究
所,『損害保險硏究』, 제22권 제4호, pp.15-17.

maru ship   일본선

일본 상선의 고유명사가 예외 없이 '○○丸', '××丸'여서, 영어로
'maru ship'이란 낱말이 생겨났다. 하지만, 민간상선에서만 보이는
호칭으로 군함, 관측선 등은 일본 선박일지라도 '××丸'라고 하지
않는다. '무사시(武蔵)', '치도리(千鳥)', '소야(宗谷)' 등을 사용한다.

'마루(丸)'의 기원에는 많은 설이 있지만, 이곳에서는 통설을 따르
고자 한다. '마루(丸)'는 원래 사람, 동물, 기구, 작품 등에 대한 애칭
을 나타내는 접미어이다. 사람에 대해서는 아오츠네마루(青常丸,『宇
治拾遺物語』), 우시와카마루(牛若丸)[41], 오토와카마루(乙若丸)[42] 등의
용례가 있고, 동물에 대해서는 '오마로'(翁丸, 개,『枕草子』), '히키마

---

41 옮긴이 주 : 12세기 무장 미나모토 요시츠네(源義經, 1159-1189)의 어릴 적 이
   름.
42 옮긴이 주 : 헤이안 시대 말기의 승려로 미나모토 요시토모(源義朝, 1123-1160)
   의 8남인 미나모토 기엔(源義円, 1155-1181)의 어린 적 이름.

로'43(ひきまろ, 두꺼비,『堤中納言物語』), '이나고마루(いなごまろ)'(메뚜기,『堤中納言物語』), 사루마로(猿丸, 원숭이,『宇治拾遺物語』), '도마루(とまる, 唐丸)'(애완용 닭, 胸算用) 등의 용례가 있다. 칼에 대해서는 '고가라스마루(こがらすまる, 小鳥丸), 히게키리마루(ひげきり, 髭切丸まる), 도모키리마루(ともぎりまる, 友切丸) (칼 집에서 저절로 빠져나온 토모키리마루와 두견새, 蕪村) 등이 있고, 선박에 대해서는 츠키마루(月丸,『義経記』44), 가스가마루(春日丸, 過書船45), 아다케마루(安宅丸)46 등이 있다. 원래는 오노야스마로(大安萬呂, ?-723), 아베나카마로(阿部仲麻呂, 698-770)와 같이 마로(萬呂)나 마로(麻呂)로 썼지만, 이후 '마루(丸)'가 되었고 이것이 일반화되었다. 도시야(問屋)47를 중세에 도시마루(問丸)라고 한 것도 위와 마찬가지이다.

---

43 옮긴이 주 : 일본어 ひきがえる가 두꺼비를 뜻하는데, 여기서 ひき를 따고 丸를 붙여 '두꺼비 군'이란 의미로 친숙하게 표현한 것임.

44 옮긴이 주 : 일본 남북조시대부터 무로마치 시대 초기에 미나모토 요시츠네(源義經)와 그 부하를 중심으로 쓴 전쟁소설.

45 옮긴이 주 : 오사카에서 교토까지 주야로 화물 200~300석 정도를 선적하고 왕복하던 화물선.

46 옮긴이 주 : 도쿠가와 이에미츠(德川家光)가 건조한 용머리와 새 머리(龍頭鷁首)를 장식한 삼층루(三重樓)의 호화선

47 옮긴이 주 : 가마쿠라 시대에 운송, 창고, 위탁판매업을 겸하던 상인들을 지칭하던 데서 유래하여 에도시대에는 영주와 주인의 중개자로서 자치행정을 펼치는 도시야바(問屋場)를 관리하던 마치야쿠닝(町役人)의 장을 의미했다.

$\mathfrak{m}$easurement ton 용적톤

선박의 용적적재능력을 나타내는 단위로 용적톤이다. 1 용적톤은 40 ft³, 즉, 모든 선창의 용적을 40 ft³로 나눈 것이 해당 선박의 용적톤이다.

그러면 왜 40 ft³를 이와 같이 용적톤의 단위로 정한 것일까?

중세 근세의 영국에서는 프랑스의 가스고뉴(Gascogne) 포도주를 반입하는 것이 해운업무로서는 다른 무엇보다 중요한 것으로, 포도주를 담는 '통'을 의미하는 프랑스어 tonneau가 영국에 들어가서 tun 또는 ton이 되었다. 이것은 해운역사가 사이에서 거의 정설로 되어 있다.

그러면 당시 술통의 용적은 어땠을까? 술통의 크기에도 여러 종류가 있었지만, 1423년 영국의 법률에서는 1통의 용적을 252갤런 (1갤런=3.785리터)으로 정하고 있다. 이것을 ft³로 환산하면 1갤런 =0.160575ft³이므로 다음과 같은 식이 성립한다.

술통 1개의 용적 = 252 갤런
$$= 40.4649 \ ft^3$$

즉, 이러한 관계로부터 선박이 술통을 적재하는 능력, 다시 말하면 선박의 용적적재능력을 나타내기 위해 40ft^{3}를 1용적톤으로 정한 관행이 생겨났다.

하지만, 이후

$\quad$ 1 ft^3 = 2만 8316㎤

$\quad$ (1) 40 ft^3 = 1.132673㎥

아울러

$\quad$ (2) 40 ft^{3}의 물의 중량 = 1132.6kg

$\quad$ (3) 중량 1톤(영국) 20 hundreadweight[48]

$\qquad$ = 2240lbs

$\qquad$ = 1016kg

따라서 20 hundredweight 1톤(long ton)이라고 하면, 40 ft^3 물의 중량이 거의 중량 1톤(영국)에 해당하는 관계가 성립하므로, 용적 40 ft^{3}를 차지하고 중량 20 hundredweight를 가지는 화물이 표준화물로 정해져 이것을 표준으로 하여 용적에 비해 중량이 큰 화물을 중량화물(heavy goods), 반대로 중량에 비해 용적이 큰 화물을 경량화물(light goods)로 부르게 되었다.

이것을 미국에서는 더욱 철저하게 하고 있다. 즉, 미국에서는 단순히 미터법을 적용하여

$\quad$ (4) 1㎥ 물의 중량 = 1000kg

---

48 옮긴이 주 : 무게 단위로 영국에서는 112lbs, 미국에서는 100lbs.

▍m

관계로부터 용적 1㎥를 차지하면서 중량 1000kg인 화물을 표준화
물로 정해 이것을 기준으로 하여 중량화물, 용적화물을 구별하였다.

하지만, 미국이라고 할지라도 해운업무에서는 선진국인 영국의
상관습을 완전히 무시할 수 없었다. 따라서 미국에서는 short ton(미
국 톤)을 만들어 냈다.

위의 식 (3)에서

$$\text{중량 1000 kg 물의 용적} = \frac{1000 \times 40}{1132.6} \, ft^3$$

$$= 35.316 \, ft^3$$

$$= \frac{35.316}{40}$$

$$= 0.8829 \text{ 용적톤이 얻어진다.}$$

한편 식 (3)로부터

(5) 중량 1 톤(미국) = 2000 lbs

$$= 907.2 \text{ kg}$$

$$= 0.8928 \text{ 톤(영국)이 되어}$$

중량 1톤(미국)은 거의 1000kg과 같고 마찬가지로 1톤 (영국)에 가
깝다.

그래서 1000kg의 물이 차지하는 용적은 0.8829 용적톤(영국), 즉
거의 1 용적톤(영국)으로 볼 수 있다.

이와 같은 관계로부터 미국에서는 2000 lbs를 1 중량톤으로 하는 방법이 고안되었다. 하지만 이것은 저자(佐波)의 추측에 따른 발견이다. 만약 잘못되었다면 수정을 할 것이다.

그런데 K. Giese[49]에 의하면 업계에서는 선적화물로 밀이 차지하는 용적, 중량이 표준으로 되어 있어 이것을 현재의 밀(살물 적재) 적재 기준으로 환산해 보면 상황에 따라 조금씩 차이는 있겠지만 밀 중량 1톤(2240 lbs)은 43~48 ft^{3}의 용적을 차지한다. 적재기술이 상당히 떨어졌던 옛날에는 중량이 작은 선적화물일지라도 현재보다 큰 용적을 차지했을 것이므로, Giese의 보고는 설득력이 떨어진다고 생각한다. "선주들 사이의 전해지는 말에 의하면"이라고 하지만, 이것을 곧이곧대로 받아들이기는 힘들다.

독일에서는 선적표준화물로 밀을 들고 있지만, 일본에서도 봉건시대의 '쌀 소비 경제'에서는 쌀이 선적의 표준 화물이었다. 그리고 쌀의 용적단위인 '석(石)'에서 이것을 운송하는 선박의 적재능력단위인 '석'이 생겼다. 예를 들어 '천석선(千石船)', '백석선(百積船)'[50] (복숭아 술 운반선) 등. 하지만 이러한 경우

---

49 Giese, *Seefrachttarifwesen*, S.199.

50 "百積船潛納八占刺母雖問其名不謂", "百積の船こぎ入る弥占さぎ 母は問ふとも その名は謂(の)らじ", 『万葉集』, 2407. 여기에서 '백적선(百積船)'은 보통의 경우 '백석(百石)을 실을 수 있는 큰 배'로 해석되지만, '백적(百積)'을 '백척(百尺)'으로 보고 '길이가 백척(百尺)이나 되는 대형선'이라는 해석도 있다. 또한, '사카(さか)'는 길이 단위인 '척(尺)'의 고어임. 예를 들어 일본 천황의 황위 계승식에 사용되는 신물(神物) 중 하나인 야사카니노마가다마(八尺蟹曲玉)는 커다란 곡옥(曲玉)임.

용적단위 1 석 = 6만 4827 입방척

선박의 탑재능력단위 1 석 = 10 입방척의 관계가 되어 두 개 사이에는 상당한 차이가 있다.

이러한 불일치는 무엇 때문일까? 적재기술의 발달 정도에 기인한다고는 하지만 차이가 너무 심하다.

한편, 중국에서도 오래 전부터 '석(石)'으로 선박의 적재능력을 표시하는 관행이 있었다. 『화한선용집(和漢船用集)』 제4권에 의하면, 『무비지(武備志)』에는 "당나라 선박 척수(唐船石數)를 말할 때, 돛대 개수를 센다"라고 하였다. 여기에서는 명나라 초기에 간행되었던 『대학연의보(大學衍義補)』 권33 조만지의(漕輓之宜)로부터 다음 문구를 인용하고자 한다.

"每艘載八白石則僞造一千石舟. 許其以二百載私貨."
"팔백석을 적재하기 위해 1천석의 배를 건조한다. 거기에 2백석의 개인화물 적재를 허락한다."

즉, 이곳에서는 적재화물의 용적단위 '석(石)'이 그대로 선박의 적재능력단위와 일치하고 있고, 선박은 '1천석의 배'라고 부르고 있다. 아울러 '개인화물 2백석을 싣는 것을 허용받은' 해당 선박이 정부 조공미의 운송을 주로 담당하는 것으로 볼 때, 일본에서의 호마치(帆待)[51], 유럽의 free freight의 관행을 공인한 것으로 매우 흥미롭

---

51 옮긴이 주 : '호마치(帆待)'는 좀 더 일반적인 관행으로서 정액소득 이외의 여분

다. 어느 곳이나 마찬가지로 부수입이 있는 세상인 것이다.

memorandum clause   면책비율약관52

영어 어간에 ~ing를 붙인 동사는 진행형 또는 현재분사라고 부르
지만, 이것과 같은 형태 ~ing는 명사로서도 사용된다. gerund(동사적
명사; 동명사)라고 하는 것이 이것으로 시제(tense)를 갖지 않는다.

Seeing is believing.(보는 것이 믿는 것이다)
Pardoning the bad is injuring the goods.(악을 용서하는 것은 선
을 해치게 하는 것이다)
I don't like his coming here so often. (나는 그 사람이 이곳에 자
주 오는 것을 좋아하지 않는다)

이처럼 영어에서 현재분사와 동명사가 완전히 같은 형태를 하고
있는 것은 영어의 퇴보를 나타내는 것이다. 이전에는 꼭 그렇지만은
않았다.
어찌되었든 영어의 동명사(gerund)에 상당하는 것은 라틴어로는

___

의 소득은 개인이 취한다.
52 옮긴이 주 : 일정비율 이하의 작은 손해는 보상하지 않는다는 취지를 규정한
것

gerundium이고, 동사의 현재어간에 -nd-를 붙여 만들고, 동사 제2
변화의 중성명사로 취급된다. 이것에는 단수형태만 있고, 주격 형태
를 뺀다. 주격에는 부정법이 사용된다.

위의 gerundium을 memorare(생각나게 하다)에 대해 격변화하면
　　주격(主格) memorare 생각나게 하는 것은
　　속격(屬格) memorandi 생각나게 하는 것의
　　여격(與格) memorando 생각나게 하는 것에
　　대격(對格) memorandum 생각나게 하는 것을
　　탈격(奪格) memorando 생각나게 하는 것에 의해

그렇고 보면, 영어의 memorandum(메모, 비망록)이 라틴어 동사
memorare(생각나게하다)의 gerundum 대격과 완전히 같은 형태인 것
을 알 수 있다.

그런데, 위의 표는 간단하게 나타내기 위해 이렇게 한 것으로 라
틴어의 대격이 필히 '…을'과 같은 경우에 한정되어 사용하는 것은
아니다. '…을 위해', '…에 대해', '…한 이유로' 등의 경우에도 대격
이 사용된다. 예를 들어

Ad memorandum scribo.(생각나게 하기 위해 나는 기록한다)

단, 라틴어에서는 전치사는 종종 생략된다. 따라서 전치사 ad를
생략해서

Memorandum scribe.(생각나게 하기 위해 나는 기록한다)라고 할 수
있다.

그래서 영어의 memorandum은 '생각나게 하기 위해'가 원뜻으로, 회상하기 위해 기록해 두는 것이므로 이렇게 기록해 놓는 것을 memorandum(메모, 비망록)이라고 부르게 되었다. 현재에는 단순히 memo(메모)라고 약칭해서 부르는 단계에까지 발전된 것이다.

이것과 관련이 있는 라틴어 용례 몇 개가 보이지만, 여기에서는 특히 흥미로운 두 가지를 소개한다.

(1) 상업용어로 'postnumerando', 'praenumerando'는 보통 '후불', '선불'의 뜻으로 사용된다. 이것은 위의 격변화로부터 추측할 수 있는 바와 같이 부정법 'postnumerare', 'praenumerare'의 탈격으로 직역하면, '후에 계산하는 것에 의해', '앞서 계산하는 것에 의해' 라는 의미이다.

(2) 영어 'omnibus'(승합자동차, 버스)는 라틴어 'omnis(m.f.) 또는 omne(n)' (모든 것의, 모든 것, 영어 all)의 복수 여격 omnibus(모든 것에, 영어 to all)이고, '모든 사람들에게'가 원뜻이다. 즉, '자가용 자동차가 아닌 모든 사람들에게 일반적으로 이용되는 차'라는 의미이며, 이것이 생략되어 단순하게 bus(버스)가 되었다.

위와 같은 행적으로 볼 때 해상보험증권에서 memorandum clause (면책비율약관)의 본뜻은 명백하다. 해상보험증권에는 한 장의 종이에 돋보기가 아니고서는 읽을 수 없을 정도의 작은 글자가 무수히 기록되어 있다. 따라서 보험계약자로서는 모든 해상보험계약 체결에서 증권의 모든 항목을 면밀하게 살펴볼 수는 없다. 결국 간과하게 되는 경우가 발생한다. 그래서 '이것만은 특별히 주의를 요한다'라는 의미로 보험계약자의 주의를 끌 수 있도록 보험증권의 별도 기입란, 스탬프 또는 뭔가 표식을 붙여 적어놓을 필요가 있게 된다. 이러한 경우 기록한 약관이 memorandum clause(원뜻 '특별히 기억하기 위한 약관')이다. 그래서 memorandum clause는 일본에서는 보통 '소손해 (小損害) 면책비율약관', '면책비율약관', '면책약관', '소손해 부담보약관' 등으로 불린다. 이것은 원래 '작은 손해는 보험자가 보상책임을 지지 않는다'라는 취지로 특히 보험계약자가 명확히 알게 하기 위한 약관이다. 억지를 말하자면 이러한 경우만이 memorandum clause (특히 메모된 약관)이라고는 할 수 없다. 특히, 보험계약자의 주의를 끌 수 있도록 메모된 약관이라면 소손해면책 내용을 포함하고 있는지 없는지에 상관없이 모두 memorandum clause라고 해야 할 것이다.

하지만, 보험계약자는 보험에 가입되어 있으면 어떤 종류, 어느 정도의 손해일지라도 모두 보험회사에 보상 받으려하지만, 아주 작은 소액의 손해는 수고를 덜 필요가 있어 이것을 보상하지 않는다는 것을 원칙으로 하는 보험회사 사이에 귀찮은 문제가 자주 발생하게 된다. 가옥을 화재보험에 들었다고 해서 실수로 다다미를 담뱃불로 그슬린 정도의 소액의 손해까지 가지고 온다면 보험회사로서는 감당을 할 수 없을 것이다. Maupassant의 단편 *Le Paprapluie*(우산)에서는 동료들의 장난으로 담뱃불 구멍이 난 우산을 보상받으려고 부인이 분개하여 보험회사에 가서 교섭하는 장면이 있지만 이와 같은 작은 손해는 보험회사에서는 보상책임을 지지 않는 것이 원칙이다. 아울러 보험회사로서는 이러한 생각의 차이가 발생하지 않도록 '보험계약금액의 20%에 달하지 않는 작은 손해는 보상책임을 지지 않는다'라는 것을 보험계약자가 알 수 있도록 하는 것이 필요해서, 이러한 취지를 보험증권에 특별히 메모하는 것이다. 이것이 소위 memorandum clause이다. 다시 말하면, memorandum clause가 사실상 거의 대부분 '면책비율약관'으로 이해되는 것은 면책비율약관이 해상보험증권 상에서 보험계약자의 주의를 필요로 했던 초기의 역사적인 이유에 의한 것으로 그것 이상의 다른 의미는 없다. 이러한 면책비율약관은 1749년 Lloyd's form 해상증권에 처음으로 삽입되었다.

아울러, 면책비율약관은 다른 이름으로 franchise clause라고 하지만, 여기에서 franchise는 고대 프랑스어의 franc(자유스러운, 영어 free)로부터 유래한 것으로 '보험자의 보상책임을 작은 손해로부터 자유롭게 한다'라는 것이 원뜻이다. 프로야구에서 어떤 구단이 홈그라운드를 프랜차이즈(franchise)한다고 하는 것은 자신의 홈그라운드에 다른 구단을 초대해서 행한 경기의 수입은 이기거나 지거나 상관없이 모두 자신의 것이 되고. 지불의 의무를 지지 않는다(지불 의무로부터 면제된다)라는 의미이다.

One Bell in the Second Dog-watch
제2절 반당직시 한번 종치기

현재의 대양을 항해하는 대형 상선에서의 당직은 그림에서와 같이 1일 24시간을 4시간씩 6등분하는 시스템을 채용하고 있다. 즉, 오전 0시부터 4시까지를 middle watch, 오전 4시부터 오전 8시까지를 morning watch, 오전 8시부터 정오까지를 forenoon watch, 정오부터 오후 4시까지를 afternoon watch, 오후 4시부터 오후 8시까지를 evening watch, 오후 8시부터 오후 12시까지를 first watch라고 구분한다.

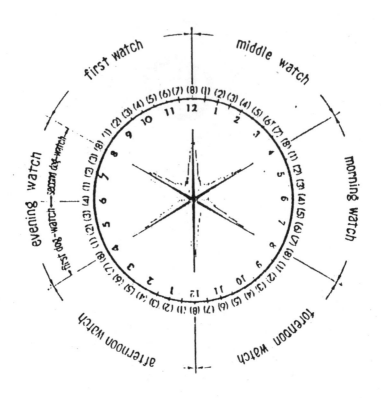

1, 2, 3 …, 12는 오전과 오후 시간을 표시한다. (1), (2), (3), …(8)는 종치는 개수를 표시한다.

여기에서는 이전의 범선 또는 상선학교 연습선에서 볼 수 있었던 dog-watch(오후 4시부터 오후 8시까지의 4시간 당직을 2시간씩 2개로 나누는 방법)를 실시하지 않고 있다.

하지만, 그럼에도 불구하고 대양을 항해하는 상선에서도 종치기 (点鐘)는 dog-watch를 실시했던 이전 시대와 같이 되어 있다. 즉, 다른 4시간 당직에서는 30분 간격으로 치는 종의 수를 (1), (2), (3),

(4), (5), (6), (7), (8)로 한 반면, dog-watch에서는 오후 4시부터 오
후 6시까지를 30분 간격으로 (1), (2), (3), (4)로 치고, 오후 6시 30
분부터 오후 8시까지는 30분마다 (1), (2), (3), (8)로 치고 있다.

종치기(点鐘)는 시각을 알리는 표시이다. 따라서 누구라도 알기 쉬
운 약속을 처음부터 해 놓으면 종치는 개수를 어떻게 정하던지 그
것은 자유이다. 하지만 모든 사람들이 쉽게 알 수 있듯이 dog-
watch의 종치기는 조금 부자연스럽다. 오후 8시의 종치기는 (4)로
할까 아니면 오후 6시 30분 이후를 (5), (6), (7), (8)로 할까, 어느
쪽으로 하더라도 지금의 종치기보다는 명쾌할 것 같다.

dog-watch 때의 부자연스러운 종치기는 어떻게 정해진 것일까?
그 유래는 불명확하지만, 그 기원에 대한 흥미로운 일설을 소개하고
자 한다.

There is no old story that one bell has been struck at 6:30
P.M., instead of five bells, since the munities of 1797. In one port,
the signal to munity was to be the striking of five bells in the
dog-watches; the officers got wind of this and, instead of striking
five bells, ordered one to be struck, and the munity was averted.
How true this may be is not known, but it is quite a common
yarn.[1]

---

1 Lowry, R.G., *The Origins of Some Naval Terms and Customs*, London, p.37; Lovete, L.P.,
Naval Customs, Traditions & Usage, Annapolis, 1951, p.248.

"오후 6시 30분에 종치기 한번이 울린 관행과 관련되어 오래된 이야기가 하나 전해지고 있다. 원래 오후 6시 30분에는 종을 5번 울렸지만, 1797년 수병반란이래 이것이 한번이 되었다. 왜냐하면, 반란이 있을 때 어떤 항구에서 dog-watch의 종 5번을 신호로 수병들이 폭동을 일으키기로 했다는 정보를 입수한 사관 측에서는 오후 30분이 되었을 때 종을 다섯 번이 아닌 한 번만 울렸다. 그래서 폭동은 미연에 방지할 수 있었다. 이것이 어느 정도 진실을 전달하고 있는지는 판단하기 어렵지만, 일반인들에게는 잘 알려진 이야기의 하나이다."

하지만, 이것에 대해서는 다음과 같이 전해지는 이야기도 있다. 이렇게 되면 황당무계하다고 하겠지만 승조원들 사이에서는 오래전부터 이러한 전설, 기원이 매우 많다.

"새벽 하늘에서 자주 인공위성을 본다. 동쪽 하늘이 밝아오고 별들이 빛을 잃는 시점이다. 유성처럼 보이지만, 확실한 빛의 움직임으로 인공위성인 것을 알 수 있다.
바다를 항해하는 세계 최고의 탱커. 그 하늘을 도는 인공위성. '20세기이다'라고 감탄하는 소리가 아직 얼굴을 명확하게 분간할 수 없는 어두운 조타실을 울렸다.
하지만 이 '도쿄마루(東京丸)'에도 오래된 동물의 꼬리 같은 물건이 남아 있다.
그 중 하나가 종치기.
이것은 선박 내에서의 근무가 4시간 교대에서 기인한 것으로 30분마다 울리는 종이다. 오후 0시 30분에 1번, 1시에는 2번, 1시

30분에는 3번, …, 4시에 8번까지 연속된다. 4시간이 지나면 승조원이 교대된다. 그리고 4시 30분에 다시 1번과 같이 반복된다. 종은 조타실 가까운 곳에 매달려 있다. '땡 땡' 구성진 소리가 난다.

선내 어디를 가더라도 시계가 있어 굳이 종을 울릴 필요가 없다. 다만, 예전부터의 관습이다. 단조로운 해상 생활에 있어 정취가 되어 새삼 끊을 수 없는 것뿐이다.

하루 중 오후 6시 30분, 7시, 7시 30분에는 순서대로의 숫자로 종을 치지 않는다. 원래라면 6시 30분에는 5번이지만 1번으로 되돌아가고, 7시에는 2번, 7시 30분에는 3번이었다가 8시에는 갑자기 8번이 된다.

보우즈(海坊主)[2]를 속이기 위한 것이라고도 한다. 이 괴물의 식사시간이 오후 7시 전후이므로 규칙대로 종을 치면 배가 보우즈의 먹잇감이 된다. 그래서 종치는 숫자를 줄여 '아직 식사시간이 아니다'라고 하고, 8시가 되면 갑작스럽게 8번을 친다. 바보같은 보우즈(海坊主)는 오늘 저녁도 식사를 못하게 된다."[3]

dog-watch의 어원에 대해 요약하면,

(1) dog(개)는 밤에도 매우 귀가 밝아 야간당번에 적합하므로 'dog(개)의 watch(당직)'란 의미로 부르게 되었다. 하지만, 이것은 단순한 속설이므로 믿을 만한 가치는 없다. middle watch와 같은 심야 당직이라면, 이러한 설도 일리가 있을지 모르지만 일몰전후 4시간(오후 4시부터 8시까지)의 evening watch에 대해 개를 가지고 왔는

---

2 옮긴이 주 : 배가는 길목에 나타난다는 도깨비
3 朝日新聞, 1966년 3월 12일 석간.

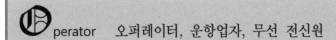

지 납득할 수 없다.

(2) 이미 알려진 사실이지만, 만약 dog-watch를 적용하지 않고, 1일 24시간을 4시간씩 6등분하여 당직제도를 운용한다면 당직원 수의 관계로부터 같은 선원이 항상 같은 시간대(예를 들어 middle watch)에 당직을 서야 한다는 불공평이 생길 수 있다. 이러한 것을 피하기 위해 종종 오후 4시부터 오후 8시까지의 당직 시간을 두 개로 나누는 방법이 고안되었다. 4시간 당직에서 보이는 불공평은 당직시간을 둘로 나눔으로써 피할 수 있게 된다. 즉, dogged watch(피하는 당직)이 dog-watch의 원뜻이다.[4]

(3) dog-watch가 설정된 당시의 사정은 위와 같고, 이것에 의해 정상적으로 4시간을 기본으로 하는 당직이 2시간씩 두 개로 되었다. 즉, '잘려서 줄어든 당직(dogged watch)'이 되었고, 이것이 변화되어 언젠가부터 'dog-watch'로 되었다.[5]

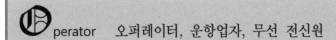

perator   오퍼레이터, 운항업자, 무선 전신원

일본해운집회소의 『가이운(海運)』 1959년 6월호의 좌담회 기사를

---

4 尾崎主悅, 『和英海語新辭典』, 三省堂, 1935, p.145에 보이는 하나의 추론이다.
5 이것은 Lowry, R. G., *The Origins of Some Naval Terms and Customs*, London, p. 23에서 보이는 설이다.

보면, 기무라 이치로(木村一朗, 山下汽船) 씨의 이야기로

"오퍼레이터란 일본의 독자적인 존재로, 이것이 외국처럼 한두 척의 배로도 자영하는 것이 가능하다면 별개이지만 …"6이라는 기사가 있고, 같은 6월호에는 사사키 세이치(佐々木誠治, 고베대학 교수)가 "Grover G. Huebner는 그의 저서 *Ocean Steamship Traffic Management*(1920)에서 선박 운항업무를 담당하는 해운업자를 표현하는 데 'operator'를 사용하여 몇 가지의 유형을 보여주고 있지만, 그것들은 대부분 'operator'의 예외적인 경우이고, 다른 유럽과 미국의 해운관련서적에는 이 단어가 사용된 것을 거의 찾아보기 어렵다. 일반적으로 알고 있는 *Craver's Carriage of Goods by Sea*와 J. Bes의 『용선용어사전』 등에서도 이 단어는 보이지 않는다."7

'operator'는 일본에서는 흔히 사용되는 업종을 의미하는 용어지만, 다른 외국에서는 거의 찾아보기 힘들다. 내가 아는 바로 'operator'는 미국에서는 그렇게까지 희귀한 용어는 아닌 것 같다. 위의 Huebner의 저서도 그렇지만, 미국의 해운 문헌에는 'operator' 용어가 자주 등장한다.

Sec. 704. All vessels transferred to the Commission by this Act

---

6 日本海運集會所, 『海運』, 1959년 6월, p.29.
7 佐々木誠治, 「'オーナー', 'オペレーター'の區別について」, 日本海運集會所, 『海運』, 1959. 6, p.19.

and now being operated by private operators on lines in foreign
commerce of the United States may be temporarily operated by the
Commission for its account by the private operators until such time
and upon such operating agreements as the Commission may deem
advantageous.(U. S. Merchant Marine Act, 1936)

"704조. 본 법에 따라 해사위원회에 위탁하거나 현재 민간운항
자(private operators)에 의해 미국의 외국 무역에 운용되는 선박은
모두 해사위원회가 유리한 시점까지 아울러 해사위원회에 유리한
운항계약으로 해사위원회의 판단에 따라 민간운항자를 통해 일시
적으로 운용할 수 있는 것으로 한다.(1936년 미국 상선법)

아울러, 같은 법 제706조 (a)에도 'private operators'(민간운항업자)
란 용어가 있고, 동법 제714조에도 'American-flag operator'(미국적선
운항업자)가 있다. 또한 1920년 미국 상선법 제30조 M항에도 'ope-
rator'(운항자)가 보인다.

다음으로, 최근의 미국 해사문헌을 인용하면

Steamship operators are in business to earn reasonable profits for
their stockholders; but freight rates are fixed by conference and the
American operator may not exchange higher for his services than
may his foreign competitors. Vessels under foreign flags can be
operated for much less than those sailing under the United States
flag and freight rates which will earn profits for the foreign
operator will run the American operator into losses.[8]

"기선 선주(steamship operator)는 자신들의 주주를 위해 합리적

인 이윤을 남기는 것이 본연의 업무이다. 하지만, 운임은 해운동맹에 의해 동결되어있고 미국 선주(American operator)는 경쟁상대인 외국선주의 운임보다 높은 운임을 제시하기 곤란하다. 왜냐하면 외국적 선박은 미국적 선박보다 매우 낮은 비용으로 운항 가능하기 때문이다. 미국 운항업자(American operator)가 이것과 같은 운임으로 한다면 적자에 빠지게 될 것이다."

Operation of tramp vessel is perhaps the most difficult and complicated of all ship operations. Tramp operators must be keenly alert to business trends all over the world.[9]

"아마 모든 선박운용 중 부정기선 운용만큼 어렵고 복잡한 것은 없을 것이다. 부정기 선주(tramp operator)는 전 세계 경제동향에 대해 매우 관심을 가지고 주의를 기울여야한다."

Another function tramp operators perform is to provide tonnage to liner companies when business of the latter is such that their own fleet is found to be inadequate. In other words, tramp operators send their vessels wherever trade is to be found.[10]

"부정기선 운항업자(tramp operator)의 역할 중 하나는 업무상의 이유로 선복(船腹)이 부족한 정기선회사에 선복을 제공하는 것이다. 다르게 말하면, 일이 있는 곳이라면 어떤 곳에라도 선박을 보내는 것이 부정기선 운항업자(tramp operator)의 역할이다."

8 Bross, S. R., *Ocean Shipping, Cambridge*, 1956, p.11.
9 Bross, S. R., *Ocean Shipping, Cambridge*, 1956, p.88.
10 Bross, S. R., *Ocean Shipping, Cambridge*, 1956, p.88.

Steward R. Bross의 저서에는 위에서 언급한 것 이외에도 'operator'가 몇 개 보인다. 저자는 위의 예문에서 'operator'를 '선주'(역주 : 운항업자)로 번역하였다. 미국에서는 일본처럼 '오너(owner)'에 대립하는 업종으로서의 'operator'란 용어를 사용하고 있지 않다고 생각하기 때문이다.

단, 'operator'의 원뜻은 '운항업자'이다. 따라서 선박을 소유하고 있지만 화객 운송을 업으로 하지 않는 단순한 '선박소유자' 또는 '대선(貸船)업자', 소위 일본에서의 '오너(owner)'는 'operator'가 아니다. 또한 선박조종에 관련된 노역을 제공하는 임금노동자인 '선장'이나 '선원'도 'operator'에 속하지 않는다.

오사카상선 주식회사의 영문 선하증권은 일본에서 'operator'를 사용하는 보기 드문 해운관련 서식이라고 한다. 이것에 따르면,

the word 'carrier' shall include the ship, her owner, master, operator, demise charterer, agent, and, if bound hereby, time charterer and any substituted carrier,

"용어 '운송인'은 본선, 본선 소유자, 선장, 선박운항업자, 나용선자, 대리인 및 이 증권을 적용할 경우 정기용선자 및 모든 대리운송인을 포함한다"라고 되어 있고, 선박운항업자는 선박소유자, 선장, 나용선자, 기간용선자 및 기타 대리인으로 일단 구별되어 있다.

하지만, 이것은 단순한 구별로서 일본에서 'operator'라고 하면 선

박을 운용하여 화객(貨客)을 운송하는 것을 영업으로 하는 모든 사람들이 포함된다. 운용선박이 자기소유의 선박인지 다른 사람으로부터 용선한 선박인지에 대해서는 구별하지 않는다.

이러한 의미에서 영어의 동사 'operate'(운용하다)에서 유래한 현재의 'operator'(선박운항업자)는 라틴어 동사 'exercere'(집행하다, 관리하다)로부터 온 고대 로마시대 해운의 'exercitor'와 많이 닮아있다.

"로마법의 exercitor는 선박소유자를 의미하는 경우와 선박소유자로부터 선박을 빌려 운항하는 사람을 의미하는 경우가 있다. 여기에서 용선 기간은 일시적인 경우도 있고, 장기적인 경우도 있다. 하지만, 로마법에서의 exercitor는 자신의 화물을 운송하기 위해 선박을 빌리는 단순한 상인과는 다르다. 이러한 경우 단순한 상인은 운임을 지불하지만, exercitor는 상인의 화물을 운송하고 상인으로부터 운임을 받으며, 선박소유자에게는 선박의 임차료를 지불한다.

"exercitor는 승조원으로 사관을 고용한다. 특히, 선장을 고용한다. 단, exercitor는 선장을 겸임하는 경우도 있다."11

당시의 선박은 소형이었던 관계로 exercitor가 선장(magister)을 겸임하는 경우가 있는 것이 당연하지만, 이것을 제외하면 고대 로마시대의 exercitor는 현재 일본에서의 소위 'operator'와 거의 차이가 없다. 상당히 로마시대의 해운은 자본주의에 가까운 경영을 하고 있었

---

11 Ashburner, W., *The Rhodian Sea-Law*, Oxford, 1909, pp. 130~131.

던 것 같다. 이것은 노예를 대규모로 부릴 수 있었기 때문일 것이다.

마지막으로, 일본에서의 소위 'operator'가 특수한 존재로 보이는 것은 다른 외국해운시장과 달리 선박을 소유하거나 조종하지만 화객사무는 전혀 취급하지 않는 '대선(貸船)업자', '오너(owner)'가 분업적으로 존재하고, 이들이 상당한 영향력을 가지고 있어 대선업자 또는 오너로부터 기간용선(期間傭船)하는 것이 비교적 자유롭다. 따라서 자신은 전혀 선박을 소유, 조종하지 않고 화객운송사무 즉, 선박운용업무를 하는 선주가 존재 또는 경영할 수 있다. 이것은 일본해운시장의 특수한 구조로 인한 것이다. 닛산기선(日産汽船), 특히 다이도해운(大同海運)가 1920년대(쇼와시대 초기)에 소유선복이 1척도 없는 상태에서 순수한 오퍼레이터로서 창업할 수 있었던 것도 이러한 일본 해운시장의 특수한 구조에 기반을 둔 것이다. 관리선주(managing owner) 제도가 매우 넓게 보급되어 있는 영국 해운시장과 상당히 다른 상황이다. 기무라 이치로(木村一朗) 씨는 이것에 대해 다음과 지적하고 있다.

Yamashita, der größte japanische Operateur

Die vielen kleinen japanischen Eigner von Trampschiffen unterscheiden sich dadurch von den europäischen Trampschiffsbesitzern, daß sie nur Kapitalisten sind. Sie verstehen durchweg nichts von dem schwierigen Frachtgeschäft und sich deshalb auf die Tätigkeit sogenannter Operateure angewiesen. ⋯ Unter diesen Umständen sind große Operateurgruppen entstanden. Eine führende Rolle unter den Operateuren nehmen die Yamashita K. K. und die Daido K. K. ein. Als größter hat Yamashita zurzeit 700,000 bis 800,000 B. R. T. Schiffsraum in Hadaka-Charter. Sein großer Gegenspieler Daido, der sich früher in leitender Stellung bei der Yamashita K. K. befand, hat seine Tonnage von 300,000 bis 400,000 B. R. T. gehartert. ⋯ Dank der Konzentration der Schiffe der kleinen Eigentümer bei den beiden großen Operateuren tritt die japanische Trampschiffahrt als geschlossene Einheit auf. Auf die Tätigkeit dieser zwei Operateure ist der große Aufschwung der japanischen Trampschiffahrt in erster Linie zurückzuführen.[12]

야마시타기선(山下汽船) 일본 최대의 오퍼레이터

일본의 군소 부정기선주는 단순한 자본가에 지나지 않는다는 점이 유럽 부정기선주와 구별된다. 일본의 군소 부정기선주는, 실제 해운업무에는 관여하지 않기 때문에, 화물 업무가 어느 정도 어려운지에 대해서는 전혀 알지 못한다. 그들은 소유선박의 운용을 오퍼레이터의 활동에 전적으로 맡기고 있다. ⋯ 이와 같은 이유로 일본에서는 거대한 오퍼레이터 군이 형성된다. 일본의 오퍼레이터 중 주도적인 역할을 하고 있는 것은 야마시타기선(山下汽船)과 다이도해운(大同海運)이다. 그 중에서도 야마시타기선이 특히 커서 현재 총톤수 70만톤에서 80만톤의 선복을 나용선으로 운용하고 있다. 야마시타기선에 대항하는 것으로 다이도해운이 있다. 그 중역진은 원래 야마시타기선에 있던 사람들로 구성되어있으며, 다이도해운은 현재 총톤수 30만톤에서 40만톤의 선복을 용선하고

---

12 Schulz-Kiesow, P., Organisation und Machtstellung der japanishchen Trampschiffahrt, Wirtschaftsdienst, Mai 12, 1933, Heft 19, Jahrgang 18, s.626.

있다. … 군소선주의 소유선복이 두 개의 오퍼레이터에 집중되어 있어 일본의 부정기선 업계는 상호 밀접한 관계를 가지는 단일체를 형성하였다. 일본 부정기선 업계의 번영은 두 오퍼레이터의 활동에 완전히 맡겨져 있다.13

이처럼 P. Schulz-Kiesow의 논문에는 독일어 'Operateur'가 자주 등장하지만, 모두 적절한 용례를 보이고 있다. 즉, 순수한 오너(순수한 대선(貸船)업자)와 구별되는 선박운용업자라는 의미로 'Operateur'가 사용되고 있다. 저자의 기억이 틀리지 않는다면, 1920년대(쇼와 초기)에 1척의 선박도 소유하지 않고, 모두 다른 선주(대선업자)로부터 용선한 선박을 운용함으로써 해운업을 경영하는 새로운 해운경영형태를 다이도해운주식회사가 창설한 이후 일본에서는 특히 '오퍼레이터'란 용어가 해운관계자들에게서 사용되게 되었다. 다이도해운주식회사가 순수한 오퍼레이터로서 등장하여 '오퍼레이터' 업태가 주목을 끌게 되었다. P. Schulz-Kiesow의 논문에는 'Operator'가 이러한 의미에 사용되고 있어 매우 흥미롭다.

따라서 현재 일본 해운업계에서 말하는 '오퍼레이터'는 '오너'와 구별되는 업태를 의미한다는 점은 맞지만, 이 단어가 원래 갖고 있던 순수한 의미를 그대로 전달하고 있다고 말하기는 어렵다.

다만, 일본에서 현재 '오퍼레이터'라고 하면 순수한 오퍼레이터를 의미하지 않는다. 사실 현재 선박을 1척도 가지지 않고 순수한 오퍼

---

13 佐波宣平, 『海運運賃市場』, 雄風舘書房, 1933, 付錄 2 參照.

레이터가 되는 경우는 거의 없다. 그래서 현실적으로 사람들이 '오퍼레이터'라고 말하면, 그것은 '대선업자' 또는 일본에서 소위 '오너'와 구별하여 '화객운송업무를 담당하는 해운업자'를 의미한다. 바꿔 말하면, 원칙적으로 자기 소유 선박을 조종, 운용하여 화객운송업무에 종사하지만 선복이 부족할 경우에는 그것을 대선업자 또는 오너로부터 용선하여 운용하는 선주 즉, 운항업자. 이것이 일본에서의 '오퍼레이터'이다.

위에서 언급한 바와 같이 'operator'는 '운용자'가 원뜻이다. 따라서 '운용' 대상이 선박에 한정되지 않고 무선전신기가 될 경우 그 '운용자'도 'operator'이다. 따라서 해운에서 '오퍼레이터'라고 말할 경우에는 '선박운항업자'와 '무선전신원' 두 가지 의미를 가지고 있다.

[와카마쓰발신(若松発)] 내항업계는 금융 궁핍, 설비투자의 감퇴, 광공업생산 저하, 제품재고 증가 등 경기조정책의 침투로 인한 운송화물 저감으로 운송실적의 부진 및 선박가동율 저하로 이어져 수입은 대폭 저감하여 경영에 위협을 받고 있지만, 이러한 상황에서도 유력 메이커와 직접 연결하여 원료에서 제품까지의 모든 운송을 독점하고 있는 오퍼레이터 겸 오너는 불경기의 영향을 받지 않고 견실하면서도 안정된 성과를 올리고 있다.14

---

14 日本海事新聞, 1962. 6. 2.

Particular average　단독해손(單獨海損)

　여기에서 형용사 particular(특정의)는 general(일반의)의 상대어. 따라서 particular average(단독해손)은 general average(공동해손)에 대응하는 용어다. 즉, 선박과 화물 공통의 위험을 피할 수 없는 상황에서 발생한 손해(공동해손)이 아닌 선박과 화물의 특정부분이 단독적으로 위험에 의해 받은 손해를 '단독해손'이라고 한다. 적화의 누손(漏損, leakage)과 같은 경우가 이러한 예이다.

　particular의 본래 의미를 살펴보면, 어원은 라틴어 pas(부분)의 단수속격 partis와 라틴어 지소사(指小辭) cula로 이루어진 라틴어 particula로 '작은 부분, 단편(斷片)'이 원뜻이다. 따라서 원뜻으로 본다면, 전체적인 위험과 관련되어 발생한 손해가 아닌 부분적인 위험에 의해 생긴 해손, 또는 전체(whole)에서 특정 부분(part)에 생긴 손해만을 특정한 대상으로 한 손해를 particular average(특정 해손)이라고 한다. 그렇지만, 일본어로 '특정해손(特定海損)'이라고 하면 너무 추상적이어서 대상이 명확하지 않으므로 의역하여 '단독해손'이란 용어가 사용되었다. 만약 일본어 '단독해손'을 영어로 직역한다면 'separated average'가 되지 않을까.

여기에서 매우 흥미로운 것은 도쿠가와시대의 히가키카이센(菱垣廻船)[1]에서는 사무라이들의 화물과 일반인의 화물을 엄격하게 구별하였고, 당연히 공동해손이 될 경우에도 단독해손으로 취급했다고 한다. 즉, 투하(投荷)를 한 경우에도 사무라이 집안의 화물이 남아 있으면 이것을 그들에게 인도하였고, 만약 사무라이 집안의 화물을 모두 바다에 던졌을 경우에는 이것을 사무라이 집안 단독해손으로 처리하였다. 따라서 이러한 경우 화물선이 입은 손실은 당연히 선주의 단독해손으로 처리되었다.

---

1 옮긴이 주 : 일본 에도시대에 오사카 지역과 에도의 소비지를 연결한 화물선을 의미한다.

Perils of the seas   바다 고유의 위험

해상보험관계에서 무엇보다 활발하게 논의가 되었던 용어의 하나
로 유명하지만, 일본에서는 이것이 '바다 고유의 위험'이라고 번역되
어있다. 즉, 바다의 고유한 위험이 아닌 것과 구별하기 어렵기 때문
에 이러한 역어(譯語)를 사용한 것이다. 한편, 바다의 고유한 위험이
아닌 것을 영국 해상보험업계에서는 'perils on the sea'라고 부르고,
일본에서는 이것을 '해상의 위험'이라고 부르고 있다.

일본 해상보험회사가 사용하고 있는 영문 적화해상보험증권을 보
면

Touching the Adventures and Perils which the Assurers are
contented to bear and do take upon them in this Voyage, they are
of the Seas, Men-of-war, Fire, Enemies, Pirates, Rovers, Jettisons,
Letters of Mart and Countermart, Surprisals, Taking at Sea,
Arrests, Restraints and Determents of all Kings, Princes and
People, of what Nation, Condition, or Quality soever, Barratry of
the Master and Mariners, and of all other Perils, Losses and
Misfortunes that have or shall come to the Hurt, Detriment, or
Damage of the said Goods and Merchandises, or any part thereof,
and in case of any Loss or Misfortune, …과 같이 되어 있고, 이것
을 번역하면

"본 항해에서 보험업자들이 담보하거나 책임지는 위험은 다음과 같다. 바다 고유의 위험, 군함, 화재, 외적(外敵), 해적, 강취(强取), 강도, 투하, 포획면허장, 보복포획면허장, 습격, 해상에서의 점유탈취, 모든 국적, 상황 또는 성질과 관계없이 모든 국왕, 군주 또는 사람들에 강제억류 또는 억지(抑止) 등의 억류, 선장과 해원의 악행 및 상기 화물, 상품 또는 그것의 일부 파손, 훼손 또는 손상이 발생했거나 생길 수 있는 그밖의 위험, 감실 및 불행."

즉, 해상보험회사가 책임지는 위험으로 최초에 기록된 것이 'perils of the seas'(바다 고유의 위험)이고, 뒤 이어 열거된 위험, 사고 또는 재해는 '바다에서 생길 수 있는 일들'로 '해상의 위험'(perils on the sea)이라고 하여 '바다 고유의 위험'과 구별하였다.

1906년에 제정된 영국 해상보험법 제1부칙 제7조에 의하면

The term 'perils of the seas' refers only to fortuitous accidents or casualties of seas. It does not include the ordinary action of the wind and waves.

"바다 고유의 위험은 해상에서의 우연한 사고 또는 재액(災厄)만을 의미하고, 풍파(바람과 파도)에 의한 것은 포함하지 않는다."

즉, 해상에서 비정상적인 풍파의 작용에 의해 생긴 우연한 사고 또는 재액을 '바다 고유의 위험'이라고 부르지만, 바다에서 통상적인 풍파의 작용에 의해 생긴 자연적인 소모 또는 마모(wear and tear)는 이것에 포함되지 않는다는 것이다. 이것에 관해 가츠라기 테루조(葛

城照三) 교수의 설명을 예로 인용하면,

"바다 고유의 위험이라는 것은 해상에서의 우연한 사고 또는 재액을 의미한다. 풍파의 통상적인 작용은 바다 고유의 것도 있지만, 이것은 사고 또는 재액이 아니다. 위험이 될 수 있는 요건을 갖추고 있지만 바다 고유의 위험은 아닌 것이다. 위험이라는 것은 손해의 원인으로 이것의 발생이 우연인 것을 말한다. 바다에서 발생하는 일들은 항상 위험이라고 할 수도 없지만 또한 고유의 것이라고도 할 수 없다."2라고 되어 있다. 구체적으로는

"학설 및 판례를 종합하면, Perils of the seas는 풍파의 작용에 기인하는 파선 또는 난파, 침몰, 좌초, 얹힘, 암초 접촉(觸礁), 충돌 및 기타 결과(예를 들어 침수, 돛의 손상, 돛대 부러짐, 어구와 닻의 손실 및 훼손, 조타기와 선박 손실, 화물 누손, 한유(汗濡) 등), 선박 및 화물의 행방불명 등일 것이다."3라고 되어 있다.

한편, 'perils of the seas'와 'perils on the sea'를 엄격하게 구별할 것을 최초로 주장한 것은 영국의 Lord Ellenborough일 것이다. 1815년의 일이다.

"In Cullen v. Butler, 1815, Lord Ellenborough distinguished strongly between 'perils on the sea' and 'perils of the seas.'"4

---

2 葛城照三, 『英文積荷保險證券論』, 早稻田大學 出版部, 1959, p.69.
3 葛城照三, 『英文積荷保險證券論』, 早稻田大學 出版部, 1959, p.77.

｜p

"1815년 Cullen 대 Butler 사건에서, Ellenborough 경은 '바다의 위험'과 '바다 고유의 위험'을 엄격하게 구별하였다."

primage 프라이미지

primage[práimidʒ]라고 해도 무엇인지 모르는 해운인들도 많을 것으로 생각한다. 당연할 수 있다. 그 정도로 프라이미지는 오래된 것으로 현재 해운시장에서는 실제적인 관련이 없다. 하지만, 그렇다하더라도 프라이미지는 선장의 역사적인 발자취를 찾는 데 무시할 수 없는 관습 또는 해사용어이다.

현재의 선장은 선박회사의 단순한 피고용인으로 선박회사의 지시에 따라 일하고, 그에 대한 반대급부로 회사로부터 지급되는 봉급으로 생활한다. 하지만, 이전의 선장은 꼭 그렇지만은 않았다. 예를 들어, 선장(선원도 마찬가지)은 선내의 일정한 공간을 이용할 수 있는 특권이 주어졌고, 이 공간에 다른 사람의 화물을 적재하여 운임을 획득할 수 있었다. 또한 선장은 자신의 판단에 따라 상품을 골라 선내의 자신의 공간에 적재하고, 지역 간의 상품가격의 차이로 이윤을 얻을 수도 있었다. 소위 mariner's portage 제도가 그것으로, 근세

4 Gow, W., *Maritime Insurance*, London, 1917, p.94.

252 현대 해사용어의 어원

동인도항로에서 선장이 이 제도를 통해 얻은 수익은 막대하였다.

아울러 선장은 화주로부터 프라이미지라는 것을 받았다. 화주는 자신의 화물이 항해 중에 잘 관리될 수 있도록 선장에게 hat money (사례금, 팁)을 주었고, 이 hat money가 거의 항구적인 관습으로 된 것이 primage(프라이미지)이다.

이와 같은 mariner's portage 또는 primage는 이상하게 생각되지만, 당시에는 부정한 방법이라고는 생각되지 않았다. 왜냐하면 선장은 원래 자신의 노동에 대해 선박지분을 소유하고, 이러한 지분에 대한 보수의 일부로 선내 공간의 이용권을 부여받았던 환경에서 선장이 화주로부터 받았던 프라이미지는 선주의 단순한 사용인에 지나지 않는 현재의 선장 개념으로서는 충분히 이해하기 힘들 수 있다. 프라이미지는 하나의 공공연한 제도 또는 관습으로 실시되었다. 예를 들어 16세기 중반에 프라이미지는 화물선적 수수료와 더불어 하나의 관습으로 인정되었던 것 같다. 즉,

A piece of flemmishe mony called an Englyshe for lodemanage and for primage of every fardell of wollen clothe. 1540.[5]
"영국 선박은 모직물 각 화물에 대해 화물 적재 수수료 및 프라이미지로 플랑드르(현 벨기에 지방) 통화 1개를 요구했다."

하지만 선박업이 대규모 회사형태를 취하고 선장이 선박회사의

---

5 Act 32 Henry VIII, c. 14; *NED.* vol. VII, 1909, p.1357.

단순한 사용인이 되어버림에 따라 사용인이 회사의 재산인 선박의 공간을 이용하여 자신의 이득을 얻는다는 관습과 더불어 선박회사의 사용인인 선장이 선박회사의 계약상대인 화주로부터 선적 화물에 대한 호의를 부탁받고 그에 대한 반대급부로 사례금을 받는 관습도 제도로서는 부적절하게 되었다. 그리하여 이러한 관습들은 선박업이 더욱 대규모 회사 조직을 갖춤에 따라 차차 없어지게 되었지만, 이전에 행해졌던 제도와 관습은 예를 들어 본래의 의미는 이미 없어졌더라도 완전히 사라지지는 않고 얼마동안은 어떤 형태로 유지되는 것이 통상적이다. 소위 프라이미지는 이러한 과도기의 산물이고 호칭이다.

primage는 어원적으로 prime(首位) -age(어미)로 이루어진다. 이것을 직역하면 '가장 먼저 내는 돈'이 될 수도 있지만, 이것에 적합한 것은 독일로 머리에 쓰는 모자(kappe)를 의미하는 'kaplaken'이 프라이미지를 의미하여 통용된 고어이다. 다시 말하면, 머리에 쓰는 모자와 같이 여분으로 지급되는 부가적인 보수, 즉 hat money가 프라이미지의 원뜻이다. 다음 인용문에서도 이러한 것을 알 수 있을 것이다. 이곳에서는 선장에 대한 프라이미지는 운임의 5퍼센트로 정해져있다.

In Lieu of all ···petty Port charges, it is usual at some Places to pay 5 per Cent calculated on the Freight, and 5 per Cent more for Primage to the captain.[6]

"어떤 항구에서는 모든 항만의 제 비용으로 운임의 5퍼센트를 지불하고, 더불어 선장에 대한 프라이미지로 운임의 5퍼센트를 지불하는 것이 통례이다."

프라이미지가 본래의 의미를 잃게 됨에 따라, 그 용어는 자연스럽게 남겨진 형태로부터 해석이 되게 된다. 윗글로부터 더욱 시대가 경과하여 19세기 후반이 되면 프라이미지의 운임에 대한 비율이 종종 해운동맹의 운임거치환급제(deferred rebate system)[7]의 운임에 대한 비율과 같은 비율로 인해서 두 개가 종종 혼동을 일으키게 된다.

하지만 이것은 1차 세계대전 이전의 일로 현재에는 프라이미지는 이미 해운경영에서 의의를 거의 상실했고 그 용어도 많은 해운인들이 모르는 게 현실이다.

프라이미지 고증을 위해 해운의 고전적인 문헌 두 개와, Report of the Royal Commission on Shipping Rings[8]과 더불어 현대적인 해운문헌 Rene de Kerchove의 *International Maritime Dictionary* (1948)을 골라 이것들로부터 관련된 부분을 인용하여 프라이미지에 대한 설명을 하고자 한다.

---

6 Magens, N., *An Essay on Insurance*, I., 1655, p.73; *NED*, vol. VII, 1909, p.1357.

7 옮긴이 주 : 일정항로의 화물을 일정기간 해운동맹 가입선에만 적재할 경우 해당 기간 운임총액의 일정비율을 화주에게 되돌려주는 제도.

8 Giese, K., *Das Seefrachttarifwesen*, 1919.

The deferred rebate has no real connection with primage. In fixing a rate upon a community a Shipping Company quotes a rate of say 30s., plus 10 per cent. primage. The charging of this percentage, known as primage, is the survival of an old custom under which, we understand, the percentage was a perquisite of the shipmaster.

In the present day primage is in reality a part of the freight, and the reason for maintaining it as a separate item is possibly, as Mr. Holt suggested, in order to make the freight seem less. When the rebate is a percentage, the percentage is based on the net freight, i.e., on the freight without the addition of primage and not on the gross freight. It not infrequently happens, possibly for reasons of convenience, that the rebate percentage coincides with the primage percentage, and this tends to produce the impression that the rebate and the primage are identical. This, however, is not the case, as may be seen by a comparison of rebate and primage in certain trades. Thus the primage of freight on cotton goods from Manchester to Madras is 10 per cent., where as the rebate is 20 per cent., and in the same trade to Calcutta the primage is 10 per cent., where as the rebate is a fixed amount, viz., 5s. 9d. per ton.[9]

"사실상 운임거치환급제는 프라이미지와 전혀 관련이 없다. 화물운임을 정하는 데 예를 들어 어느 회사는 30실링의 운임에 10퍼센트의 프라이미지로 하는 경우가 있다. 프라이미지로 알려진

---

9 The Report of the Royal Commission on Shipping Rings, London, 1909, vol. 1. pp. 27-29.

이 비율 부과는 오래된 관습의 유물인데, 우리가 이해하는 바로는 그 비율은 선장의 부수입이었다. 하지만 현재의 프라이미지는 사업상 운임의 일부분을 형성하고 있는데, 이러한 항목을 별도로 취급하는 이유는 이렇게 함으로써 운임을 조금 더 싸게 보일 수 있기 때문이다. 이것은 Holt 씨가 지적한 것과 같다. 거치할인 운임은 퍼센트로 표시할 경우에는 그것은 사실상 운임 즉, 프라이미지를 포함하지 않은 운임에 대한 퍼센트를 의미하고, 프라이미지를 포함한 총운임의 몇 퍼센트를 표시하는 것은 아니다. 아마 편의상일 것으로 생각되지만, 운임거치환급제와 프라이미지로 취하는 퍼센트가 같은 경우도 그리 드물지는 않을 것이다. 이러한 이유로 운임거치환급제 운임과 프라이미지가 완전히 같은 것이라는 생각이 들게 하는 것이다. 그렇지만 둘은 전혀 별개의 것이다. 이것은 약간의 항로에 대한 운임거치환급제 운임과 프라이미지를 비교하면 쉽게 알 수 있을 것이다. 예를 들어 맨체스터/마드라스 항로의 면제품운송에서는 프라이미지는 10퍼센트이지만, 운임거치환급제 운임은 20퍼센트이다. 또한 캘커타(현재는 Kolcata로 개명함) 항로의 면제품 운송에서는 프라이미지는 퍼센트 단위로 10%로 정해져 있지만, 운임거치환급제 요금은 정액표시제로 톤당 5실링 9펜스로 정해져 있다.

Die Primage(*primage*). Fehlt auch im Seefrachttarifwesen die Abfertigungsgebühr, so setzt sich doch auch hier der Frachtsatz meistens aus zwei Teilen zusammen: neben der reinen Fracht, der 'Netto fract' (net freight) findet sich in der Regel noch ein besonderer Frachtzuschlag, die **Primage**, die zusammen mit der reinen Fracht die Gesamtfracht, 'Bruttofracht'(*gross freight*), bildet.

Die Entstehung der Primage geht auf sehr alte Zeiten zurück.

Sie war ursprünglich, und zwar in Deutschland unter dem Namen Kaplaken, eine außerordentliche Belohnung für den Schiffer, die ihm von dem Befrachter gewährt wurde, um ihn zu reger Tätigkeit in seinem Interesse anzuspornen. Ihren Namen verdankt sie der ursprünglichen Zweckbestimmung dieser Zuwendung, die dem Schiffer für seine Winterreise die Beschaffung einer Winterkleidung ermöglichen sollte. Im Laufe der Zeite aber ändert die Primage diesen Charakter unter der Einwirkung veränderter Verkehrsanschauungen völlig. Neueren Zeiten scheint es mit der Stellung des Kapitäns als eines **Angestellten des Reeders** nicht mehr vereinbar, daß er sich von dem Vertragsgegner besondere Vorteile gewähren läßt, die geeignet sind, ihn in einen Widerstreit mit seinen Pflichten als eines Angestellten des Reeders zu verwickeln. Es bricht sich die Anschaung Bahn, daß, was der Schiffer dem Reeder zu verwerben imstande sei, auch dem Reeder gebühre, der den Schiffer anderseits ausreichend zu entlohnen habe. Auf Grund dieser veränderten Verkehrsanschauungen wird nunmehr die Primage von dem Reeder für sich in Anspruch genommen. Daraus ergibt sich auch, daß sie nun nicht mehr von dem Befrachter zugunsten des Schiffers, sondern von vornherein als Frachtzuschlag zugunsten des Reeders vereinbart wird. Gleichzeitig verändert sie auch ihre äuzere Form. Während sie ursprünglich in einem **festen** Betrage gewährt wird, der sick in alten Zeiten auf den Betrag der Fracht für eine Tonne belaufen haben soll, tritt nunmehr an die Stelle dieses festen Betrages ein **anteiliger** Frachtaufschlag.

Diese Entwicklung ist schon zu Beginm dreißiger Jahre des 19. Jahrhunderts im wesentlichen abgeschlossen, wie aus der im Jahre

1830 in Hamburg erschienenen Darstellung des Seerechts von **Pöhls** hervorgeht. Das deutsche Handelsgesetzbuch (§543) geht zwar noch davon aus, daß, die Primage begrifflich eine besondere Vergütung sei, die der **Schiffer** vom Befrachter, Ablader oder Ladungsempfänger erhält, Aber sachlich steht es doch schon ganz auf dem Standpunkt der neueren Entwicklung, indem es bestimmt, daß der Schiffer die Primage oder das Kaplaken, dem Reeder als Einnahme in Rechnung zu bringen habe. Nur die Ausschaltung jeder persönlichen Beziehung zum Schiffer aus dem Begriff der Primage gehört der neuesten Zeit an.

Damit hat die Entwicklung im allgemeinen Halt gemacht. Den letzten Schritt, der nahegelegen hätte, nämlich die Primage grundsätzlich in die Fracht selbst einzurechene, hat die Entwicklung im allegemeinen nicht oder doch noch nicht getan. Maßgebend war dabei anscheinend der rein äußere Garund, daß man auf diese Weise den Anschein einer Erhöhung der Fracht und damit eine Beunruhigung der Verkehrskreise hat vermeiden wollen; eine Vermutung, die auch der englische Reeder **Holt** vor dem zur Untersuchung über die schiffahrtsringe und das Rabattsystem eingesetzten englischen Untersuchungsausschuß ausgesprochen hat. Dafür spricht auch, daß wir die Primage in neu eingerichteten Verkehren, z. B. in dem dinige Jahre vor Kriegsausbruch einge-richteten arabisch-persisch-persischen Dients der Hamburg-Amerika-Linie nicht finden.

Gehen wir nun genauer auf den heutigen Charakter der Primage ein, so erhelt aus dem Gesagten, daß sie sich als ein **Teil der Fracht** (*a part of the freight*), nicht aber als eine Nebengebühr

p

darstellt, deren Begriff voraussetzen würde, daß es sich dabei um ein Entgelt für gelegentliche Nebenleistungen handelt. Das bedarf besonderer Hervorhebung, weil das Handelsgesetzbuch sie unter die Nebengebühren rechnet. Seine Erklärung findet dies in der veralteten Begriffsbestimmung des Handelsgesetzbuchs, das unter Primage eine 'ausser der Fracht', in jedem Falle besonders vereinbarte Vergütung versteht.

Ebensowenig hat die Primage irgendetwas mit dem im Seefrachtwesen weit verbreiteten 'zurückgestellten Rabatt' (*deferred rebate*) zu tun, den die Verbandsreedereien denjenigen ihrer Befrachter gewähren, die eine gewisse Zeit hindurch ihre Güter ausschließlich mit Schiffen der Verbandsreedereien versandt haben. Auch das bedarf besonderer Hervorhebung, weil vielfach, vor allem auch in den Kreisen der Reedereien selbst, ein solcher Zusammehang angenommen wird. Diese Annahme gründet sich darauf, daß man die Beobachtung gemacht zu haben glaubt, daß Rabatt und Primage sich in ihrer Höhe entsprechen.

Aber schon diese Beobachtung trifft nur teilweise zu. Es gibt z. B. Verkehre, wie den Verkehr mit Südafrika (Kapstadt, Algoabay, East London, Durban und Lourenco Marques), wo eine Primage von 10 v. H. (und zwar nur bei Gewichtsgut) erhoben wird, der allgemein gewährte Rabatt aber 5v. H. beträgt. Daneben gibt es andere Verkehre, wie den von Hamburg und Bremen nach Ostasien, in dem die Primage fehlt, aber ein Rabatt von 10v. H. gewährt wird.

Wichtiger aber nocho ist, daß die Primage auf ganz anderen geschichtlichen Voraussetzungen beruht als der Rabatt. Die Primage ist ein Überbleibsel aus den Zeiten eines primitiven Schiffahrtsbetriebes, das in den Verhältnissen des heutigen Reedereibetriesbes keine Rechtfertigung mehr findet. Ihre Entstehung liegt, wie wir sahen, in weit entlegenen Zeiten. Der Rabatt ist dagegen eine Einrichtung der neuesten Zeit, ein Werkzeug der Kartellpolitik, entstanden im Zusammenhang mit den großen Schiffahrtskartellen. Seine Entstehung geht daher nicht weiter als diese zurück; tatsächlich erscheint das Rabattsystem zuerst im September 1877 in der Kalkutta-Konferenz.

Wie wie sahen, hat die Primage keine allgemeine Geltung; im Gegenteil zeigt ihre Anwendung eine außerordentliche Mannigfaltigkeit. Die Gründe liegen einmal in der geschichtlichen Entwicklung. Nicht überall hat sich die Primage gegenüber den veränderten Verkehrsanschauungen erhalten, und in einigen neueren Verkekren hat man sie, als eine veraltete Erscheinung, erst gar nicht eingeführt. So fehlt z. B. die Primage im nordatlantischen Verkher und im arabisch-persischen Verkehr. Vielfach wird auch die Primage dazu benutzt, um gewissen besonderen Bedürfnissen Rechnung zu tragen. So werden nicht selten Frachtermäßigungen bei einzelnen Gütern in der Weise durchgeführt, das man auf die Primage verzichtet. Einen besonders wichtigen Fall der Anwendung der Primage werden wir später im Zusammenhang mit der Besprechung des Tarifsystems kennen lernen, dessen Kenntnis zum vollen Verständnis dieser Anwendungsart notwedig ist. Hier mag eine kurze Andeutung genügen. Vielfach wird nämlich die Primage dazu benutzt, um die materielle Ubereinstimmung der Frachten zwischen den Reedereien, die nach der metrischen Raum-und

Gewichtsordnung rechnen, und denjenigen, die nach englishen Maß-und Gewichtssystem rechnen, durchzuführen. Zu diesem Zwecke wird die Primage nur bei den Gewichts-, nicht aber bei den Raumgütern berechnet.

Im ganzen ergibt sich so in der Anwendung der Primage ein sehr buntes Bild. Und wie die Anwendung, so ist auch die Höhe der Primage verschieden. In der Regel batrgt sie 10 v. H. der reinen Fracht, entspricht also dann der üblichen Höhe des Rabattes, aber auch 5 v. H. findet sich häufig, so z. B. im Verkehr nach dem La Plata und Parana.[10]

"해상의 정해진 운임에는 발착비용은 포함되어 있지 않지만, 해상운임율에는 일반적으로 두 가지 부분으로 구성되어있다. 즉, 우선 '실운임'(actual net value)을 들 수 있고, 이외에 원칙적으로 프라이미지라고 부르는 특별할증운임이다. 프라이미지는 실운임과 합쳐 '총운임'을 구성하게 된다.

프라이미지의 기원은 아주 오랜 전으로 거슬러 올라간다. 프라이미지는 원래 독일에서 Kaplaken이란 명칭을 가지고 있으며, 화주가 자신들의 이익을 위해 선장을 격려할 목적으로 선장에게 주었던 일종의 특별 보수였다. 그 명칭은 동계 항해를 위해 선장에게 동복을 제공했던 데서부터 생겨났다. 하지만 시간이 지남에 따라 교통의 관념이 바뀌어 프라이미지의 성격도 변화되었다. 현재에는 선장이 운송계약의 상대인 화주로부터 특별한 이익을 받는 것은 선주의 피고용자인 선장 입장으로는 바람직하지 않고, 자신의 의무에 위반되는 것으로 생각되어지게 되었다. 즉, 선장은 선주

---

10 Giese, K., *Das Seefrachttarifwesen*, Berlin, 1919. SS.190-192.

가 이익을 얻도록 노력하고, 선주도 선장에게 충분한 보수를 주어야 하는 것이라는 견해가 생겨났다. 이렇게 (해상)교통의 관념이 변화됨에 따라 프라이미지는 선주 스스로가 화주에 대해 이것을 요구하게 되었다. 따라서 프라이미지는 화주로부터 선장에게 제공되는 것이 아니라 미리 할증된 운임으로 선주에게 제공되는 것으로 정해졌다. 이처럼 프라이미지는 형식을 바꾸게 되었다. 옛날에는 화물 1톤의 운임에 상당하는 혹은 고정액의 프라이미지로 정해졌지만, 현재에는 총 운임액의 몇 퍼센트라는 수수료가 프라이미지로 정해지게 되었다.

이와 같은 추이는 이미 19세기 초반에 대체적으로 완료되었다. 이것은 1830년 함부르크에서 출판된 Pöhls의 해상법에 관한 저서로부터 추론할 수 있다. 독일 상법 제543조는 선장이 송화인, 선적인(船積人) 또는 수화인으로부터 받는 프라이미지는 특별한 사례로 정의하고 있지만, 실제로는 근대적으로 발전한 견지에서 선장은 프라이미지 또는 Kaplaken을 "선주의 수입으로 계산해야 하는 것"으로 정하고 있다. 따라서 선장에 대한 개인적인 관계는 모두 프라이미지의 개념으로부터 제거된 것으로 이것은 정말로 최근의 발전과도 같은 것이다.

프라이미지의 발전은 이 정도에서 정지되었다. 프라이미지를 원칙적으로 운임 자체에 포함시키는 것에는 상황이 거의 진행되지 않았다. 이렇듯 프라이미지의 발전이 정지된 외면적인 이유는 프라이미지를 운임 자체에 포함시키면 운임이 외견상 높아지고 운송관계가 혼란스러워지는 것을 선주가 피하려고 했기 때문이다. 영국 선주 Holt가 영국 해운동맹, 운임거치환급제 제도위원회에서 피력했던 의견도 이것과 마찬가지이다. 이것을 뒷받침하는 사실로 제1차 세계대전이 발발하기 수년 전에 개설된 함부르크-아메리카 라인(Hamburg-Amerika Linie)의 아라비아/페르시아 항로가 있다.

즉, 이 항로에는 프라이미지를 전혀 찾아 볼 수가 없다.

프라이미지가 현재 갖고 있는 성격을 좀 더 면밀히 살펴보면, 위에서 언급한 바와 같이 운임의 일부를 구성하지만 부가적인 수수료를 구성하는 것은 아니라는 것이 명백하다. 여기에서 부가적인 수수료라는 것은 임시적으로 부가된 급부(給付)에 대한 보수가 필히 전제조건인 경우를 말한다. 이것을 독일의 상법에서는 프라이미지를 잘못 해석하여 부가적인 수수료로 보고 있어 특히 주의할 필요가 있다. 이처럼 독일 상법의 진부한 개념으로부터의 해석은 프라이미지를 '운임과는 별도로' 각 경우에 별도로 정해진 사례라고 잘못 보고 있기 때문이다.

마찬가지로 프라이미지와 '운임거치환급제'[11]는 아무런 관계가 없다. 하지만 종종 선주 사이에서도 프라이미지와 운임거치환급제 사이에는 어떤 관계가 있을 것으로 생각하므로 특히 주의할 필요가 있다. 결국, 이것은 운임거치환급제와 프라이미지의 비율이 서로 비슷해서 생긴 잘못된 관념인 것이다.

하지만 이러한 관념도 현실과 비교해보면 부분적으로만 타당하다. 예를 들어 남아프리카(Cape Town, Algoa, East London, Durban, Lourenco Marques)와의 항로에서는 프라이미지는 (중량화물에 한정됨) 10%인 것에 비해 운임거치환급제에서는 화물을 특별히 정하지 않고 일반적으로 5%로 정해져 있다. 또한, 함부르크, 브레멘에서 동아시아까지의 항로는 운임거치환급제는 10%인 것에 반해 프라이미지는 전혀 없다.

위에서 언급한 것보다 더욱 중요한 것은 프라이미지가 운임거치환급제와는 전혀 다른 역사적인 전제조건으로부터 발생했다는

---

11 옮긴이 주 : 화주가 일정 기간동안 화물을 해당 해운 동맹선에만 의뢰할 경우 이러한 화주에 대해 동맹에서 제공하는 할인운임.

것이다. 프라이미지의 경우 원시적인 해운경영시대의 유물로 현대적인 해운경영에서는 이미 존재가치가 없다. 이미 언급한 바와 같이 이것이 성립된 것은 아주 오랜 옛날이다. 그런데 운임거치환급제는 최근의 제도로 대규모의 해운동맹과 관련되어 이루어진 카르텔 정책의 하나이다. 따라서 운임거치환급제는 해운동맹의 성립시점보다 더 오래될 수는 없다. 운임거치환급제는 1877년 9월에 성립된 캘커타 해운동맹에서 처음으로 모습을 보이고 있다.

프라이미지가 일반적으로 적용되었다고 보기는 힘들다. 오히려 다른 방법 및 형태를 바탕으로 적용되어 온 것 같다. 이러한 이유 중 하나는 프라이미지의 역사적인 발전에 기인한 것이다. 프라이미지는 교통 개념의 변화에 따라 아울러 시간과 장소에 따라 다르게 발생하였고 결코 곳곳에 생겨난 것은 아니었다. 프라이미지를 진부한 제도로 판단하여 이것을 전혀 받아들이지 않은 항로도 있었다. 예를 들어 북대서양항로, 아라비아/페르시아 항로에는 프라이미지 같은 제도는 살펴볼 수 없다. 한편, 프라이미지는 종종 특별한 목적에 따라 이용되는 경우도 있었다. 즉, 프라이미지를 폐지하여 약간의 화물운임을 경감하는 방법을 적용한 경우도 없지는 않았다. 프라이미지 이용이 때로 중요한 경우에 대해서는 표정운임제도(表定運賃制度)[12]에서 논할 때 언급할 것이다. 프라이미지 제도의 적용방법에 대해 완전히 이해하기 위해서는 표정운임제도에 대해 먼저 제대로 이해해야 할 필요가 있기 때문이다. 따라서 여기에서는 가능한 간단하게 언급한다.

용적과 중량 단위에 미터법을 사용하는 선주와 영국법을 따르

---

12 옮긴이 주 : 일정한 내용이나 형태를 가진 운송에 대하여 미리 일정한 양식의 일람 표지를 만들어 운임을 제시하는 형태의 운임. 승객이나 화물의 운송에서 기종점, 이용 수단, 운송 대상 따위가 유사한 경우에 동일한 운임을 적용하기 위해서이다.

는 선주 사이의 운임을 실질적으로 일치시키기 위해서 프라이미지를 사용하는 경우도 종종 보인다. 다만, 이러한 목적으로 프라이미지를 사용하는 경우는 용적에 비해 중량이 무거운 화물에 한정된 것으로 이와 반대의 경우인 중량에 비해 용적인 큰 화물에는 프라이미지를 적용하지 않았다.

프라이미지 적용 방법은 결코 단순하지 않고, 또한 금액 및 비율도 각각이었다. 보통 실운임의 10 퍼센트가 프라이미지였고, 이것이 운임거치환급제의 비율과 유사하다. 하지만, 라플라타(La Plata), 파라나(Paraná) 항로와 같이 프라이미지를 실운임의 5 퍼센트로 정한 경우도 있다."

PRIMAGE. 1. A small sum of money formerly paid by shippers over and above the freight, to the master of a ship for his care of the goods. Sometimes called hat money, average. It is nowadays charged with the freight and retained by the shipowner. The clause "primage and average accustomed" is still occasionally found in bills of lading and has the same meaning as primage. The word average in this connection means a pro rate charge to cover expense of lights, pilotage and wharfage.

2. An addition to freight charge, of 10 per cent usually, in consideration for the use of the ship's cargo handing appliances, or any additional expenditures necessitated by accepting cargo. It is often returnable as deferred rebate.[13]

"프라이미지 1. 옛날, 선적 후 화물을 신경써달라는 의미에서 화주가 운임과 별도로 선장에게 지불한 소액의 금액이다. 때로는 hat

13 Rene de Kerchove, *International Maritime Dictionary*, Princeton, 1948. pp.554-555.

money(사례금), average(수수료)로 불렸다. 프라이미지는 현재에는 운임과 같이 청구되고, 선주가 취득한다. '프라이미지 및 수수료 (average)는 관습에 따른다'는 약관은 지금도 선하증권에 종종 보이지만 이것은 프라이미지와 같은 의미이다. 이 경우 수수료(average)는 등대사용료, 도선료, 부두사용료를 충당할 수 있는 비용의 일정 비율에 따라 운임의 몇 퍼센트로 정해진다.

　2. 화물의 하역설비를 사용하는 데 필요한 비용 또는 화물을 선적하는 데 특별히 필요한 경우, 운임 이외에 지불하는 비용으로 보통 운임의 10 퍼센트로 정해져 있다. 프라이미지는 종종 운임거치환급제를 통해 화주에게 되돌려지기도 한다."

ℙropeller　프로펠러, 추진기

　어원은 prae(앞의) + pellere(밀어서 보내다)로 뜻은 라틴어 어원 그대로이다. pellere 또는 이것의 완료분사 pulsus를 어간으로 하는 영어는 아주 많다. 영어뿐만 아니라 유럽어를 공부하는 데 라틴어에 대한 지식이 필요한 이유이기도 하다. 즉, compel(강제하다), dispel(방출하다), expel(방출하다), impel(촉진하다); compulsion(강제), expulsion(배제), impulse(추진), propulsion(추진), pulse(맥박) 등.

　해사용어로서 '추진기'라고 할 경우 노(oar) 또한 추진기지만, 조선기술자들이 일반적으로 말하는 '프로펠러'라는 추진기는 screw pro-

267

peller(나선추진기)이고, 단순히 screw(스크류)로 약칭하기도 한다. screw propeller라고 불리게 된 유래는 이전 증기선, 즉 외륜선 (paddle boat)의 추진기인 외륜(lifting paddle: paddle wheel)과 구별하기 어려웠기 때문이다. 하지만 이 screw propeller가 현재에는 jet pro-peller(분사추진기, 제트 추진기)와 구별될 운명에 처해 있다.

여기에서 screw(나선, 나사)는 라틴어 scrofa(암퇘지)로부터 왔다는 설이 유력하다(Klug; Skeat). 암퇘지가 땅을 파헤치는 방법이 나사가 전진하는 것과 닮았다는 이유이다. 한편 screw propeller를 대신하는 신조어로 최근에 자주 이용되는 것이 pushers가 있다.

　제1차 세계대전 말기 연합국의 해상작전에 큰 어려움을 주었던 것은 독일 잠수정이었다. 이것은 독일어로 'Unterseeboot'(잠수정)으로 불렸지만, 이 잠수정을 유인하는 미끼로 연합국 측에서는 어선이나 상선을 이용하였다. 어선 및 상선을 진짜 군함 또는 군용선인 것처럼 꾸민 것으로 이러한 선박이 'Q-boat'이다. 영국 해군이 이러한 위장선을 나타내기 위해 사용했던 분류기호가 'Q'였던 관계로 'Q-boat'로 불리게 되었다. 상대인 독일 잠수정의 약칭 'U-boat'와의 대조로 흥미를 끌어 'Q-boat'는 곧 일반인들에게 애용되게 되었다. Q-boat에서는 적 잠수정과 조우하였을 경우, 승조원들이 매우 당황

하여 허둥지둥하도록 하는 임무를 맡은 승무원들이 있어 그것을 'panic party'라고 불렀다.

이처럼 'Q-boat'는 특수한 사정에서 생긴 고유의 명칭이고, decoy boat는 일본어로 '오토리센(おとり船, 미끼용 배)'라고 하는데, 'decoy duck'(유인용 오리, 미끼 오리)에서 온 것으로 생각된다. 모든 사람들이 경험했을 것으로 생각되지만, 처음 영어 단어를 외우기 위해 다양한 방법을 사용하고 그 중에는 영어 단어의 발음 및 의미를 일본어의 발음 및 의미에 갖다 붙이는 방법이 있다. 다음은 이러한 예로 그 중에 'decoy'가 보인다.

Chrysanthemum(국화)	……	쿠리산노몬(禁裡さんの紋)
club(클럽)	……	구라부(俱樂部)
coy(부끄러워하는)	……	코이(恋)는 부끄러워하다(恥しい)
decoy(유인하다)	……	데(出)테코(来)이(デ(出)てコイ(来い)
dictionary(사전)	……	지(字) 히쿠(引く) 쇼(書) 나리(ナリ)
disaster(불행)	……	지자스타(自殺した)
gentleman(신사)	……	제니(銭) 토루(取る) 만(人)
kennel(개집)	……	겐(犬) 네루(寝る)
kill(죽이다)	……	키루(斬る)
sericulture(양잠)	……	시리(蚕の尻) 카루츄아(耕作)
shoot(쏘다)	……	슈토(射る)
smear(더럽히다)	……	스미아(炭屋)는 더럽히다(よごす)
sterile(무익한)	……	스(棄)てられる
waterfall(폭포)	……	와타호루(綿降る)

'decoy'는 네덜란드어 'kooi'(바구니, 籠, 영어 cage)로부터 유래하였는데, 원래 작은 새를 유인하는 데 새장을 이용하였기 때문이다. 이

것은 일본어의 '오토리(おとり, 미끼)'가 '오키토리(招(お)き鳥)'로부터 간략화된 것에 부합한다.

한편, 해상보험연구의 입문서라고 하는 아놀드의 『해상보험』에 다음과 같은 문장이 보인다.

"Of course, if the subscription of the first underwriter is obtained under a secret agreement or understanding that it is not to be binding, and for the purpose of loading others to insure, the exhibition of the policy or slip thus subscribed is justly regarded as a fraud on the subsequent underwriters, and on that ground avoids the policy." "The first underwriter in such cases has been called in England a decoy duck; on the Continent, a dolphin, who leaps from the water that others may follows."[1]

"말할 필요 없는 것이지만, 만약 최초 보험자의 서명이 구속력이 없다는 비밀 합의 또는 양해아래 다른 보험자를 유도하여 보험에 가입하도록 하기 위해 얻은 것이라면 이와 같은 서명이 있는 보험증권 또는 슬립(slip)을 보여주는 것은 다른 보험자에 대한 명확한 사기라고 볼 수 있고, 이 이유로 보험계약을 취소할 수 있다." "이러한 경우 최초의 보험자는 잉글랜드에서는 미끼 오리(decoy duck)라고 부르고, 유럽대륙에서는 다른 동료가 자신을 따라오도록 수면에 뛰어오르는 돌고래(dolphin)로 부른다."[2]

1 Arnould, J., *On the Law of Marine Insurance and Average* 14th ed., London, 1954, p.536.
2 葛城照三 譯, 『アーノルド 海上保險』, 第3卷, 早稻田大學 出版部, 1957, p.73.

adar 레이더, 전파탐지기

1935년 미합중국 최대 화학공업회사 듀퐁(Du Pont)이 획기적인 합성섬유를 발명하고 그것에 'NYLON'(나일론) 상표명을 붙였다. 일설에 의하면, 이것은 'Now You Lousy Old Nippon!'(오랜 일본이여, 그대는 곰팡이 냄새가 난다; 그대는 엉망이다.) 머리글자 다섯 개를 조합한 것이라고 한다.[1] "일본의 날실(生糸)은 시대에 뒤떨어졌다. 나일론이 날실을 대신하는 새로운 시대가 도래했다."라는 의지를 나타낸 상표라고 하지만, 이것은 아마 단순한 억지일 것이다.

---

1 日興証券KK, マネービル新聞, 1961년 7월 21일자.

다만, 이것에는 다른 설(억지)도 있다. 예를 들면,

Now You Look Out, Nippon! (자, 조심해라. 일본!)

New York + London 등.

니폰유센가이샤(日本郵船会社)가 회사 이름을 약자로 해서 처음 'N.Y.K'라고 썼을 때, 외국인들로부터 'Not Yet Known'(아직 알려지지지 않은 회사)일 것이라고 놀림을 받았다. 하지만, 의외로 손님과 화물 취급이 뛰어나 그들도 'Nicest Yet Known'(지금까지 들었던 적이 없을 정도로 서비스가 좋은 회사)을 의미할지도 모른다고 생각을 고치게 되었다.

> The badge consisted of a monogram of the four letters W.T.C.L., which stood for 'William Thomas & Co., Ltd.' … but a sarcastic seaman later informed me that the letters meant 'Welsh Thieves and Colonial Liars!.'[2]

Sir James Bisset이 아주 젊은 나이인 15살 때 견습선원으로 해상 생활에 몸을 담아 처음 승선한 것이 County of Pembroke(1098톤)호였다. 1898년의 일이지만, 이 배의 선주는 리버풀의 William Thomas & Co., Ltd였다. 그래서 선원들의 모자에는 머리글자를 딴 W.T.C.L. 배지가 붙어 있었다. 하지만 선원 중에는 이것을 비꼬아서

---

2 Bisset, J., *Sail Ho!*, London, 1961, p.36.

'Welsh Thieves and Colonial Liars'(웨일즈 출신의 도둑과 식민지에서 자란 거짓말쟁이)를 의미한다고 하였다. 참고로 이 선박에는 선장을 포함한 고급사관은 모두 웨일즈 출신이었다.

이것들과 조금 다른 내용으로 'Basic English'(기본영어), 'Pen Club'(국제 펜클럽) 등이 있다. 전자는 'British, American, Scientific, International, Commercial'의 머리글자를 조합하여 'BASIC'라고 한 것으로 꼭 'basic'(기초의)의 원래 뜻을 의미하는 것은 아니다. 다만, 용어를 정해진 수의 기본영어단어로 제한하고 더불어 숙어 또는 관용구는 전혀 사용하지 않으며, 시제(tense)에도 한정을 두는 것으로 습득하기 매우 쉬워서 'BASIC English'는 말 그대로 'Basic English'(기본영어)를 의미하는 것으로 이해되게 되었다. 1920년대 말(쇼와 초기) 저자는 처음으로 Basic English를 접하게 되었다. 당시, 도지샤(同志社)고등상업학교에 오카모토 하루조(岡本春三) 선생이 계셔서 Basic English를 제창하였고 이것으로 복잡한 내용의 상업용건 통신문을 실로 평이하고도 아름다운 영어로 발표하는 것을 보고 감탄하였던 적이 있다.

또한 후자는 1922년 런던에 창설되었던 'International Association of Poets, Playwrights, Editors, Essayists and Novelists'의 머리글자를 모아서 'PEN'이라고 하였고, 이것이 pen(펜)을 생업도구로 삼는 문필가들의 단체라는 것과 약호가 그대로 실체를 표현하고 있어 이후 자랑스럽게 사용되게 되었다.

ℝ

이처럼 두 개 이상의 단어의 각 부분을 따서 그것들을 연결하여 만든 단어를 합성어(Portmanteau word)라고 부른다. 예를 들면

break(조식) + lunch(점심)	→	brunch(조식을 겸한 점심)
holiday(휴일) + danger(사고)	→	holidanger(휴일에 많은 사고)
logic(논리) + arithmetic(산술)	→	logarithm(대수)
motor(자동차) + hotel(호텔)	→	motel(자동차 사용자를 위한 호텔)
smoke(연기) + fog(안개)	→	smog(스모그)
오모리(大森) + 가마타(蒲田)	→	오타구(大田区)[3]
교토(京都) + 오사카(大阪) + 고베(神戸)	→	교한신(京阪神)

'radar'의 경우도 원래대로 표현하면 'radio detecting and ranging'(무선탐지기)의 약자를 조합한 것이지만, 현재에는 전 문장을 사용하는 것이 이상할 정도로 약자가 본명으로 일반인들에게까지 널리 퍼져 있다. 레이더 또는 전파탐지기가 발명되었을 때 호칭으로 상기의 'radio detecting and ranging' 이외에 'radiolocator'가 있어서 일본에서도 종전 직후에는 종종 'radiolocator'란 용어를 들을 수 있었지만, 길어서 장황한 이유에서였던지 현재에는 거의 약자 'radar'가 사용되고 있다. 사실 호칭 'radiolocator'를 붙였던 영국에서도 1943년 이후에는 'radiolocator'라고 부르지 않고 있다.

한편, 같은 종류의 단어를 무선장치에서 찾아보면 다음과 같다.

---

3 옮긴이 주 : 도쿄 도에 있는 특별구 중 하나.

280 현대 해사용어의 어원

Dectra = Decca Tracking and Ranging
(항공기 위치 결정을 위한 무선장치)
Delrac = Decca Long Range Area Coverage
(항공기, 선박 위치 결정을 위한 무선장치)
Loran = Long Range Aid to Navigation
(선박의 위치 결정을 위한 무선장치)
Shoran = Short range navigation
(자기위치 측정장치, 쇼란항법)

range 레인지

최근(1960년대)에 이용되기 시작한 해사용어. 어느 지역의 해안 또는 수역에 있는 모든 항구를 그룹(group)화 하고, 이 항구들을 선적항 또는 양륙항으로 하는 화물에 대해 같은 운임을 적용하는 것이 편리한 경우가 있다. 이러한 경우 같은 군(群, group)의 항구가 있는 해안 또는 수역을 range라고 한다.

통계 처리 분야에서는 일찍부터 이 용어를 사용하였다.

$$range \begin{cases} 100 \\ 99 \\ 98 \\ 97 \\ 96 \end{cases} \rightarrow 98 \; class \; mark$$

$$range \begin{cases} 95 \\ 94 \\ 93 \\ 92 \\ 91 \end{cases} \rightarrow 93 \; class \; mark$$

$$range \begin{cases} 90 \\ 89 \\ 88 \\ 87 \\ 86 \end{cases} \rightarrow 88 \; class \; mark$$

통계에서는 많은 수를 크기 순으로 나열하고 이것을 interval(위의 예에서는 5)이 같은 몇 개의 class로 나누고, 각 class를 대표하는 class mark를 선택할 경우 같은 class에 속하는 수치는 같은 range에 속한다고 한다.

이런 이유로 해운시장에서 같은 range에 속한 모든 항구가 같은 운임이 적용되는 것은 통계에서 같은 class 또는 range에 속한 값이 한 개의 class mark로 대표되는 것과 완전히 같은 방법이라고 할 것이다.

STC(State Trading Corporation) 인도 철광석을 일본(야와타, 八幡)으로 수송할 경우, 화물을 싣는 항구로서 Culcutta, Vizagapatnam, Kakinada, Masulipatnam, Madras 중 어느 곳이 선택되더라도, Kakinada/Yawata 운임 기준으로 이용할 경우, 이 모든 항구는 group 으로 되어 하나의 range를 구성하게 된다.

Range. A geographical section of a coast, or waters, to which the same rate of freight applies. A vessel can load (or unload) at any one or more of the ports included when chartered to load on he *range* specified. A term which refers to the provisions in a charter party by which the loading or disloading port is not specified. This provision requires the vessel to report at some specified place for orders as to its final destination.[4]

"레인지. 같은 운임이 적용되는 하나의 해안 또는 수역의 지리적 구분. 용선계약에서 선적이 특정 레인지로 정해지는 경우, 해당 레인지에 속하는 하나 또는 그 이상의 항구 어느 곳에서도 선적(양륙)이 가능하다. 이것은 선적항 또는 양륙항을 특정하지 않는 용선계약 규정에서 보이는 용어이다. 다만, 용선계약에서는 이 규정에 의해 본선에서 지시에 의한 최종적인 목적항을 어디로 할 것인지(목적지)에 대한 보고를 하여야 한다."

Conferences generally control traffic from one group of ports to

---

4 Kerchove, R., *International Maritime Dictionary*, New York, 1948. p.579.

R

another group of ports, or from one coastal area known as a *range* to another, although some conferences cover more than one range while other apply to but a single port. The coastal frontage of the United States is divided into four major ranges: (1) *The North Atlantic Range* runs from Portland, Maine, to Hampton Roads, Virginia, and includes, in addition to these ports, Boston, New York, Philadelphia, and Baltimore; (2) *The South Range* extends from Wilmington, North Carolina, to Jacksonville, Florida, and includes Savannah and Charleston; (3) The Gulf Range, runs from Tampa, Florida, to Brownsville, Texas, and includes Mobile, New Orleans, Galveston, and Houston; (4) The Pacific Range covers the entire Pacific Coast of the United States including, among other ports, Seattle, Portland, Oregon, San Francisco, and Los Angels.[5]

"해운동맹에서는 보통 관련된 항구를 몇 개의 군으로 나누고, 어느 군의 항구에서 다른 군의 항구로 항로수송을 할 경우 이것을 관리한다. 이런 항구의 군은 레인지(range)라는 이름으로 알려진 같은 해안 구역에 속한다. 따라서 어느 레인지에서 다른 레인지까지의 해상수송이 규정되지만, 어떤 해운동맹은 한 개 이상의 레인지를 가지는 데 반해 한 개의 항구 밖에 가지지 않는 해운동맹도 있다. 미국의 모든 해안은 네 개의 커다란 레인지로 나누어져 있다.

(1) 북대서양 레인지. 이것은 Portland(Maine주)부터 Hampton Roads(Virginia주)까지의 수역. 단, 이들 항구 이외에 Boston, New York, Philadelphia Baltimore의 모든 항구를 포함한다.

(2) 남대서양 레인지. 이것은 Wilmington(North Carolina주)부터

5 Marx, D., *International Shipping Cartels*, Princeton, 1953, pp.167-168.

Jacksonville(Florida주)까지의 수역. 아울러 Savannah 및 Charleston 의 모든 항구를 포함한다.

(3) 걸프 레인지. 이것은 Tampa(Florida주)부터 Brownsville (Texas주) 까지의 수역. 단, Mobile, New Orleans, Galveston, Houston의 모든 항구를 포함한다.

(4) 태평양 레인지. 미합중국의 태평양 해안 전체를 포함하고, 특히 Seattle, Portland, Oregon, San Francisco, Los Angels의 모든 항구를 포함한다."

최근 런던 시장의 거래 타진 또는 계약이 성립된 해상운임계약 중 양하지가 일본과 관련된 레이지로 정해진 것을 살펴보면,

(철광석)	Marmagao/ 모지(큐슈), 지바 range, Liverty형, 38.6, FIO, 3~4월 적재, 거래 타진.
(철광석)	Marmagao/ 모지(큐슈), 도쿄 range, 9,500톤, 40.6, FIO, 4월 1일~30일 적재, 계약 성립.
(쇄철)	Adelaide, Townsville range/ 야하타, 지바 range, 7,000톤, 25,000파운드, lump sum, FIO, 4월~5월 적재, 거래 타진.

日本海事新聞, 1959. 2. 18, 19

rebate 리베이트

rebate(리베이트)에는 앞에서 언급한 해운동맹의 'deferred rebate'

(운임거치환급제)가 있고, 해상보험에서도 협정요율의 비밀 리베이트가 있다. 즉, 리베이트는 해운인들 사이에서는 수십년 이전부터 모르는 사람이 없었던 관행이지만, 우연히도 일본의 계획조선(企画造船)과의 인연으로부터, 1943년 1월 조선의혹사건(造船疑獄事件, 고위관료가 연관된 사건)으로 인해 가혹한 범죄 취급을 당하는 쓰라림을 맛보았다.

'rebate'는 원래 도검 등의 단조 과정에서 칼을 '접어 구부리다'(to beat back again)라는 의미이다. 프랑스어의 'battre'(때리다, 두드리다, 부딪치다)가 'rebattre'로 되고, 영국에 건너와서 'rebate'가 되었다.

r elet, S ublet 재용선

원용선(原傭船, original charter)과 구별되는 재용선(再傭船)은 지금까지 영어로 'recharter' 또는 'subcharter'로 불려왔지만, 최근(1950년대 말) 일본의 업계에서 재용선과 관련된 용어로 'relet', 'sublet'이 등장하였다. 예를 들면

"도쿄해운거래소는 10월 20일 설립된 지 이미 22일이 지났지만 매우 거래가 드물어 계약이 성립된 건수는 겨우 3건(화물 2건, 선박 1건)이다. 관계자에 따르면, 거래가 정체되고 있는 이유는 부정기선

카르텔의 성립이후 거래는 자사운영 선박에 적합한 화물 계약이어
야 된다는 원칙이 세워져 있어 sublet cargo를 싣기 어렵게 된 것이
근본적인 이유라고 이야기하고 있다."[日本海事新聞, 1959. 11. 12]

"설립 전에 오퍼레이터와 충분히 토의하고 신중하게 검토했다면
지금과 같은 결과가 되지는 않았을 것이다. 제1 서브렛 만으로 해
운거래소가 운영될 것으로 생각한 것이 큰 오산이었다."[海運夕イ
厶ス, 제297호, 1959.11. 25, p.4]

"지난 10월 20일부터 도쿄해운거래소가 개설되었지만, 릴렛만을
목표로 해서는 본 궤도에 오르기 힘들다."[海運, 日本海運集會所,
1959. 12월호, p.40]

위와 같은 일본의 용어 사용례에 따르면 '릴렛', '서브렛'이 원계약
에 대한 재계약을 의미하는 것은 이해하지만, 그 개념의 상세한 내
용은 이것만으로는 파악하기 힘들다. 따라서 '릴렛', '서브렛'은 (일본)
해운업계에서는 재계약을 의미하는 'recharter', 'subcharter'와 어떻
게 다른지 어떻게 구별하는 것일까. 우선 다음 G. G. Stretch의 견
해를 보자.

Relet, Sublet - These terms are used interchangeably in the sense
of rechartering part of all the original charters. As a rule, however,
"sublet" is used where an entire ship or cargo is rechartered and
"relet" where part of a ship or cargo is rechartered.[6]
"릴렛, 서브렛 - 이 두 용어는 모든 원용선의 재계약을 의미하는

287

것으로 상호 구별 없이 사용된다. 하지만, 원칙적으로 '서브렛'은 선박 또는 화물 전부가 재계약되는 경우 사용되고, '릴렛'은 선박 또는 화물 일부가 재계약되는 경우 사용된다.

이것을 요약하면 다음과 같다.
• 선박 또는 화물 전부가 재계약되는 경우: 서브렛
• 선박 또는 화물 일부가 재계약되는 경우: 릴렛

하지만, Stretch의 견해는 아마도 'subcharter', 'subletting'에 관한 업계의 일반적인 용례와는 일치하지 않는 것 같다. 예를 들면,

Subcharter : An agreement made by the charter of a vessel to sublet in part or totally the said vessel to other persons. It is an independent contract between charterer and subcharterer in no wise connected with the original charter except as regards the determination of the charter's right to subcharter. It does not create any contractional relationship between subcharterer and owner of vessel.[7]

"서브차터. 어떤 선박의 용선자가 다른 사람에게 해당선박의 일부 또는 전부를 서브렛(또는 빌려줌)하기 위한 계약을 말한다. 이것은 용선자(subcharterer) 사이에 성립하는 독립적인 계약으로 원용선(original charter)과는 전혀 관계가 없다. 다만, 용선자의 재용

---

6 Stretch, G. W., *Chartering of Ships; Charter Parties and Bill of Lading*, New York, 1952, p.107.

7 Kerchove, R., *International Maritime Dictionary*, New York, 1948. p.741.

선자에 대한 권리에 관해서는 별개이다. 아울러 재용선계약이 성립되었다고 하더라도 재용선자와 본선 소유자 사이에 새로운 계약관계가 발생하지는 않는다."

'sublet'에 대해서도 유사하다고 할 것이다.

Subletting : It is customary to stipulate in a time or voyage charterparty that charterers have the right of subletting the whole or part of the vessel on the understanding, however, that they remain responsible to the shipowners for the due fulfillment of the original charter-party.[8]

"서브렛팅 : 기간용선계약 또는 항해용선계약에서는 용선자는 해당선박의 전부 또는 일부를 서브렛 할 수 있는 권리를 가지는 것이 관례로 되어 있다. 다만, 양 당사자(용선자, 재용선자)는 용선계약의 정당한 수행을 위해 해당 선박소유자에 대한 책임을 지는 것은 그대로 유효하다."

That the Charterers shall have the option of subletting the Steamer giving due notice to Owners, but the original Charterers always to remain responsible to Owners for due performance of this Charter.(*BALTIME*)

"용선자는 선박소유자에게 당연히 해야 할 통지를 한 경우에는 본선을 서브렛할 수 있는 자유를 가진 것으로 한다. 다만, 원용선자는 용선계약의 정당한 이행에 관해서는 항상 선박소유자에 대한 책임을 지는 것으로 한다."

---

8 Bes, J., *Chartering and Shpping Terms*, Amsterdam, 1951, p.48.

Charterers to have liberty to sublet the vessel for all or any part of the time covered by this Charter, but Charterers remaining responsible for the fulfillment of this Charter Party.(*PRODUCE*)

"용선자는 본 용선계약에 정해진 계약기간의 전부 또는 일부 기간 동안 본선을 서브렛하는 자유를 가진다. 다만, 용선자는 본 용선계약의 이행에서 이전과 마찬가지로 책임을 지는 것으로 한다."

이들 인용문에서 명확하게 'subcharterer', 'sublet'은 항상 원용선 (선박)의 재계약이고, 원화물운송의 재계약을 의미하지는 않는다. 따라서 먼저 살펴본 G. W. Stretch의 견해와는 완전하게 일치하는 것은 아니다.

'relet', 'sublet'과 같이 새로운 개념의 설명을 하고 있는 관계문헌은 적고, 현재 충분하게 검토를 하지 못하는 것은 유감스럽다. 다만, 적어도 일본 해운업계인들이 이처럼 새로운 해사용어를 말할 때 어떤 의미를 가지는 지에 대해서는 어느 정도 추적이 가능하다. 최근 저자는 기회 있을 때마다 업계관계자들에게 이것을 질문하였다. 충분하게 정리되지는 않았지만 현재까지 얻은 결과는 다음과 같다.

(1) 원용선(선박)의 재계약은 전부 또는 일부를 구분하지 않고 '서브차터(재용선)'라 하고, '릴렛'이라고는 하지 않는다. 이것은 업계에서는 거의 일치하는 용례라고 봐도 좋다.

(2) 따라서 '릴렛'은 원화물운송계약의 재계약을 의미한다. 다만, 많은 경우 원화물운송계약의 전부가 아닌 일부가 재계약될 때 이것을 '릴렛'이라 한다. 아울러 '서브렛'도 완전히 같은 의미로 종종 사

용된다.

(3) (원)용선계약에 의해 용선 선복을 가진 선주가 그 선복에 대해 다른 선주와 재계약하는 경우가 '서브차터'이고, 원운송계약에 의해 취급화물을 가진 선주가 해당화물의 일부를 운송하기 위해 다른 선주와 선복을 조치하는 것이 '릴렛'이다. 즉, 거의 같은 거래형태를 선복을 기준으로 하면 '서브차터', 취급화물을 기준으로 하는 경우에는 '릴렛'이다.

(4) '릴렛'과 '서브차터'는 명확하게 구별하지 않고 사용된다. 오사카 상선의 경우 동일한 계약을 회사의 부정기선과에서는 '릴렛', 경리부에서는 '서브렛'으로 취급한다.

덧붙여서 말하면, 새로운 용어 '릴렛', '서브렛'이 최근 해운업계에서 종종 언급되는 이유는 일본을 포함한 세계 해운시장의 대형거래화물, 장기화물의 인수계약이 특히 활발해진 때문이라고 볼 수 있다. 즉, 어느 선주가 대형거래화물, 장기화물을 일괄해서 인수했다 하더라도 그 선주가 처음부터 화물량에 적합한 선복을 준비했다고는 할 수 없을 것이다. 따라서 때로는 해당 화물운송계약의 일부를 사후에 다른 선주와 재계약하여 분할할 수밖에 없는 상황이 발생하고 이러한 원화물 운송계약의 재계약으로 'relet' 또는 'sublet' 문제가 생기게 된 것이다. 본 항목의 서두에서 인용했던 일본해사신문 (1959. 11. 12) 기사를 참조하기 바란다.

　이처럼 본다면 '릴렛', '서브렛'은 인수화물 운송계약의 재계약으로 보는 것이 바람직한 것 같다. 하지만 이 용어에 대한 정의는 명확하게 정해진 것이 아니다. 이후 충분한 검토와 주의가 필요할 것 같다.

S. G.

as entitling the holder to the t
or Contract as security for t

Be it known th

as well in *their* own N
every other Person or Perso
in part or in all, doth make
every of them, to be insured

Japan to Seishin,

Any person not an Underwriting Member
of Lloyd's subscribing this Policy, or any
person uttering the same if so subscribed,
will be liable to be proceeded against
under Lloyd's Acts.

S.G.

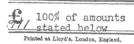

£ 100% of amounts
stated below

Printed at Lloyd's, London, England.

upon any kind of Goods an
Artillery, Boat and other Fur

"SEIGA MARU" s.s.

whereof is Master, under God

"1779년(같은 해 1월 12일, 로이즈 표준보험증권서식이 결정됨) 이래, 해상보험증권 취급 방법은 다양한 변화가 있었지만, 그런 와중에도 끝까지 바뀌지 않고 로이즈가 보여준 보수주의의 극단적인 예는 로이즈 보험증권의 모두에 내걸린 신비한 문자 'S. G.'를 필요성이 완전히 없어지고 많은 세월이 지났음에도 불구하고 현재까지 사용하고 있다는 것일 것이다."[1]

하지만, 이 'S. G.'가 도대체 무엇을 의미하는가? 또는 어떤 의미를 가지고 있는가? 에 대해서는 정설이 없고 연구자들 각자가 자기 나름대로의 추리와 해석을 하고 있는 상태이다.

"로이즈 해상보험증권에는 예외 없이 좌측 상단에 머리글자 'S. G.'라고 인쇄되어 있지만, 'S. G.'의 기원은 무엇일까? 지금까지 많은 조사가 이루어졌지만 아직도 신비한 수수께끼로 남아있다. 이에 대해서는 기묘한 설이 몇 가지 제기되었다. 해상보험에 관한 논저(論著)를 발표한 사람이라면 한 사람도 예외가 없다고 할 정도로 많은 사람들이 보험증권에 'S. G.'가 기재된 이유 및 유래에 대해 각자의 주장을 발표하고 있다. 하지만 이 문자가 무엇을 의미하는지 왜 이것이 보험증권에 기재되었는지를 명확하게 이야기하는 문헌은 아직까지 없다."[2]

이처럼 'S. G.'의 의미에 대해 결정적인 해석은 이루어져 있지 않

---

1 Fayle & Wright, *A History of Lloyd's*, p.132.
2 Lay, *Marine Insurance*, p.87.

다. 아래에 기술한 것은 지금까지 주장된 여러 가지 설을 정리하고 이것에 약간의 사견을 추가한 것에 지나지 않는다.

(1) *Ship and Goods*설 - 'S. G.'는 '선박 및 화물'을 의미한다. 바꿔 말하면, 해당보험증권이 선박, 화물의 위험을 책임지는 증권이라는 것을 나타내는 기호라고 해석으로 M. D. Chalmers; J. G. Archibald; W. Gow; C. E. Fayle; C. Wright 등과 같은 학자들이 이 설을 주장하고 있다. 오랜 옛날에 보험증권 일정서식이 선박, 화물 모두 책임지도록 작성되었다는 사실에 그 논거를 두고 있고, 많은 의견 중에 가장 유력한 것이다.

다만,

① 아주 오래된 옛날부터 같은 서식의 보험증권에 의해 선박, 화물과 마찬가지로 운임도 보험에 포함되었는데 왜 '운임'(freight)을 의미하는 머리글자 예를 들어 'F'를 로이즈 보험증권에 기재하지 않았을까? 이해하기 어렵다.

② 해상보험이 영국에서 사용된 이래 거의 모든 보험증권에는 'S. G.'가 기재되어있지만, 로이즈에 보관된 가장 오래된 보험증권으로 일컬어지는 1680년 1월 20일자 *Golden Fleece*호(250톤, 리스본에서 베네치아까지 항해)의 항해를 책임진 보험증권(선박 및 화물을 담보, 보험금액 900파운드, 보험요율 4%)에는 'S. G.'가 있어야 할 곳에는 'ɔ . C'가 기재되었다. 이것은 간과할 수 없는 중요한 문제를 제공하고 있다.

이와 같이 *Ship and Goods*설에도 비판의 여지가 약간 남아 있지만, 두 사람의 학자 Fayle과 Wright가 힘든 고증 끝에 이 주장에 찬성을 표명한 이후로, Ship and Goods 설이 더욱 유력하게 되었다. 아래는 두 사람의 고증에 대한 요약이다.

"'S. G.'에 대한 해석을 단순한 어림짐작에서 확실한 단계에까지 발전시킨 최초의 자료는 법령집(Statutes At Large)의 방대한 책장 속에 누워있었다. 이전에는 해상보험증권이 필요로 하는 인지세에 관한 각양각색의 법규가 있었지만, 1795년 이것을 개정, 정리하기 위한 법률[35 Geo. III. c. 63.]이 공포되었다.

이 법률에 따르면, Stamp Commissioners는 브로커 및 보험업자를 위해 각인이 찍히고 인쇄되어 붙여진 증권을 준비하는 것이 의무로 부여되었고, 또한 Commissioners가 준비하고 있는 각인을 받기위해 Commissioners에게 가지고 왔는지의 여부와는 상관없이 모든 보험증권은 이 법률에 정해진 서식에 따라 작성해야 하는 것으로 정해졌다.

이러한 서식에는 다섯 종류가 있었다. 그 중 두 개는 선박 및 화물의 위험을 책임지는 경우에 사용하는 보험증권서식으로, 하나는 London Assurance Corporation이 이용하는 서식이었고 다른 하나는 Royal Exchange Assurance Corporation이 사용하는 서식이었다. 그리고 다섯 종류의 서식 중 나머지 세 가지 서식은 개인보험업자가 이용하는 서식이었고, 세 가지 서식 중 세 번째의 것이 1779년 로이즈가 정한 표준 보험증권의 문구와 완전히 같다. 단지 "Printed according to the Form revised and confirmed at New Lloyd's"(뉴 로이즈에서 개정, 확인한 서식에 따라 인쇄되었다)라는 문구만 제외된 것이다. 어쩌면 이러한 증권서식이 법규에 의해 강제화 된 이상 이러한 문구는 필요 없어졌기 때문이다. 하지만, 이 증권서식의 여백에는 'S. G.' 두 글자가 보이고 있다.

그리고 위의 개인보험업자들이 사용한 보험증권은 세 종류로 구별되고 그 중 첫 번째는 선박만을 책임지는 보험증권, 두 번째는 화물만을 다루는 보험증권이었고, 두 종류 모두 세 번째의 보험증권과 완전히 동일한 서식이었다. 다만, 각 보험증권이 의도하는 특별한 목적에 적합하지 않은 문구를 포함하지 않았던 것은 당연하다.

증권의 여백부분에 선박보험증권에는 'S' 한 글자가 기록되고, 화물보험증권에는 'G' 한 글자가 기록되어 있다. 그런데 로이즈의 경우, 선박만을 취급한 보험증권이 한 장도 보존되어있지 않지만 고문서 중 선박 Saint Anns호에 적재된 화물(선박이 아님)을 취급한 보험증권이 보존되어있고 이것의 여백부분에는 'G' 문자가 기재되어 있다.

이것으로 다음과 같은 사실이 명확해졌다.

* 1779년 뉴로이즈 보험신청인의 손에 의해 『개정 및 확인』된 보험증권의 서식은 한 종류가 아니고 세 종류였음.

- 선박만을 취급하는 보험증권 서식은 약자 'S'로, 화물만을 취급하는 보험증권 서식은 약자 'G'로 구별하고, 'S.G.'와 같이 두 글자를 병기하는 것은 '선박 및 화물'을 취급하는 보험증권의 서식이었음.

만약 이 세 종류의 보험증권이 각각 구별되어 사용되어졌다면 'S.G.'가 가지는 위대한 신비성은 아마 생기지 않았을 것이다. 그런데 1795년 상기 법률의 공포에 의해 'S'와 'G'를 구별할 필요가 없어졌다. 이에 대해서는 의문의 여지가 없다. 인지가 붙여진 상당수의 보험증권을 세 종류의 서식으로 구별하는 것은 실제로 불편하고, 선박보험과 화물보험에 같이 사용가능한 증권서식을 준비하는 것이 편리하다는 것을 사람들이 인지하게 되었다. 원래대로라면 '선박 및 화물' 보험에만 사용된 증권서식이 이제는 로이즈보험증권의 유일한 서식으로 남게 되어 문자 'S.G.'는 원래 갖고 있던 의미는 이미 오래 전에 상실했음에도 불구하고, 지금까지도 증권면에 기재됨으로써(무엇인가 특별한 의미라도 가지고 있는 것처럼) 보험역사 애호가를 갈팡질팡하게 하고 있다.

'선박' 보험증권이 되었든, '화물' 보험증권이 되었든, 이것은 '선박 및 화물' 보험증권과 사실상 상호간의 부적절한 문구를 제외하면 달라질 이유가 없다. 또한 두 보험증권에 사용되는 용어도 크게 중요하지 않은 한 두 개의 차이를 보일 뿐이다. 다만, 그 중 어떤 것은 로이즈 보험증권서식이 아닌 Corporation 보험증권서식에서도 보인다. 이에 따르면 세 가지의 보험증권양식 즉, 'S'양식, 'G'양식과 'S.G.' 양식이 각각의 양식으로 선택되어 용어 및 철자의 미소한 차이는 입체인쇄에 의한 것으로 추측된다."3

(2) *Salutis Gratia*설 - Salutis Gratia는 '안전을 위해서'라는 의미의 라틴어로 중세 각종 상거래 계약서에는 일반적으로 보급되어 사용된 문구이다. 로이즈 보험증권에서는 그 머리글자 두 개를 골라 'S.G.' 라고 했던 것으로 생각된다. 이것은 1874년 4월 1일부터 1906년 10월 1일까지 로이즈의 Secretary로 근무했던 Sir Henry M. Hozier에 의해 제창된 것으로 Henry M. Grey도 이것에 찬동을 하고 있다.

(3) *Salva Guardia*설 - Salva Guardia은 '안전한 보증', 즉 영어의 safeguard를 의미하는 라틴어이고 이 의미를 나타내기 위해 머리글자 두 개를 골라 'S.G.'로 한 것으로 보인다. 이것은 로이즈의 멤버였던 W.E. Found가 1921년 7월에 발표한 해석이다. Found가 들고 있는 논거는 1670년 Savoy에서 출판된 Thomas Blount: Law Dictionary 중 한 문장으로 이에 의하면 "어떤 영국 국민이 범하는 불법을 걱정하는 외국인이 국법에 따라 권리의 안전을 원하는 경우

---

3 Fayle & Wright, *A History of Lloyd's*, pp.132-135.

이것에 대해 국왕이 부여하는 보증"이 Salva Guardia라고 설명한다. 당시 영국에서 외국인은 종종 고리대(高利貸)를 하고 있어 평판이 아주 좋지 않았고, 영국인들로부터 각종 박해를 받았다. 이러한 외국인의 다수는 보험업자의 길드에 보험을 가입했다. 따라서 그들로서는 자신이 가입한 보험계약에는 국왕으로부터의 안전보장 즉, Salva Guardia가 필요했다. 로이즈 보험증권도 예외가 아니었다는 설이다.

(4) *Sterling Gold*설 - 상기 W. E. Found는 1922년 7월 29일자 *Spectator*지에 A Lloyd's Policy라는 글을 게재하고, 'S.G.'에 대해 세 개의 새로운 주장을 발표하였다. 그 중 하나가 *Sterling Gold*설이다.

'sterling'은 영국에서는 원래 은통화(銀通貨)의 별칭이었고, 현재에도 종종 사용된다. 더불어 단지 'sterling'이라고 기재해서는 sterling gold를 의미한다고 볼 수 없다. 그래서 로이즈 보험증권에 'S.G.'라고 쓰는 것은 해당 보험금액을 sterling gold로 지급하라고 정하고 있는 것이다. 로이즈 표준보험증권에서 보험금액표시란의 바로 옆에 'S.G.'가 있는 사실로부터도 이것을 충분하게 추측할 수 있을 것이다.

잉글랜드에서 최초의 순수한 통화(通貨)는 John 왕의 명령으로 Easterlings(동독일 상인)에 의해 각인되었다. 이와 더불어 'sterling'이란 호칭이 생겨났다. 이후 순수한 은 또는 금에 어떤 비율의 귀금속을 섞는 것이 좋다고 알려져서 'sterling' 또는 'Easterling'이란 말은 해당 동전이 가져야 할 일정 순도비율을 의미하게 되었다.

즉, 로이즈에서는 해당보험증권이 특히 sterling gold로 위험을 인수하는 표시로 'S.G.'라고 기재한 것이다.

(5) *Sicurata Generale*설 - 영어로는 general security 또는 general policy, 즉 종합보험증권인 것을 나타내기 위해 머리글자를 따서 'S.G.'라고 했다는 해석으로 위의 Found에 의해 *Spectator*지에 발표되었다. 즉, 제창자 Found에 의하면, 1523년 Ordinance of Florence는 모든 종류의 보험이 종합적으로 적용되는 독특한 형태의 보험에 대해 규정하고 있고, 이러한 종류의 종합보험증권이 소위 'Sicurata Generale'이다. 따라서 로이즈의 경우에도 'S.G.'라고 기재함으로써 선박보험 및 화물보험에도 공통적으로 적용되는 보험이라는 것을 나타낼 수 있었다.

(6) *Syngraph; Syngraphus*설 - 이것도 상기 Found가 *Spectator*지에 발표한 해석으로, 그에 따르면 'Syn'은 '공통의' 의미, 'grapho'는 '나는 글로 쓴다'의 의미. 따라서 이 둘을 연결한 'Syngraph' 또는 'Syngrahpus'는 해당 보험증권이 계약당사자상호간에 의무를 지워주는 것을 나타내고 있다.

(7) *Security Guaranteed; Signatories Guaranteed*설 - 이것은 H. M. Grey가 그의 저서 *Lloyd's: Yesterday And To-day*에서 주장한 것이다.

즉, 현재 우리들이 자신이 판매하는 상품에 'Warranted'(보증)라는 라벨을 붙이는 것처럼 로이즈 보험증권은 'S.G.'를 기재함으로써 '위험이 확실하게 담보되는 증권'이라는 것을 나타냈다. 'S.G.'를 이러한 의미로 해석하는 경우 그 어원은 라틴어와 이탈리아어가 서로 같다.

(8) *Sigilla Gratia*설 - 이것은 로이즈의 Intelligence Department의 주임이었던 T. Devereaux가 제출한 의견으로 1922년 10월 4일자 Lloyd's List에 게재된 그의 편지에서 찾아볼 수 있다. 이 라틴어를 영어로 직역하면 'Seals Guaranteed'(보증된 각인)이 되고, 머리글자를 따서 'S.G.'라고 하였다. 옛날에는 중요한 계약문서에는 항상 각인(seal)이 찍혀져 발행되었다. 해상보험증권도 예외가 아니었다.

이와 같이 본다면 'S.G.'의 'S'는 이해가 된다. 하지만, 'G'가 무엇을 의미할까? 즉, 'Gratia'가 무엇을 의미하는지 당사자인 Devereaux는 이에 대해 아무런 언급을 하지 않았다. 어떤 사람들은 이것을 'guaranteed'라는 뜻으로 해석하고, 다른 사람들은 'by the grace of'라는 의미로 해석한다. (7)의 Grey는 후자를 지지한다. 유럽의 동전에 기재된 'Dei Gra'(신의 은총에 의해)와 같은 것이 그것으로, 예를 들어 "조지 5세는 신의 은총에 의해 영국 국민의 국왕이 되었다"라는 것이다. 로이즈 보험증권의 경우, 원증권(原證券)에 각인(seal)이 있는 것을 사본증권에 표시하기 위해 'S.G.'라고 기록한 것으로 해석하고 있다.

(9) *Sum Guaranteed*설 - 이것은 *Fairplay*지에 게재된 글의 해석으로 'S.G.'가 보험금액 기재란에 매우 가까운 곳에 기록된 사실을 중요시하여 'S.G.'를 해당 보험금액에 관련지어 생각하자는 의견이다. 즉, 증권에 기재된 보험금액이 해당 보험업자가 책임지는 '담보책임액 총액'이고, 그 이외의 것은 보험금으로 지불하지 않는다는 의미를 나타내기 위해 특별히 'S.G.'라고 기록했다는 것이다.

(10) *Somma Grande*설 - 총액을 의미하는 이탈리아어 'Somma Grande' 머리글자 두 개를 이으면 'S.G.'가 된다. 'S.G.'라고 기재함으로써 바로 아래에 기재된 보험금액이 보험업자가 맡는 책임액의 '총액'인 것을 나타낸다. 즉, 위의 (9)와 거의 같은 근거를 가지는 것으로 해석하고 있다.

S.G. 관련 참고 문헌

Lay, H. G., *Marine Insurance; A Text Book of the History of Marine Insurance Including the Function of Lloyd's Register of Shipping*, London, 1925.

Grey, H. M., *Lloyd's: Yesterday And Today*, London, 1926.

Fayle, C. E. & Wright, C., *A History of Lloyd's*, London, 1928.

Gibb. D. E. W., *Lloyd's of London; A Study in Individualism*, London, 1957.

𝕾tevedore 하역업자, 항만노무자

stevedore는 직접적으로는 스페인어 estivator로부터 유래하였는데, 영어의 costive(변비의), constipation(변비)와 같은 계열이다. 이렇게 이야기하면 하역업자에게 실례를 범하는 것일지도 모르지만, 선창에 화물을 가득 채우는 작업이 대장에 굳은 대변을 가득 채우고 있는 변비와 닮아 있는 단어로 이러한 연관성은 어쩔 수가 없는 것 같다. 스페인은 원래 양모 생산국이고 과거에는 양모 해상수출에도 기염을 토했다. 이 경우 스페인어 estivator는 '깎은 양털을 봉지 안에 넣는 사람'이 원뜻이고, 이것으로부터 좀 더 일반적인 용어로 '항만노무자'(a stower of cargo)란 뜻으로 사용되게 되었다. 즉, 영어의 stevedore의 어간 steve(채워넣다, 싣다)와 같은 계열이다. 여기에서 스페인어 estivator의 e는 접두사이고, -dor은 라틴어 대격 -torem과 마찬가지로 명사격변화의 잔영이다.

이상으로 stevedore의 본질에 대해서는 거의 명확해졌지만, 관련하여 stevedore와 같은 계열 단어 몇 개를 참고로 소개한다.

라틴어	stipare	채워넣다, 가득 채우다.
이탈리아어	stivare	충만하다, 퇴적하다.
프랑스어	estivage	상품의 퇴적
프랑스어	estive	선저 적하
프랑스어	estiver	적하 용적을 압축하다
영어	stiffen	조르다, 굳히다

$\mathcal{S}$teward 급사, 사주

영어 sty는 '돼지우리', 영어 ward는 guard의 자매어로 '보호하다, 후견하다'의 뜻. 따라서 sty+ward= steward는 '돼지를 돌보고, 돼지들에게 먹이를 주는 사람'이라는 것이 steward의 원뜻이다. 어원을 찾고 보면, 선박의 손님은 승무원 또는 급사로부터 돼지와 같은 취급을 받는다는 것이 성립하여 여객의 승선 의욕을 없애게 됨으로 선박회사의 영업에 방해가 될지도 모른다.

옛날에는 재산의 주요한 부분이 가축으로 구성되고, 자산가는 자신의 가축을 돌보는 사람을 고용했다. 이들이 steward이고 이전에는 stieward, stigeward, styward 등으로 썼다. 단, 이후에는 발전되어 '주인의 식탁을 준비하는 사람', 좀 더 일반적으로 '타인을 위해 가사를 돌보거나 뒤에서 돌보는 사람'도 steward라고 하게 되었다.

같은 단어로 영어로는

comes(영어 count, 백작) + stabuli(영어 of stable, 마굿간의)

→ constable(경사, 경관)

mark(영어 mare, 암말) + skalk(고게르만어 종자(從者))

→ marshall(육군 원수)

가 있다. 모두 '말을 돌보는 사람'이 원뜻이다.

일본어 '사주(司廚)'도 steward의 음역의역(音譯意譯)을 겸하고 있다.

한편, steward의 여성명사 stewardess는 현재 여객항공기에서 그 활약이 눈부시다.

더불어 steward의 침실은 glory-hole(직역하면 '영광스러운 구멍')이라고 부른다. 식료품, 음료를 포함해 선원에게 탐나는 물품들이 그곳에 전달되기 때문이다.

It is more difficult to decide exactly what was the function of the stewards who are occasionally mentioned. When Sir John Howard spoke of the steward of his "holke", which was laid up at Deptford, he probably used the word in the sense of a bailiff or manager of property; on the other hand the Robert Kelyngworth who in February, 1460 was "stuard et gubernator de hominibus guerrae" on board a pirate carvel seems to have been the commander. These passages are reminders that the word had a number of general meanings on shipboard as elsewhere, but there is one reference to the steward and his function in the midfifteenth

century poem, *The Pilgrims Sea Voyage*, which shows that he
sometimes fulfilled duties similar to his modern ones.

> Hale the bowelyne! now vere the shete!
> Cooke, make ready annon oure mete,
> Our pylgryms haue no lust to ete,
> I pray good yeue hem rest!
> Go to the helm! what, howe! no nere?
> Steward felow! A pot of bere!
> Ye shalle have sir, with good chere,
> Anon alle of the best.

The inference that the usual duty of the steward in ships of the
fifteenth century and later was the supervision of meat and drink is
confirmed by the regulations drawn up for the expedition of the
Muscovy Company in 1553, which stated that the steward and
cook of each ship must render weekly account of the victuals
consumed.[4]

"자주 등장하는 인물로 stewards가 있지만, 정확하게 이것이 중
세시대에는 어떤 신분이었는지 밝히는 것은 더욱 어렵다. Sir John
Howard(1430? - 1485, Duke of Norfolk)가 당시 Deptford에 계류
했던 자신의 선박 'holke'의 stuard에 관해 이야기했던 기사가 있지
만, 이곳에서 그는 자신의 재산 관리인 또는 시중드는 사람의 의
미로 이것을 사용하고 있다. 한편, 1460년 2월 어느 해적 경범선
에 'steward et guberner de hominibus guerrae'(병사, 군인들의 집사
겸 감독자)로 승선했던 Robert Kelyngworth는 지휘자였던 것으로
생각된다. 이러한 기사를 보면 아무래도 해사용어 'steward',

---

4 Burwash, D., *British Merchant Shipping*, 1460-1540, London, 1947, pp.37-38.

'stuard'는 다른 분야에 이것이 사용되었던 것과 마찬가지로 매우 넓게 다양한 의미로 생각하지 않을 수가 없다.

15세기 중반 민요시로 'The Pilgrims Seavoyage'가 있고, 이것을 보면 현재의 steward가 행하는 역할과 상당히 가까운 역할을 했던 것 같다.

> 선수 줄을 풀어라! 돛을 올려라!
> 쿡(cooke, 조리사), 식사 준비해라,
> 뭐라고! 순례자들이 식욕이 없다고.
> 신이시여 그들이 편안히 극락왕생할 수 있게 해주시길!
> 키 있는 곳으로 가라! 뭐야! 전혀 바람이 없잖아?
> 급사(steward), 맥주 가져 와!
> 예. 지금 가지고 왔습니다. 이것을 한 잔하면
> 금방 기분이 유쾌해질 것입니다.

15세기와 그 이후에 선내에서 식사 및 음료는 steward가 담당하는 것이 일반적이었다. 1553년에 모스크바 회사(Muscovy Company)가 원양항해를 위해 제정한 규칙에 따르면, "승선한 각 선박의 steward 및 cook는 선내에서 소비하는 식료품에 대해 매주 청구서(계산서)를 제출하여야 한다"고 정해져 있다.

Subsidy   (해운)보조금

라틴어 subsidium(원군, 후위, 예비군), sub(측면에, 옆에) + sidere(영

어의 sit), 즉 '측면에 앉다'로부터 유래한 것이다. 즉, 정규 해군에서 예비대라는 의미로 일정조건의 성질을 가지는 상선의 건조 또는 항해에 대해 지급되는 보조금(조선보조금; 운항보조금)이라는 것이다. 다시 말해 전쟁이 일어나면 군사적 취역을 하는 조건아래 지급되는 보조금으로, 이것은 subvention(보조금)도 같은 성격이다. sub(옆에) + venire(영어의 come), 즉 '측면에 오다'라는 의미.

더불어 subsidy; subvention은 일방적인 은혜에 지급되는 bounty (장려금)와는 내용을 달리한다.

T

tally man 검수인, 검수업자

다음은 고치(高知)에서 하이쿠를 짓는 구수노세(楠瀬薑村) 씨의 하이쿠이다.

"爲人暑中存問几帳面"

이것의 의미는 "그 사람으로부터 올 여름에도 안부인사가 도착했다. 이처럼 착실하고 꼼꼼한 사람(几帳面, キチョウメン)이 되는 것은 두렵다."라는 뜻이다. 하지만, 일본어 학자들, 예를 들어 긴다이치 하루히코(金田一春彦) 박사에 의하면 기초멘(几帳面, キチョウメン)은

기초멘(木帳面, キチョウメン)이 올바른 것이라고 한다.[1]

옛날 문자와 수자가 일반적으로 알려져 있지 않을 때 사람들은 돈을 빌릴 경우, 금액, 이율, 계약 연월일, 변제기한 등 중요사항들을 기록하는 데 나무 조각을 이용했다. 나무 조각에 작은 칼로 적당하게 칼자국을 내서 기록한 목편을 두 개로 나누어서 당사자들이 각각 하나씩을 보관하였다. 후일 증거로 사용하기 위해서였다. 이후 분쟁이 발생하였을 경우에는 반으로 나누어 당사자들이 각각 보관하고 있던 목편을 가져와서 칼자국, 즉 부절(符節)을 맞춰본다. 이 '칼자국' 또는 '부절(符)'이 바로 '기초멘(木帳面)'이고, 이것으로부터 칼자국 또는 부절이 꼭 들어맞는 것처럼 모든 것에 빈틈이 없는 것을 '기초멘(木帳面, キチョウメン)'이라고 하였다. 일본에서의 '기초멘(木帳面)'에 해당하는 것으로 서양에서는 'tally'가 있다.

tally는 대차(貸借) 약정사항, 모임의 논의 사항 등을 기록하고자 하는 목적으로 형상 및 칼자국을 종류별로 달리했다. 아래의 그림은 금전대차를 위한 tally의 한 가지 예이고, 칼자국의 크기, 위치에 따라 금액(숫자)의 자리수가 구별된다. 계약당사자는 횡방향으로 나누어져 모양이 같은 두 개의 목편을 각각 한 개씩 보관하였다.

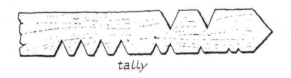

tally

---

1 金田一春彦, 『續日本古典語典』, 東峰書院, 1961, pp.177-178.

일본에서는 많은 숫자를 셀 때 다섯 개씩 나누어 세었고, 예를 들어

正　　正　　正　　正　　正　　丁

와 같이 나타내면 합계 27이라고 읽는다. 일본에서는 이것에 특별한 이름을 붙이지 않았지만, 유럽, 미국에서는 이것을

//// 　　//// 　　//// 　　//// 　　/// 　　/

라고 쓰며 'tally'로 부르고 있다. 일설에 의하면, 네 개가 나열되어 있는 것은 사람의 집게손가락, 중지, 약지, 새끼손가락 그리고 이것들과 교차하는 것은 엄지손가락을 의미한다고 한다. 이것은 인간이 처음에 숫자를 세기 위해 손의 다섯 손가락을 굽혔던 방식을 그대로 표현한 것으로, 이와 같이 생각하면 일본의 '正'과 유럽, 미국의 tally 모두가 다섯 개씩을 한 묶음으로 하고 있는 것도 결코 우연이라고는 할 수 없을 것 같다.

tally의 어원을 라틴어로 하면 'talea'이고, '봉, 막대, 목편'이 원뜻이다. 그런데 중요한 의미를 가지고 사람들의 강한 관심을 끌었던 것이 위에서 언급한 칼자국을 낸 봉, 목편이어서인지 모르지만, 원래 단순한 '봉, 목편'을 의미했던 것이 바뀌어서 '칼자국이 새겨진 목편', '부절', '산가지(算木)'라는 의미로 사용되었다. 더 나아가서는 '조회하다', '대조하다', '계상하다' 등의 동사로서 tally가 사용되게 되었다.

The goods do not tally with the invoice.

(물품 개수가 청구서와 맞지 않는다.)

The two stories do not tally.

(두 사람의 이야기가 들어맞지 않는다.)

영어로 옷감을 재단하는 '재봉점'을 'tailor', '소매상'을 'retailer'라고 하고, '세부, 상세'라는 의미로 'detail'을 사용하는 것도 모두 'tally'와 같은 어원에서 유래했기 때문이고, '나누다, 구분하다'가 원뜻이다. 이것은 오래된 관습 tally에 대해 살펴보면 쉽게 알 수 있을 것이다.

그런데 어떤 방법이 종종 관습으로 정형화되면 도리를 넘어서 강한 보수성을 나타낸다. tally의 경우도 사람들이 이미 문자와 숫자를 알고, 문자와 숫자를 일반적으로 사용하고 난 이후임에도, 문자와 숫자의 편리성을 무시하며 아주 오랜 기간 동안 사용되었다.

Smith : The clerk of Chatham: he can write and read and cast accompt.

Cade : O monstrous![2]

스미스 : 이 친구는 채텀의 서기야. 쓰고 읽을 수 있고 계산도 가능해

케이드 : 뭐라고 괴상한 친구구만!

---

2 Shakespeare, *King Henry VI*, Pt. 2, Act IV, Scene 2, 96-98.

Cade : Let me alone. Dost thou use to write thy name, or hast thou a mark to thyself, like an honest plain-dealing man?3

케이드 : 조용히 해. 어찌되었든 너는 네 이름을 쓸 것인지? 아니면 정직한 사람들이 했던 것처럼 부첩을 사용할 것인지? 어느 쪽이야?

Cade : ⋯⋯, and whereas, before, our fore-fathers had no other books but the score and the tally.4

케이드 : ⋯⋯, 우리 조상들은 잘라진 나무에 칼자국을 새긴 것은 있었지만 다른 책자는 없었어.

셰익스피어의 『헨리 6세』를 읽고 악당 케이드(Jack Cade)를 접할 때마다 실로 유쾌해진다. 어떤 연극이나 뛰어난 작품에는 필연적이라고 해도 될 정도로 사회를 날카롭게 비판하는 익살꾼이 있어 단순한 조역 또는 조역의 조역일지라도 때로는 주연 이상의 연기를 펼쳐 작품을 돋보이게 한다. 『헨리 6세』 제2부의 케이드가 바로 이러한 익살꾼이다. 악당 두목 케이드는 미치지는 않았지만 자신이 진정한 왕위계승자라고 생각하고 헨리 6세를 상대로 폭동을 일으켜 한때는 굉장한 세력을 보이기도 했다. 상기 인용문은 그가 최고의 절정기에 있을 때의 일부분이다. 케이드에 의하면, 읽기, 쓰기 및

3 Shakespeare, *King Henry VI*, Pt. 2, Act IV, Scene 2, 113-115.
4 Shakespeare, *King Henry VI*, Pt. 2, Act IV, Scene 7, 35-37.

계산이 가능한 신사라는 놈들이 활개를 치고 다녀서 잉글랜드는 실로 비참한 나라가 되었다는 것이다. 잉글랜드를 개선하기 위해서는 읽기, 쓰기 및 계산이 가능한 신사들을 모두 해치워야한다. 읽기, 쓰기 및 계산이라는 마법이 불행을 초래하기 이전 시대로 되돌리는 것이 선결되어야 한다. 이것이 케이드의 이상국가관이고, tally는 케이드부터 절대적인 예찬을 받는다.

케이드를 인용했다고 해서 tally가 문맹이었던 일반인들에게만 사용되었을 것으로 오해해서는 곤란하다. tally는 고대, 중세, 근세를 통해 오랜 기간 동안 상관습으로 훌륭하게 기능을 수행했던 도구였다.

> The debt by tally was a contract according to the law merchant, and the proof was regulated by that law. In a similar manner in the city of London, the proof of the tally had to be made by citizens or merchants or other good and lawful men.[5]
>
> tally에 의한 채무는 상관습에 의한 계약으로 그에 대한 입증은 해당법률에 규정되어 있다. 이것과 거의 유사하게 런던 시에서는 tally의 입증은 시민, 상인 또는 선량한 시민들에 의해 준수되어야 했다.

고대, 중세의 단순한 관습에 지나지 않는다고 보여지는 tally는 이후에도 아주 오랜 기간 사용되었다. 근대적인 기수법이 일반적으로

---

5 Twiss, *Black Book of Admiralty*, II, 1873, p.127.

보급되어 tally를 사용하는 것이 바보같이 된 이후에도 수백년 동안 tally의 관습은 계속해서 유지되었다. 관습이 가지는 강한 보수성에는 그저 놀랄 다름이다.

이러한 tally로 인해 1834년 10월 16일 영국 국회의사당은 소실이라는 아픔을 겪게 된다. 작가 디킨스(Charles Dickens, 1812-1870)는 Administrative Reform(정치제도 개혁론) 중에 특유의 비꼬임을 섞어 다음과 같이 기술하고 있다. 국회의사당 소실 직후의 일이다.

"아주 옛날, 목편에 칼자국을 새겨 수지(收支) 계산을 기재한다는 야만적인 방법이 국고법원에 도입되었다. 로빈슨 크루소가 무인도에서 달력을 새겼던 것과 큰 차이 없는 방법으로 계산을 기록해서 보관했다는 것이다. 이렇게 해서 방대한 수에 달하는 회계, 장부, 통계 업무자들이 태어나서 사망했다(많은 시간이 흘렀다). …, 하지만, 잘못된 규정에 바탕을 둔 관공서의 업무는 칼자국에 새겨진 목편이 마치 헌법을 지키는 중요한 기둥인 것처럼 그것을 소중히 취급하는 데 전념했다.

그리고 국고의 회계 부서에서도 변함없이 부첩(tallies)이라고 하는 느릅나무 종류의 판자에 계산을 기록했다. 조지 3세의 통치 시대에 혁명적인 생각을 가진 사람이 나타나서 펜과 잉크와 종이 그리고 석판과 석필이 있는 시대에 이처럼 완고하고 무식하게 시대에 뒤떨어진 구 관습을 고수하는 이유가 무엇인지? 이와 더불어 이제는 바꿔야 하지 않는가?라고 질문을 했다. 하지만, 이렇듯 대담하고 창의적인 생각에 대해 번거롭고 귀찮게 생각했던(변화를 싫어했던) 선배들이 모두 반대했다. 그들은 모두 이 의견에 격분했다. 이 목편들의 폐기가 결정된 것은 1826년이 되어서였다. 그리

321

고 1834년 이러한 목편들이 쌓여서 거대한 퇴적물로 되자 벌레들이 갉아서 너덜너덜해진 이것을 어떻게 처리할 것인지가 문제로 되었다. 결국, 이 나무 조각들은 의사당 안쪽에 보관하도록 결정되었다. 가까운 곳에 살고 있는 빈민들에게 장작으로 나누어 주었다면 번거로움도 줄고 깨끗이 처리할 수 있다는 것은 누구라도 생각할 수 있었을 것이다. 하지만 어느 곳에도 쓸모없는 나무 조각들은 그대로 보존되었다. 융통성이 없는 관공서에서는 도움이 되는 사용처에 나무 조각을 사용하는 것을 허락하지 않았다. 그러면서 결국에는 성가신 것(목편)을 소각하도록 명령을 내렸다. 그래서 상원에 있던 화로(스토브)에 장작 대신에 오래된 tally(부첩 목편)를 태우게 되었다. 가득 채워져 태워진 목편으로 인해 화로는 가열되었고, 벽에 붙여진 널빤지에 불이 붙었고, 널빤지는 하원에 불을 옮겼다. 결국, 상하 양원(국회의사당)은 잿더미가 되고 말았다.

이후 건축가들이 국회의사당을 신축하기 위해 소집되었고, 국민들이 건축비의 2회 분담금으로 100만 파운드를 부담하게 되었다."6

영국 국회에서는 이처럼 커다란 희생을 치른 다음에야 칼자국을 새긴 목편을 사용하는 관습을 폐지하기로 하였지만, 다른 곳에서는 지금도 tally는 사용되고 있다. 병원, 목욕탕 등에서 보이는 '신발표'가 'tally'라고 하면 tally man(검수사)에게 야단맞을지 모르지만, 20세기 후기에도 중남미의 많은 항구에서는 선적화물을 검량할 때 수를 세는 계수능력이 없이 산가지(算木, tally)를 사용하는 검수사들이 있다. 이런 경우에는 화물 적재 시에 소쿠리에 넣었던 산가지를 집계하는 별도의 검수사가 필요하다.

여기에서 생각나는 것은 렌고(聯合紙器)주식회사의 이노우에 테

6 Crotch, W. W., *Charles Dickens, Social Reformer*, London, 1913, pp.207-208.

이지로(井上貞治郞) 회장의 '에이키치(榮吉)의 통'이다. 오사카의 석탄상회에서 일했던 젊은 시절의 이노우에 회장은 통상 에이키치로 불렸다. 당시 오사카 아지가와(安治川)에서 기선에 석탄을 팔 때는 100석이 들어가는 통에 석탄을 넣고, 결제할 때 사용한 통의 개수로 전달한 석탄의 수량을 계산하는 관습이 있었다. 이것에 주목한 에이키치는 통을 이중 삼중으로 겹쳐서 사용하는 방법을 개발했다. 이에 따라 실제로는 30통 분량의 석탄을 넘기지 않았음에도 불구하고, 100통에 가까운 석탄 대금을 교묘히 가로챌 수 있었다. 물론, 에이키치는 사전에 기선의 화부를 매수하여 마츠시마의 유곽에 데려가는 것을 잊지 않았다. 1901년 이노우에 테이지로 회장이 20살 때의 일이지만, 여기에서 '빈통'이 tally(산가지) 역할을 한 것이다.7

요약하면, tally man의 tally는 칼자국을 새긴 목편 또는 산가지(算木)에서 유래하고 있다. 이처럼 역사가 오래된 tally에 대해서는 쓸 것이 매우 많지만 길어지므로 생략하고, 근래의 발전에 대해 이야기를 한 후 마무리하고자 한다.

해운인 사이에서 'tally man'은 적화물을 넘길 때 수량을 검수하는 업자를 일컫는 해운고유의 용어라고 생각하고 있지만, 전혀 엉뚱하게 현재에는 'tally man'이라고 하면 오히려 '견본을 가지고 다니면서 할부 판매를 하는 세일즈 맨'을 의미한다. 파는 사람과 사는 사람이 모두 계산서(청구서)를 가지고 있어 이렇게 부르는 것으로 단어의 원뜻에 그대로 들어맞아 트집 잡을 곳이 없다.

7 井上貞治郞, 私の履歷書, 日本經濟新聞, 1959. 7. 3.

또한 'tally man'과 완전히 같은 뜻으로 종종 사용되는 'tally clerk' 도 해사용어라고 생각하지만 전혀 다르다. 현재 'tally clerk'은 좀 더 일반적으로 '선거투표 시 투표를 계표하는 사람'이다.

마지막으로 'to live tally with a woman'(여자와 동거하다)라는 영어 숙어가 있다. 남자와 여자가 동거하는 것은 칼자국을 새긴 두 개의 목편(tally)이 딱 들어맞는 것처럼 두 사람의 생리작용이 꼭 맞아야 하는 것이 선결조건이다. 그래서 이와 같은 숙어가 생겨났는지도 모른다. 한편, 'tally woman'은 '내연의 처'이다.

나무에 칼자국을 새겨 자국을 수의 단위로 사용했던 관습은 'tally' 에만 남아 있는 것이 아니다. 'score'도 마찬가지이다. 영국에서는 원래 가축무리를 세는 데 20마리를 한 단위로 하고, 그 때마다 하나의 칼자국을 새겼다. 이 칼자국이 'score'이다. 'score'는 북유럽계의 'skor'(현대영어 skear 자르다, 베다)에서 유래했고, '칼자국, 부절(符節)' 이 원뜻이다. 남방계의 'tally'에 대응된다. 'three score and ten'은 성서에서 '70세', 즉 인생이란 뜻이고 'score board'는 '득점표'이다.

tariff　표정운임율, 표정운임(表定運賃)

원래 아라비아어 ta'rif는 '공시', '알림'이란 의미였지만, 이후 스페인에 가서는 tarifa는 '가격표', '세율표'라는 뜻으로 사용되었다. 현재에도 영어로 'tariff'라고 하면 대부분 '세율표(관세율)'이란 의미로 사용되지만, 해운에서는 각각의 화주와 그때마다 조율하여 정하는 *약정운임*과 달리 미리 운송화물의 종류 및 품명에 대한 일람표를 작성하고 선주측이 거의 일방적으로 공표하는 운임을 'tariff'라고 한다.

여기에서 중요한 것은 이러한 '표정운임'이란 뜻으로 'tariff'가 사용된 것은 그리 오래되지 않았다. Smyth의 *Sailor's Word-Book*에는 다음과 같이 설명되어 있다.

Tariff : List of duties payable upon exported and imported goods.[8]
"Tariff란 수출입화물에 지불되는 관세 일람표이다."

19세기 중반에는 'tariff'가 오히려 '관세율표'란 뜻으로 사용되었다. 아마도 'tariff'는 나중에는 정기선 운임 표시에 관한 개념이 되었지만' 당시에는 정기항해가 중요한 의미를 가지는 정도로 발전하지 않았고, 표정운임의 방법 자체도 일반적으로 보급되지 않았을 것이다. K. Giese는 다음과 같이 설명하고 있다.

Der Seefrachttarif ist danach ein für eine gewisse Dauer und fur eine größere Anzahl sich wiederholender, gleichartiger Beförderung-

---

8 Smyth, *Sailor's Word-Book*, p.675.

sleistungen berechnetes, einseitig festgesetztes Verzeichnis der Beförderungspreise der überseeischen Frachtfahrt.[9]

"해상운임율이라는 것은 일정기간 반복해서 제공되는 해사운송 용역에 대해 일방적으로 결정된 항해화물 운임을 표시하는 일람표 라고 정의되어있고, 해상화물 운임율이 해상운임을 구성하는 데 중요한 발전을 했던 것은 극히 최근의 일로 대략 1차 세계대전 40 년 이전 정도일 것이다."

즉, 정기항해가 일반적으로 폭넓게 운송용역을 제공하는 common carrier형태로 된 이후 'tariff'라는 일람표 형식의 표정운임이 출현하게 되었고, tariff와 rate는 모두 운임이란 뜻이지만 동의어는 아니다. 오히려 tariff(표정운임)는 rate(운임)의 일종이다. 다음에 나타내는 U. S. Shipping Board Bureau의 정의는 결코 완전한 것은 아니지만 다소 참고가 될 것으로 생각된다.

A rate is the net amount the carrier receives from the shipper and retains.

Charges are the segregated items of expense which are to be demanded by the carrier for any service in connection with transportation.

A tariff is a system of rates and charges. U. S. Maritime Commission: *Decisions*, vol. 1, p. 431.

---

9 Giese, K., *Das Seefrachttarifwesen*, Berlin, 1919. S.108.

rate(운임)은 운송인이 화주로부터 수령하는 실제금액이다.

charges(제반 비용)은 운송과 관련되어 행해지는 어떠한 용역에 대해 운송인이 청구하는 종속적인 비용이다.

tariff(표정운임)은 운임 및 제반 비용의 체계이다.

해사용어 tariff에 관해 주의해야 할 두 번째 것은 용어 'tariff'가 위에서 언급한 바와 같이 '표정운임, 표정운임율'이란 뜻임에도 불구하고, 최근 들어 많은 해운동맹들에 의해 non-contract rates라는 의미로 한정되어 사용되고 있다는 것이다.

$$\text{dual rates} \begin{cases} non-contract \quad rates \\ contract \quad rates \end{cases}$$

해운동맹 대부분은 독점적화계약(exclusive patronage contract system)을 시행하고, 이에 동참하는 화주에 대해 contract rates(계약제 운임)을 적용하고 있다. 하지만, 모든 화주가 독점적화계약에 응하는 것은 아니다. 따라서 같은 종류의 화물에 대해서도 독점적화계약에 참가하는 화주와 그렇지 않은 화주가 구별되어 contract rates와 non-contract rates와 같이 두 종류의 운임(dual rates)이 성립된다.

하지만, 어떤 해운동맹에서는

Item	Commodity	Rae Basis		Groups				
				1	2	3	4	5
480	Fruit, Dried or Glace,	NC	W	52.00	54.00	60.00	65.00	58.00
	in boxes or in tins	C	W	43.00	45.00	50.00	54.00	48.00

와 같이 같은 종류의 화물에 대해 non-contract rates(NC)와 contract rates(C)를 같이 사용하고 있지만, 이것은 드문 경우이다. 해운동맹에서는 contract rates를 우선하고, non-contract rates는 contract rates의 몇 퍼센트를 가산할 뿐만 아니라 non-contract rates를 'tariff rates'라고 부르고 있다. 예를 들면,

> For those shippers who do not wish to sign a contract, the 'Tariff' rate on any article may be determined by adding to the 'Contract' rate specified the sum of $ 3.00 per 40 cubic feet or 2,000 pounds, depending upon how the cargo is freighted. Atlantic & Gulf/West Coast of South America Conference, Effective April 4, 1955.[10]
>
> "계약에 서명하지 않는 화주에 대해서는 각 화물에 'tariff' 운임이 적용된다. 'tariff' 운임은 '계약운임' 기준으로 40세제곱피트 또는 2000파운드 당 3불을 가산하게 된다. 단, 용적 40세제곱피트로 할 것인지 아니면 중량 2000파운드로 할 것인지는 해당화물의 운임이 어떻게 부가되는지에 따라 결정된다."

단어는 살아있는 것이어서 답답한 틀(규칙)을 씌워 어떻게 할 수 없는 자유를 가지고 있지만, 이것은 tariff의 용어 사용례에 커다란 혼란을 주게 된다.

상기 Giese의 정의처럼, tariff는 원래 '일정기간 반복해서 제공되

---

10 Grossman, *Ocean Freight Rates*, pp.194-195.

는 해사운송용역에 대해 일방적으로 결정된 항해화물 운임을 표시하는 일람표'이고, contract rates 또는 non-contract rates인지의 구별은 본질적으로 중요하지 않다. 그렇다면, 위에서와 같이 최근 해운동맹에서 사용(non-contract rates라는 의미로 한정)하는 용어는 "이와 같은 용어에 익숙하지 않은 분들에게 약간의 오해를 불러 올 수 있다."라고 이야기 하지 않을 수 없다.

그래서 더욱 깊게 이 용어의 용례를 살펴보고자 한다.

보통 해운동맹에서는 이중운임제(dual rates)을 적용하는 경우, non-contract rates를 reasonably compensatory rates라고 간주하고 non-contract rates와 contract rates와의 차액(differentials)을 독점적하계약에 참여한 화주에 대한 할인(discount) 또는 장려금(bonus)이라고 생각한다. 계약제 화주에게 은혜를 베풀어 주는 듯한 태도이다. 이러한 경우 non-contract rates가 정상운임(normal rates) 즉, tariff rates가 된다.

하지만, 모든 화주가 이렇게 생각하는 것은 아니다. 동맹에 가입하지 않은 선주로 유명한 Isbrandtsen Lines의 경우는 위와 달리 contract rates는 독점운임이며 운임 부담력의 최고한도를 나타내는 것으로 가정하고, 최고한도를 넘어서는 non-contract rates는 둘의 차액에 해당하는 벌금을 포함하는 것으로 취급하였다. 즉, 독점적화계약에 동의하지 않은 화주에게는 벌금이 부과된 것으로 생각하였던 것이다. 따라서 이러한 경우의 contract rates는 해운동맹에서의

기준운임(tariff rates)이 되어 앞의 경우와 반대 결과가 된다.11

위에서 살펴본 두 가지 생각 중 어느 것이 바람직한지는 곧바로 결정하기 어렵지만, 대부분의 해운동맹이 현재 non-contract rates를 tariff rates라고 부르는 배경에는 non-contract rates를 일반 화주들에게 적용해야 할 운임이라고 나타내기 위한 것이라고 생각된다.

ℰen and A Chinaman 항속 10노트 전후

'Ten and a Chinaman', 직역하면 '10과 중국인 1명'이다. 이것이 어떻게 '항속 10노트 전후'를 의미하게 되었을까? James Bisset의 자료를 바탕으로 설명하고자 한다.

"출항 후 3시간이 지난 시점에 선박은 잉글랜드에서 약 2500마일 떨어진 해상에 있었다. 어느 날 아침, 선장은 이전과 마찬가지로 선미갑판에서 올라와서 하늘의 경치를 바라보다가 선장보(船長補)에게 "선장보, 로그를 띄어 보내"라고 하였다.

선장보는 아래로 내려가자마자 핸드로그와 모래시계를 손에 들고 다시 나타났다. 나는 견습선원으로 생애 처음인 항해였지만 로그를 흘려보내서 선박의 속력을 계측하는 방법은 출항하면서 이미 배워

---

11 Grossman, *Ocean Freight Rates*, pp.79-81.

알고 있었다. 매우 어려운 것은 아니다. 선장보와 같이 항해당직을 서고 있었던 사람은 나와 같은 견습선원 빌 헉슬리였지만, 그 밖에도 다른 선원 한 명이 로그를 흘리기 위해 준비하고 있었다. 로그조작의 목적은 선박의 항속을 노트, 즉 1시간당의 해리로 알기 위한 것이다(1해리는 지구의 위도 1분의 평균지표거리 1.852km에 해당하고, 육상마일 또는 영국의 statute mile보다 243m 더 길다).

핸드로그는 상당히 유치한 기구이다. 이것은 긴 끈으로 끝단에는 작은 원추형 봉지가 붙어있고, 끈은 롤러에 감겨있다. 천으로 된 봉지가 선미에서 바다로 던져지면 봉지에 해수가 유입되어 포경선의 작살 줄과 같은 움직임을 보이고, 로그가 해수에 떠내려가면 끈 즉 로그라인이 롤러로부터 스르르 풀려나가도록 되어 있다. 풀려진 끈의 처음 90피트는 'stray line'이라고 부르고, stray line이 떠내려가는 동안 천으로 된 봉지가 해수로 채워진다.

stray line 끝에는 하얀 천 조각이 붙어 있다. 하얀 천 조각이 해수에 떠내려가면서 선미를 통과할 때 30초용 모래시계를 가지고 서 있는 견습선원이 모래시계를 뒤집어 선박의 항속측정을 시작한다. 로그라인에는 미리 계산된 일정 간격마다 매듭을 지었던 작은 끈이 붙어져 있고, 30초간 선미로부터 멀어져 흘러가는 매듭수가 한 시간당 선박이 이동하는 해리를 나타내도록 되어있다.

선장보는 항상 롤러로부터 로그라인이 잘 풀려나가는지 롤러에 손을 올려 체크하고 있었다. 모래시계의 시계가 위에서부터 아래로

모두 떨어지는 순간, 이것을 보고 있던 견습선원은 '정지'라고 외친
다. 그러면, 로그를 흘려 내리고 있었던 선원은 로그라인을 정지시
키고 그것을 감아 올렸다. 선장보는 가장 가까운 매듭을 보고 선박
의 항속을 조사했다. 로그 라인은 선미에서 매듭 10을 조금 지나 흘
러가고 있었다.

난 '정지'라고 크게 외쳤다.

"몇 노트야?"라고 선장이 물었다.

"Ten and a Chinaman"이라고 선장보가 대답했다.

선장은 본선의 위치를 해도에 표시하기 위해 아래로 내려갔고, 우
리들은 그 사이에 나머지 로그라인을 바다로부터 끌어올려 롤러에
감았다. 그런데 나는 왜 "a Chinaman"(중국인 1명)이 항속에 관련되
어 있는지 이해가 되질 않았다. 다만 10노트보다는 조금 빠르고 11
노트 보다는 느린 속력을 'Ten and a Chinaman'이라고 하는 것 같
았다. 어찌되었든 이 용어의 의미를 모르는 것은 선박에서 나 혼자
인 것 같다.

항속을 측정했던 이후 견습선원으로서 형과 같았던 빌 헉슬리가
용어의 의미를 설명해 주었다. 그가 이 선박에 승선하기 직전의 항
해에서 어떤 나이든 선원으로부터 들었던 이야기에 의하면, 용어
"Ten and a Chinaman"은 다음과 같은 유래를 가지고 있다고 한다.
미국의 쾌속 클리퍼(Clipper)가 샌프란시스코와 중국 사이를 항해하
며 활약했던 때의 이야기다. 이러한 클리퍼선에 중국 출생의 사환이

타고 있었고, 그는 선박에 대해 거의 아는 것이 없는 상태였다. 어느 날 상급 갑판원이 선박의 항속을 측정하고자 로그를 바다에 떠내리려 할 때 그 사환이 더러운 물이 든 양동이를 들고 계단을 통해 선미갑판에 올라 왔다. 그리고 갑자기 양동이의 물을 바람방향을 향해 쏟아 부었다. 바람이 불어오는 방향으로 물을 쏟았기 때문에 물이 한꺼번에 바다로 쏟아지지 않았다. 더러운 물의 물보라는 바람을 받아 상급 갑판원의 얼굴에 그대로 쏟아졌다. 이 때 클리퍼선은 상당한 속력으로 달리고 있었지만 더욱 화가 난 것은 상급 갑판원이었다. 상급 갑판원은 갑자기 로그라인의 끝단에 사환의 허리를 묶어 사환과 함께 바다에 던져 버렸다. 로그라인은 사환을 끝에 매단 채로 포경선의 작살처럼 수면에 떠서 물살을 따라 흘러갔다.

다른 선원들이 다가와서 로그라인을 바다로부터 감아올려 거의 익사상태로 로그라인에 붙어있던 사환을 갑판에 던졌다. 마침 이때 선장이 후갑판에 올라와서 이렇게 물었다.

"본선의 항속은 몇 노트야?"

"Ten and a Chinaman"이라고 상급 갑판원이 답했다. 이 일 이후로 1노트 미만의 속력은 "a Chinaman"(1명의 중국인)이라고 부르게 되었다. 이것을 들은 나는 재미있지만, 선내에서는 바람을 향해 물을 뿌려서는 안 되고, 침을 뱉어서도 안 된다는 교훈이 포함되어 있다고 생각했다. 지금도 그렇게 생각하고 있다."[12]

---

12 Bisset, J., *Sail Ho!*, London, 1961, pp.68-69.

†hree island type　삼도선(三島船)

선박은 상갑판의 형태에 따라 awning deck type, shelter deck type, three island type 등으로 구분된다. 여기에서 'three island type'이란 상갑판 위에 forecastle(선수루), bridge(브리지), poop(선미루)의 세 구조물(three superstructure)을 가진 선형이다. 즉, 수면에 세 개의 섬이 떠 있는 것 같은 모습을 하고 있어 이러한 호칭이 생겨난 것이다.

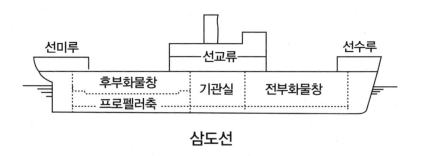

삼도선

그런데 일본에서 출판된 해사관계 서적을 보면 아래와 같이 되어 있다.

- three-islands vessel : 삼도선[13]
- three islands ship : 삼루형(三樓型)선, 삼도선[14]

---

13 小澤覺輔, 『英和海事用語辭典』, 三省堂, 1941, p.249.

- Three islander : 삼루형(三樓型)선, 삼도선[15]
- three islander : 삼도선(santōsen)[16]

일본에서는 보통 이렇게 불리고 있는 것 같다. 최근 저자가 지인인 구니이 히로요시(国居宏義, 미츠비시조선 시모노세키공장의 기사)에게 물었을 때, 조선기술자들 사이에서는 'three islander'라고 통칭한다고 했기 때문이다. 이렇듯 객관적인 사실이 있는 이상 나로서는 더 이상 이에 대해 이의를 제기하고 싶지 않지만, 공교롭게도 외국 해운관계문헌에서는 이렇게 사용되지 않는다. 'three islands vessel', 'three islander'라고 기록한 예는 없다. 예를 들면 다음과 같다.

- three island type, in Bes, *Chartering and Shipping Terms*, 1951, p.168.
- Three Island Ship, in Bowen, *Sea Slang*, p.140.
- Three-Island Vessel, in Kerchove, *International Maritime Dictionary*, 1956, p.767.
- Three Island Type, in Layton, *Dictionary of Nautical Words and Terms*, 1954, p.370.

좀 더 자세히 면밀히 살펴보면 다음과 같다.

---

14 倉田音吉, 『造船用語集』, 海文堂, 1950, p.119.
15 倉田音吉, 『造船用語集』, 海文堂, 1950, p.119.
16 文部省, 『學術用語集, 船舶工學編』, コロナ社, 1955, p.499.

(1) 일본의 제반 문헌에서의 'three islands vessel'과 같이 복수표시를 하는 것은 틀린 것이 아닌가? 이처럼 명사구를 그대로 형용사로서 사용하는 경우 영어에서는 복수형으로 표시하지 않는 것이 일반적이다. 예를 들면

two name paper	이중서명 어음 또는 문서
two party system	이대 정당제
two part tariff	이단제(二段制)요금
dual purpose vessel	이종(二種)화물 겸용 운송선
three base hit	3루타
three mile limit	3마일 이내 영해
four-foot way	궤간이 4피트인 철도
Five-Year Plan	5개년 계획
nine-point circle	9점원

와 같고, 이러한 경우 복수로 나타내고자 한다면

Seven Years' War	7년 전쟁
nine days' wonder	금방 잊어버리는 소문
Thirty Years' War	30년 전쟁
Hundred Years' War	100년 전쟁

과 같이 ~s'로 써야 할 것이다.

(2) three islander라는 용어도 저자가 알고 있는 바로는 해사용어

로 외국 문헌에는 보이지 않지만, 용례로서는 완전히 틀린 것은 아니다. 예를 들면,

two decker	이층 갑판선
three seater	3인승 자전거
six-shooter	6연발 피스톨
forty-niner	1849년, Gold Rush로 California에 돈벌이 떠났던 사람들

등이 있다. 다만, 여기에서 신경이 쓰이는 것은 free lance(자유계약자)를 free lancer, tramp(부정기선)을 tramper라고 하는 것처럼, 'three islander'도 '~er'을 붙이면 '행위자'를 뜻하는 영어가 될 것이라는 일본인의 안이한 관습에서 기인하여 만들어진 조어(造語)가 아닌가 하는 점이다.

†hree Rate System 삼중운임제

일본/유럽 항로운임 동맹에서는 지금까지 운임안정 및 화주확보를 위해 화주와의 독점적화계약을 체결하고, 화주가 동맹소속 이외의 선박을 이용하지 않고 가맹선에만 화물을 싣는 경우에는 통상운임의 9.5퍼센트에 상당하는 금액을 되돌려주는 특전을 제공하였다.

소위 '이중운임제(dual-rate system)'가 그것이다. 즉, 통상적인 일반계약에서 정하고 있는 '비계약운임(non-contract rate)'을 기준으로 하여 9.5%를 할인해준다는 의미로 독점적화계약에서 정해진 운임은 '이중운임'이라고 부르는 것이다. 하지만, 이러한 독점적화계약(이중운임제)에서는 외국의 수입상사가 수입화물의 선적 선박을 지정하는 F.O.B. 계약의 경우에는 화주가 동맹소속 이외의 선박을 이용하더라도 계약위반이 되지 않는다고 정해져 있다. 그것은 1959년 일본 공정거래위원회 공시 제17호 '해운업에서의 특정한 불공정 거래 방법'에 의거하여 이러한 특례가 인정된 것으로 이후 이러한 특례를 이용하여 그리스계 선주 Marchessini Lines 및 다른 동맹 소속 이외 선박은 F.O.B. 계약을 이용하여 화물 운송을 독점적화계약 화주로부터 인수해 왔다. 다만, 이러한 동맹 소속 이외의 선박의 적화량은 전체 적화의 거의 1%정도 밖에 되지 않는 것 같다.

어찌되었든 이중운임제로는 해운동맹으로서도 동맹 이외의 선박으로 화물이 도망가는 것을 방지할 수 없었다. 이것을 완전히 막기 위해서는 현행 이중운임제에 무엇인가 조치를 취할 필요가 있었고 생각해 낸 것이 '삼중운임제(three-tier rate system)'이고, 이중운임제를 더욱 보강한 제도라는 의미로 '삼중운임제'라고 불렸다.

이 제도에서는 화주는 특별한 사정이 없는 한 동맹 이외의 선박을 이용할 수 없었다. 만약 동맹 이외의 선박에 화물을 적재한다면, 손해배상 금액이 징수된다. 단, 이 제도를 충실히 지키는 화주에게는 이중운임제에 추가하여 2.5%의 할인금액이 지급되게 되었고, 일본/유럽 항로 운임 동맹에서는 1964년 5월 20일부터 이러한 삼중운임제를 적용하게 되었다.

폐쇄적인 시스템을 전통으로 하는 일본/유럽 항로 동맹에서는 동맹 이외의 선박 활동이 매우 거슬렸던 것이다. 따라서 이것을 완전히 차단하고 전통과 명예를 지속시키고 싶다는 취지에서 삼중운임제를 도입했던 것이다. 이러한 기분을 이해 못하는 것은 아니지만 이것은 지금까지 실시되었던 일본 공정거래위원회 공시 제17호에 위반되는 것이었다. 하지만 어쩔 수 없는 상황도 있어서 일본 공정거래위원회에서는 1964년 7월 14일, 공시 제17호의 4(F.O.B. clause)에 해당하는 행위로 동맹선주 17사에게 판결 절차를 하게 되었다.

이상의 것이 소송에서 문제가 되었던 일본/유럽 항로 운임 동맹의 삼중운임제의 간략한 경위이다.

In the current international debate as to what liner conferences can or cannot do to meet outside competition, perhaps too little attention has been paid to the recently introduced three-tier rate system adopted by the Japan Homeward Freight Conference. Under this system shippers are offered three choices: (1) the ordinary, non-contract rate; (2) the standard conference contract providing for a rebate of 9.5 per cent.; (3) the standard contract with the addition of a clause by which the shipper agrees not to sell goods on an f. o. b. basis under any circumstances unless he can ensure shipment by a conference vessel; an additional 2.5 per cent. rebate is then payable. ……

The Japan Homeward solution of a three-tier rate structure is an interesting refinement of the dual-rate structure and the third rate offers a clear choice to the shipper. [*Fairplay, Shipping Journal*, 13th August, 1964, p.7.]

"최근 발생한 국제적 분쟁, 즉 일본 복항(復航) 운임동맹이 채용한 삼중운임제에 관한 분쟁은 결과가 어떻게 되든 정기선동맹이 외부와의 경쟁에 대한 수단으로 유효한지 않은지를 나타낼 것으로 생각되지만, 이 사건에 대해 쏟아지는 일반인들의 관심은 매우 낮은 것같다. 이 제도에서는 화주는 다음과 같은 세 가지의 운임 중 하나를 자유롭게 선택할 수 있다. (1) 통상의 비 계약운임 (2) 9.5%를 되돌려 받는 동맹계약운임 (3) 화주가 동맹선에 선적할 수 없는 경우를 제외하고, 다른 어떠한 경우에도 F.O.B. 조건에서는 선적하지 않는다는 항목을 첨가한 경우에는 상기 9.5%와 더불어 추가로 2.5%를 돌려받는 동맹계약 운임. ………

이 문제를 해결하기 위해서 일본 복항운임동맹이 제시한 삼중운임제도(three-tier rate structure)는 소위 이중운임제를 더욱 세련되게 한 것으로 이러한 (3)의 운임제를 선택하는 것은 완전히 화주의 자유에 맡겨져 있다.

즉, 삼중운임제는 '이중운임제의 세련된 한 가지 형태'이고, 이것은 비 계약운임, 이중운임에 이은 '제3의 운임'이다.

한편, '삼중운임'은 상기의 'three-tier rate' 이외에도 'the triple rate'로도 불리고, '삼중운임제'는 'three-decker system' 직역하면 '삼층갑판제도'로 불리고 있는 것 같다.

The Japan Homeward Freight Conference adopted May 20 a three-decker system, under which shippers who adhere to the system get a 2.5 per cent reduction on the rate contracted.

The two freight conferences are also likely to study the triple-rate policy in the light of the three decker system adopted by the Homeward Freight Conference in order to stabilize trade and transportation in the Japan/North America service. [Shipping Trade News, June 11, 1964]

"일본 복항운임동맹은 5월 20일 삼중운임제를 적용했다. 이 제도를 충실하게 지키는 화주는 계약운임에 대해 2.5%를 되돌려 받을 수 있게 된다.

상기 두 운임동맹(Japan/Atlantic & Gulf Freight Conference 및 Trans-Pacific Freight Conference를 의미함)도 일본/유럽 복항동맹이 적용하고 있는 삼중운임제를 본받아 북미 무역과 항로의 안정성을 확보하기 위해 삼중운임제도의 시행을 검토하고 있다."

'이중운임'을 이층갑판선(two-decker)에 비유한다면, '삼중운임'은 삼층갑판선(three-decker)이라고 할 수 있으므로, '삼중운임제'를 'three-decker system'이라고 부르는 것은 해상운임 관련 용어로서는 매우 재미있는 표현이라고 할 것이다.

$t$onnage 톤수

프랑스의 올레롱해법(Roolle d'Olayron)은 보르도 포도주를 북유럽 각 지방에 해상 운송하는 것을 통제하기 위한 법전이었다. 이것은 올레롱해법에 이은 북유럽의 다른 해상법에서도 거의 같다. 모두 포도주가 주된 운송대상이었고, 선박의 적재 단위로는 술통의 크기를 단위로 사용하였다. 영국도 예외는 아니었다. 근세 영국의 항해법의 시초는 프랑스 포도주의 영국으로의 해상반입을 규정한 것이었다. 이러한 사정으로부터 포도주를 담은 '통'을 뜻하는 프랑스어 'tonneau'가 영국으로 가서 tun 또는 ton이 되었고, 이것이 선박의 적재용적을 나타내는 단위가 되었다.

이것은 같은 중세시대임에도 지중해 방면은 취지를 상당히 다르게 하고 있다. 로도스해법에 따르면 생실, 귀금속, 상아 같은 귀중품이 운송대상이었다. Consolat del Mare(바다의 관습법)을 보면 중세 라틴어로서는 이미 tonna, tunna가 있지만, 선박의 크기를 나타내는 것으로 tonna, tunna는 보이지 않는다. 예를 들어 영어로 말한다면

what tonnage it is to have라는 것도 'e quant haura en pla'라고
기록되어 있다.[17] 단, 아말피 표(La Tabula de Amalfa) 제5조에서는
'pro omnibus decem salmis'(각각 10 salmis)라고 규정되었고, 적화
10 salmis(술 4 salmis가 1 pipe, 8 salmis가 1 ton)가 지분(持分) 1단위로
되어 있다.[18]

덧붙여 말하면, 영국이 252갤런(약 2240파운드에 상당함)을 1 톤(ton)
으로 정한 것이 1423년이었고, 이것은 프랑스 포도주 상인을 쫓아
내고 영국 상인의 이익을 위한 조치였다고 한다.[19]

여기에서 접미사 ~age는 ~able, ~al, ~ment 등과 같이 원래 프랑스
어의 접미사로 영국에 들어와서 빈번히 사용되게 되었다. ~age가 접
미사로서 명사 뒤에 붙는 경우는 그 의미가 다음과 같이 구별된다.

(1) 집합 : baggage(수화물), tonnage(톤수), voltage(전압) 등.

(2) 지위, 신분 : baronnage(남작), bondage(노예), peerage(귀족) 등.

(3) 동작 : breakage(파손), damage(손해), leekage(누손), pilferage
(절도) 등.

(4) 요금 : anchorage(정박료), charterage(용선료), lighterage(등대료),
pilotage(도선료), postage(우편요금) 등.

따라서 tonnage는 ton의 집합명사이다.

---

17 Twiss, Black Book of Admiralty, III, pp. 50-51.
18 Twiss, *Black Book of Admiralty*, III, p. 7, note. 1.
19 McFee, W., *The Law of the Sea*, London, 1951, p. 51.

ᵗramp-liner　부정기적 정기선

각각의 전형적인 정기선과 부정기선은 명백하게 구별되지만, 정기선도 부정기선도 아닌 중간형태(bastard type)가 많이 있어서 둘을 구분하는 선은 명확하지 않다. 여기서 'tramp-liner'라는 것은 중간형태의 일종으로 D. Marx에 의하면, tramp-liner에는 두 종류가 있다.[20]

(1) 목적지로 가는 항해(往航) 또는 귀항 중 어느 하나를 liner basis로 하여 common carrier로 취역하고, 다른 항로는 tramp basis로 한 private carrier 또는 contract carrier로 취역한 것.

(2) 취역항로의 장소는 정해져 있어 항상 같은 항로를 왕복하지만, 각 항구의 발착시간이 불규칙하고 특히 살화물(bulk cargo)의 운송에 종사하는 것.

미국에서는 여기에서 이야기하는 tramp-liner는 dual common and contract carrier라고도 한다. 아마, common carrier의 전형적인 형태는 liner(정기선)이고, contract carrier의 전형적인 형태는 tramp (부정기선)이기 때문이다.

---

20 Marx, D., *International Shipping Cartels*, pp.223-224.

_turn to 아침식사 전 작업

From such reflections as these I was aroused by the order from the officer, "Forward there! rig the head pump!" I found that no time was allowed for day-dreaming, but that we must 'turn to' at the first light. [R. Dana, Jr., *Two Years Before The Mast*, 1840, ch. 2]

"이러한 회상도 항해사의 명령으로 모두 깨져 버렸다. "집합! 헤드 펌프를 돌려!" 이렇게 되면 감상이나 회상에 빠질 시간이 없다. 수세미라도 있으면 즉각 이른 아침 'turn to'(작업)을 시작해야 한다."

'turn to'는 일본 선원들 사이에서는 '아침식사 전의 이른 작업', '이른 아침의 갑판청소'를 의미하는 용어로 통용되고 있다. 유명한 '실습선 다이세이마루(大成丸)의 노래'에도 다음과 같은 일절이 있다.

タンツーかかれの号令に	turn to(작업)에 임하라는 호령에
がさがさサイドに押しやられ	꺼칠꺼칠한 바닥에 밀어젖혀져
ななつのお鐘が鳴るまでは	종소리가 7번 울릴 때까지는
プープデッキに匐いまわる	후갑판을 기어 돌아다닌다.

'turn to'가 원래 무엇을 의미하는지에 대해서는 여러 가지 설이 있지만 모두 일치하지는 않는다.

(1) 우선, 선원들 사이에서 넓게 퍼져있는 것은 'turn to'가 '우향우', 즉 '180도 회전'을 의미한다는 설이다. 선원들이 아침 일찍 갑판에 횡으로 서서 청소를 할 때 'turn to' 호령이 나면, 그대로 180도 회전하여 지금 왔던 장소를 반복해서 청소하는 관행이 있었고, 이 관행으로부터 'turn to'는 180도 회전을 의미하는 것으로 생각된다. 예를 들면 다음과 같다.

'turn to'와 작업의 시작은 아마 다음과 같았을 것이다. 범선 상선시대의 하급 선원, 또는 해군 군함의 수병들이 넓은 목갑판 청소를 할 때 횡으로 일렬로 서서 손에는 긴 빗자루 또는 야자나무의 열매를 들고 체중을 실어 단단한 나뭇결을 문질러 간다. 이윽고 거의 끝단에 도달하면 상관의 TURN TO 호령이 떨어지고, 일제히 오른쪽으로 180도 회전하여 지금까지 왔던 '고난의 길'을 문지른다.

해군 수병의 경우에는 이것은 작업이라기보다는 훈련이었고, 이것이야말로 해군정신을 육성하기 위해 현대에도 필요한 것일 것이다. 또한 범선 상선시대에는 현대와 비교할 수 없을 정도로 자질 구레하고, 장시간에 걸쳐 많은 인력을 필요로 했던 거대한 돛의 조작, 무수히 많은 로프의 수리, 거대한 타의 운전 등 그것들에 필요 불가결한 일과 중의 작업을 효율적으로 수행하기 위해 선원의 이른 아침 작업은 필수적이었을 것이다. 그리고 목갑판에 해수를 적시는 것 자체가 목갑판의 장기보존을 위해서도 필요했다. 또한 객선에서는 손님들이 이른 아침에 일어나서 갑판을 산책하기 전에 유보(遊步) 목갑판 등을 쓸어내서 깨끗이 하는 것은 손님들에 대한 당연한 서비스라고 할 것이다."21

하지만, 이 설은 근거가 빈약하다. '180도 회전', 또는 '반환'이란 의미라면, 'turn'만으로도 충분하고 'to'는 필요하지 않을 것이다. 저자는 이 설을 믿지 않는다.

(2) 'turn to'는 원래 영어로는 '일에 착수하다'라는 뜻이다. 예를 들어, to turn to one's work라고 하면 '일을 시작하다'이다. 일본 선원들 사이의 속어 '단츠(タンツー)'도 '과업시작'이 원뜻이고, 하급 선원의 매일 작업은 이른 아침 갑판 청소로부터 시작되기 때문에 '일일 과업시작으로 갑판 씻기'(turn to washing deck)라고 해야 되지만 생략되어 'turn to'가 되었다. 아울러 단순히 'turn to'라고 하면 'washing deck'와 동의어로 통용되게 되었다는 것이다.

예를 들어, 항해일지에는 다음과 같이 기록되어 있다.

Hands, turned to, washed decks down as usual.

(선원 작업 시작, 여느 때와 마찬가지로 갑판을 씻었다.)

Hands turned to, broomed deck down.

(선원들이 빗자루로 갑판을 쓸기 시작했다.)

또한, 항해일지에 다음과 같은 표현을 사용하기도 한다.

---

21 南海龍雄, 「タンツー(turn to) 廢止論」, 全日本海員組合. 『海員』, 1964년 7월호, p.75.

6.00	Turned to	과업 시작
9.00	Com'ced	일 시작
12.00	Stopped	휴식
13.00	Resumed	일 재개
17.00	Knocked off	과업 종료

요약하면, 'turned to'의 원뜻은 '일의 시작', '착수'이고, 이것이 일본 선원들 사이에서 '이른 아침 작업으로 갑판 씻기'라는 뜻으로 사용되었던 것은 갑판을 씻는 것이 선원의 일일 작업 중 제일 먼저 해야 될 일이었기 때문이다.

참고 문헌

Ansted, A., *A Dictionary of Sea Terms*, 1951.

Arnould, J., *On the Law of Marine Insurance and Average*, 15th ed., 1961.

Ashburner, *The Rhodian Sea-Law*, 1909.

Bes, J., *Tanker Chartering and Management*, 1956.

Bisset, Sir James Gordon, *Sail Ho!*, 1961.

Blake, G., *Lloyd's Register of Shipping*, 1760~1960, 1960.

Bradford, G., *A Glossary of Sea Terms*, 1927.

Bross, S. R., *Ocean Shipping*, 1956.

Burwash, D., *English Merchant Shipping*, 1460~1540, 1947.

Dana, Richard Henry, *Two Years before the Mast*, 1840.

Duff, P., *British Ships and Shipping*, 1949.

Dunage, J. A., *Shipping Terms and Phrase*, 1925.

Falconer, *Universal Dictionary of Marine*, 1789.

Fayle, C. E., *A Short History of the World's Shipping Industry*, 1933.

Garrison, W. B., *Why You Say It*, 1947.

Gibb, D. E. W., *Lloyd's of London, A Study in Individualism*, 1957.

Giese, K., *Seefrachttarifwesen*, 1919.

Grey, H. M., *Lloyd's Yesterday and Today*, 1926.

Grossman, W. L., *Ocean Freight Rates*, 1956

Huebner, G. G., *Ocean Steamship Traffic Management*, 1920.

Kerchove, Rene de, *International Maritime Dictionary*, 1961.

Layton, C. W. T., *Dictionary of Nautical Words and Terms*, 1955.

Lowry, R. G., *The Origins of Some Naval Terms and Customs*, (1920~?)

Martin F., *The History of Lloyd's and of Marine Insurance in Great Britain*, 1876.

Marx, Daniel, *International Shipping Cartels*, 1953.

McDowell, C. E. & Gibbs, H. M., *Ocean Transportation*, 1954.

Oxford Univ. Press, *A New English Dictionary*.

Pappenheim, M., *Die Geschichteliche Entwicklung des Seehandels und seins Rechts*, 1903.

Pardessus, J. M., *Collection de Lois Maritimes*, 1834.

Parkins, C. N., *The Trade Winds*, 1948.

Parsons, Y., *Laws of Business for Business Men*, Boston, 1869.

Schmidt, A., *Shakespeare-Lexicon*, 1922.

Scrutotn, T. E., *Charter Parties and Bills of Lading*, 15th ed., 1948.

Smyth, W. H., *The Sailor's Word-Book*, 1867.

Stevens, Edward F., *Dictionary of Shipping Terms and Phrases*, 1947.

Twiss, Travers, *The Black Book of the Admiralty*, 1871-76.

秋吉省吾 譯, 『巴孫私「海上保險法」』, 1878.

畝川鎭夫, 『海事讀本』, 1937.

高橋正彦, 『海事辭典』, 1955.

小川武譯, 『ベス海運傭船辭典』, 1956.

1905년	1월 16일	야마구치현(山口縣) 츠노군(都濃郡) 스에타케키타손지(末武北村字) 하나오카(花岡) 출생
1921년	4월	야마구치현 마츠시다공업학교 (기계과) 입학
1924년	4월	야마구치 고등학교(문과) 입학
1924년	5월	佐波(사와) 가문에 입양(옛이름: 岩瀨)
1927년	3월	야마구치 고등학교 졸업
	4월	교토제국대학 경제학부 입학
1930년	3월	교토제국대학 학사시험 합격
	4월	교토제국대학 대학원 입학, 1934년 3월 대학원 수료 때까지 小島昌太郎 교수의 지도를 받음
	9월	교토제국대학 경제학부 조수(1934년 3월까지)
1931년	9월	리츠메이칸대학 상학부 비상근 강사(1942년까지)
1934년	3월	교토제국대학 경제학부 전임강사 취임
1938년	3월	교토제국대학 조교수(경제학부)
1940년	6월	辰馬해사기념재단(현 山縣기념재단) 창립, 평의원 취임
1946년	7월	교토제국대학 교수(경제학부)
	7월	해운정책 특별위원회(운수성) 참가
1949년	2월	교토대학 평의원(1951년 2월까지)
1950년	4월	효고현립 고베상과대학 교수 겸임(1957년 6월까지)
	9월	학술장려심의회(학술용어 분과 심의회) 전문위원(1964년 6월까지)
	11월	일본 보험학회 이사 취임
	11월	교토대학 경제학박사 학위 취득
1953년	4월	교토대학 대학원 경제학 연구과 학생지도(1963년 4월까지)
	11월	교통문화상(운수성 제1회) 수상
1959년	11월	일본교통학회 이사 취임
1963년	4월	교토대학 대학원 경제연구과 담당(1967년까지)
	7월	홋카이도대학 경제학부 강사(비상근) 겸임 (1963년 7월 30일까지)
1964년	6월	학술장려심의회 전문위원(1966년 6월까지)
1965년	4월	야마구치대학 경제학부 강사(비상근) 겸임(1965년 10월까지)
1966년	10월	일본해운경제학회 창립, 부회장 취임
1967년	12월 6일	퇴직기념 강연
1968년	2월 29일	별세

주요 저작 목록

제목	출판사	출판년도
再保險の發見	有斐閣	1939
海運政策 外國文獻-解題と批判	海事文化研究所	1946
交通槪論	有斐閣	1948
海運理論體系	有斐閣	1949
交通學大要	大阪鐵道圖書KK	1949
保險學講案	有斐閣	1951
海運研究者の悲哀	日本船長協會	1951
交通槪論(개정판)	有斐閣	1954
保險危言	交通敎育振興會	1955
海だ海だ	狹衣會	1960
海運動學入門	海文堂	1962
交通學入門	交友社	1963
彈力性經濟學	有斐閣	1966
海の英語-イギリス海事用語 根源	研究社	1971

1971년 겐큐샤(硏究社)의 『海の英語』가 간행된 이후 그곳에 수록할 수 없었던 사와 센페이 교수의 유고를 안고, 무엇인가 욕구불만을 금할 수 없었던 우리들이지만 야마가타(山縣)기념재단의 호의로 그것을 『海事用語根源』으로 출판할 수 있게 되어 매우 기쁩니다.

1991년 3월 7일 하순, 사고로모회(狹衣會) 회원으로 연구직에 있는 사람들이 코난(甲南)대학에 모여 편집회의를 하였습니다. 사와 센페이 선생님이 『해사용어근원』에 실릴만한 항목을 『가이지겐큐(海事硏究)』와 『가이운(海運)』에 발표하신 후 그것에 추가하거나 또는 새로 쓰신 것 중에서 위의 『海の英語』에 수록되지 않은 것은 전부 69항목이었다. 그것을 세상에 내보내는 것은 우리들의 오랜 염원이었습니다.

그 이전에도 우리들은 마에다 요시노부(前田義信) 선생의 지휘아래 각자 담당부분의 교정과 청서(淸書)를 하였기 때문에 『海の英語』는 우리들에게 잊지 못할 책으로 남아 있습니다. 그렇기 때문에 20년 만에 가슴 속이 후련해지는 마음으로 모든 사람들은 담당부분의 교정 원고를 가지고 돌아갔습니다. 이번에도 마에다 선생님이 총지휘를 맡아주셨습니다.

이번에는 이전과 달리 정서할 필요가 없었고, 인쇄기술의 진보에 따라 컴퓨터 편집문서의 교정부터 시작하였습니다. 하지만 놀랍게도 20년간 문장과 단어의 사용에 극심한 변화가 있었습니다. 사와 센페이 선생님의 원고는 예전 그대로 일텐데 지난 번에는 느끼지 못했던 한자와 카나(かな)표기에 대한 위화감이 문장의 이곳저곳에서 느껴졌습니다. 단어 사용에는 매우 신중했던 선생님이지만, 현대적인 표기법과 약간 차이가 있었던 것입니다.

이 부분은 편집에 참가했던 모든 사람들이 협의하여 일부러 원래의 원고 그대로 남기기로 했기 때문에 굳이 예를 들지 않더라도 독자 여러분이 직접 느끼실 수 있을 것이라 생각합니다. 책을 읽고 사용되고 있는 단어의 변화와 더불어 해운계의 변화를 이해해주신다면 이 책을 출간한 목적의 일부가 달성되었다라고 해도 좋을 것 같습니다.

편집을 분담했던 사고로모회 회원과 소위 손자 회원들은 아래와 같습니다.

여름 더위를 이겨내는 즐거운 일이라고 했지만 모두 수고 많으셨습니다. 특히, 색인을 담당하신 마에다(前田) 선생님께서는 중노동을 하셨던 것 같습니다. 이것만은 한 사람이 하지 않으면 안 된다고 생각하셔서 이 업무를 담당해 주셨습니다.

前田義信	마츠사카대학 교수	下條哲司	코난대학 교수
山田浩之	교토대학 교수	國領英雄	고베상선대학 교수
定道 宏	고베대학 교수	小林清晃	코난대학 교수
片山邦雄	오사카학원대학 교수	大瀬戸省作	무소속
吉田 茂	고베상선대학 조교수	*소속과 직위는 1971년 당시 기준	

이상 편집 작업 참가자를 대표해서 보고 드립니다.

1971년 9월

시모조 데츠지(下條哲司)

김성준

한국해양대학교 항해학부 교수
한국해양대학교 항해학(공학사), 고려대학교 사학과 문학사, 문학석사, 문학박사
해양수산부 해양부문 정책 자문위원(2014-2016)
『해양담론』 편집장
International Journal of e-Navigation and Maritime Economy 편집주간

남택근

국립목포해양대학교 기관시스템공학부 교수
한국해양대학교 기관학과(공학사, 공학석사), 동경공업대 공학박사
해양환경안전학회 편집위원/기획이사
한국마린엔지니어링학회 편집위원/재무이사

해양문화정책연구센터 해양학술연구총서 6
현대 해사용어의 어원

2017년 10월 10일 초판 1쇄 발행
2018년 7월 5일 초판 2쇄 발행

지 은 이 사와 센페이(佐波宣平)
옮 긴 이 김성준 남택근
펴 낸 이 한신규
펴 낸 곳 문현출판
주　　소 서울특별시 송파구 동남로 11길 19(가락동)
전　　화 02-443-0211, FAX 02-443-0212
이 메 일 mun2009@naver.com
등　　록 2013년 4월 12일(제25100-2013-000041호)

ⓒ 김성준·남택근, 2017.
ⓒ 문현, 2017. printed in Korea

I S B N 979-11-87505-07-5 93740

정가 25,000원